CB128759

O MUNDO PÓS-AMERICANO

FSC

Fontes Mistas

Grupo de produtos proveniente de florestas bem manejadas e outras fontes controladas

Cert no. SW-COC-001662

www.fsc.org

© 1996 Forest Stewardship Council

A marca FSC é a garantia de que a madeira utilizada na fabricação do papel deste livro provém de florestas de origem controlada e que foram gerenciadas de maneira ambientalmente correta, socialmente justa e economicamente viável.

FAREED ZAKARIA

O mundo pós-americano

Tradução
Pedro Maia

Companhia Das Letras

Copyright © 2008 by Fareed Zakaria
Todos os direitos reservados, incluindo os direitos de reprodução do todo ou de parte em qualquer meio.

Título original
The post-American world

Capa
Mariana Newlands

Preparação
Claudia Abeling

Índice remissivo
Luciano Marchiori

Revisão
Daniela Medeiros
Valquíria Della Pozza

Dados Internacionais de Catalogação na Publicação (CIP)
(Câmara Brasileira do Livro, SP, Brasil)

Zakaria, Fareed
O mundo pós-americano / Fareed Zakaria ; tradução Pedro Maia — São Paulo : Companhia das Letras, 2008.

Título original : The post-American world.
ISBN 978-85-359-1356-9

1. Estados Unidos - Relações internacionais - Século 21 - Previsão 2. Globalização - Previsão 3. Política internacional - Século 21 - Previsão - Oriente e Ocidente 4. Relações econômicas internacionais - Previsão 5. Século 21 - Previsão I. Título.

08-10325 CDD-303.49

Índice para catálogo sistemático:
1. Século 21 : Previsão : Sociologia 303.49

[2008]
Todos os direitos desta edição reservados à
EDITORA SCHWARCZ LTDA.
Rua Bandeira Paulista 702 cj. 32
04532-002 — São Paulo — SP
Telefone: (11) 3707-3500
Fax: (11) 3707-3501
www.companhiadasletras.com.br

Para
Arshad Zakaria

O crescimento acontece sempre que um desafio provoca uma resposta bem-sucedida, que, por sua vez, provoca um novo e diferente desafio. Não encontramos nenhuma razão intrínseca para que esse processo não se repita indefinidamente, embora a maioria das civilizações tenha fracassado, como mostram os fatos históricos.

Arnold J. Toynbee
Um estudo de história

Sumário

1. A ascensão do resto

Este livro não é sobre o declínio dos Estados Unidos da América, mas sobre a ascensão de todos os outros países. Trata da grande transformação que está ocorrendo em todo o mundo, uma transformação que, embora discutida com muita freqüência, continua mal compreendida. Isso é natural. As mudanças, até mesmo a dos mares, acontecem gradualmente. Embora falemos de uma nova era, o mundo parece ser aquele com que estamos familiarizados. Mas, na verdade, está muito diferente.

Houve três mudanças de poder tectônicas nos últimos quinhentos anos, alterações fundamentais na distribuição de poder que reformularam a vida internacional — sua política, sua economia e sua cultura. A primeira foi a ascensão do mundo ocidental, um processo que começou no século XV e se acelerou imensamente no final do século XVIII. Ela produziu a modernidade, tal como a conhecemos: ciência e tecnologia, comércio e capitalismo, as revoluções agrícola e industrial. Produziu também o prolongado domínio político das nações do Ocidente.

A segunda mudança, que aconteceu nos últimos anos do século XIX, foi a ascensão dos Estados Unidos. Logo depois de se industrializar, os Estados Unidos se tornaram a nação mais poderosa desde a Roma imperial, e a única mais forte do que qualquer combinação provável de outras nações. Durante boa parte do último século, os Estados Unidos dominaram a economia, a política, a ciência e a cultura mundiais. Nos últimos vinte anos, esse domínio foi sem rival, um fenômeno inédito na história moderna.

Estamos agora passando pela terceira grande mudança da era moderna. Ela poderia ser chamada de "a ascensão do resto". Ao longo das últimas décadas, países de todo o mundo vêm experimentando taxas de crescimento econômico que eram outrora impensáveis. Embora tenham passado por elevações e quedas, a tendência geral tem sido indiscutivelmente para cima. Esse crescimento tem sido mais visível na Ásia, mas não está mais restrito a ela. Por isso, chamar essa mudança de "ascensão da Ásia" não a descreve corretamente. Em 2006 e 2007, 124 países cresceram a uma taxa de 4% ou mais. Esse número inclui mais de trinta países da África, dois terços do continente. Antoine van Agtmael, o administrador de fundos que cunhou o termo "mercados emergentes", identificou as 25 empresas que serão provavelmente as próximas grandes multinacionais. Sua lista contém quatro companhias do Brasil, México, Coréia do Sul e Taiwan; três da Índia; duas da China e uma de Argentina, Chile, Malásia e África do Sul.

Olhemos em volta. O edifício mais alto do mundo está agora em Taipei e será superado, em breve, por um em construção em Dubai. O homem mais rico do mundo é mexicano e a maior empresa de capital aberto é chinesa. O maior avião do mundo está sendo fabricado na Rússia e na Ucrânia, a maior refinaria está em construção na Índia, e as maiores fábricas estão todas na China. Sob qualquer critério, Londres está se tornando o principal centro financeiro e os Emirados Árabes Unidos abrigam o fundo de investimentos mais bem dotado. Ícones outrora essencialmente americanos foram apropriados por estrangeiros. A maior roda-gigante está em Cingapura. O maior cassino não está em Las Vegas, mas em Macau, que já superou a cidade americana em receita anual de jogo. A maior indústria cinematográfica, em termos de filmes produzidos e ingressos vendidos, é Bollywood, na Índia. Até a maior atividade esportiva americana — comprar em shopping — tornou-se global. Dos dez maiores shoppings do mundo, apenas um está nos Estados Unidos; o maior de todos está em Pequim. Listas como essas são arbitrárias, mas chama a atenção que há somente dez anos os Estados Unidos estavam no topo de muitas dessas categorias, se não da maioria.

Pode parecer estranho centrar-se na prosperidade crescente quando ainda existem centenas de milhões de pessoas vivendo na mais profunda miséria. Mas, na verdade, a proporção de pessoas que vivem com 1 dólar ou menos por dia despencou de 40% em 1981 para 18% em 2004, e estima-se que cairá para 15% em 2015. Só o crescimento da China tirou mais de 400 milhões de pessoas da pobreza. A miséria está diminuindo em países que abrigam 80% da população mundial. Os cinqüenta países em que vivem as pessoas mais pobres do mundo são casos gravíssimos que precisam de atenção urgente. Nos outros 142 — que incluem China, Índia, Brasil, Rússia, Indonésia, Turquia, Quênia e África do Sul —, os pobres estão sendo lentamente absorvidos por economias produtivas e crescentes. Pela primeira vez na história, estamos testemunhando um genuíno crescimento global. Isso está criando um sistema internacional em que países de todos os cantos do mundo não são mais objetos ou observadores, mas atores por seus próprios méritos. É o nascimento de uma ordem realmente global.

Um aspecto relacionado dessa nova era é a difusão do poder dos Estados para outros atores. O "resto" que está em ascensão inclui muitos atores que não são nações. Grupos e indivíduos ganharam poder e a hierarquia, a centralização e o controle estão sendo minados. Funções que outrora eram controladas pelos governos são agora compartilhadas com organismos internacionais como a Organização Mundial do Comércio e a União Européia. Grupos não-governamentais proliferam todos os dias ocupando-se de todas as questões em todos os países. Corporações e capitais mudam de lugar em lugar, em busca da melhor localização para fazer negócios, recompensando alguns governos e punindo outros. Terroristas como os da Al Qaeda, cartéis das drogas, insurgentes e milícias de todos os tipos encontram espaço para atuar nos escaninhos do sistema internacional. O poder se afasta dos Estados-nações, para cima, para baixo e para os lados. Nessa atmosfera, as aplicações tradicionais do poder nacional, tanto econômicas quanto militares, tornaram-se menos eficazes.

É provável que o sistema internacional que está surgindo seja bem diferente daqueles que o precederam. Há cem anos, havia uma ordem multipolar comandada por uma coleção de governos europeus, com alianças que mudavam constantemente, rivalidades, erros de cálculo e guerras. Depois veio o duopólio bipolar da Guerra Fria, mais estável em muitos sentidos, mas no qual as superpotências reagiam e exageravam nessa reação a cada movimento da outra. A partir de 1991, vivemos sob um império americano, um mundo unipolar ímpar em que a economia global aberta se expandiu e se acelerou excepcionalmente. Essa expansão está agora impelindo a próxima mudança na natureza da ordem internacional.

Na esfera político-militar, continuamos no mundo de uma única superpotência. Mas, em todas as outras dimensões — industrial, financeira, educacional, social, cultural —, a distribuição do poder está mudando, afastando-se do domínio americano. Isso não significa que estejamos entrando num mundo antiamericano. Mas estamos nos dirigindo para um *mundo pós-*

americano, definido e dirigido a partir de muitos lugares e por muita gente.

Que tipos de oportunidades e desafios representam essas mudanças? O que elas pressagiam para os Estados Unidos e sua posição dominante? Como será essa nova era em termos de guerra e paz, economia e negócios, idéias e cultura?

Em suma, o que significará viver num mundo pós-americano?

2. A taça transbordou

Imagine que estamos em janeiro de 2000 e você pede a um vidente que preveja o curso da economia global nos anos seguintes. Digamos que você lhe dá algumas pistas para ajudá-lo a decifrar sua bola de cristal. Você explica que os Estados Unidos serão atingidos pelo pior ataque terrorista da história e reagirão iniciando duas guerras, uma das quais vai dar muito errado e manterá o Iraque — país que possui a terceira maior reserva de petróleo do mundo — no caos durante muitos anos. O Irã ganhará força no Oriente Médio e tomará medidas para adquirir capacidade nuclear. A Coréia do Norte irá mais longe, tornando-se a oitava potência nuclear declarada do mundo. A Rússia se tornará hostil e imperiosa em suas relações com seus vizinhos e com o Ocidente. Na América Latina, Hugo Chávez da Venezuela lançará a campanha antiocidental mais vigorosa em muitos anos, conquistando muitos aliados e admiradores. Israel e o Hezbollah travarão uma guerra no sul do Líbano, desestabilizando o frágil governo de Beirute, envolvendo Irã e Síria e irritando os israelenses. Gaza se tornará um Estado falido dirigido pelo Hamas e as conversações de paz entre Israel e palestinos não darão em nada. "Tendo em vista esses eventos", você diz ao vidente, "como se comportará a economia mundial nos próximos seis anos?"

Não se trata de mera hipótese. Temos as previsões dos especialistas para aqueles anos. Estavam todas erradas. A previsão correta teria sido que, entre 2000 e 2007, a economia mundial cresceria no seu ritmo mais rápido em quase quatro décadas. A renda per capita do mundo todo aumentaria com mais velocidade (3,2%) do que em qualquer outro período da história.

Nas duas décadas decorridas desde o fim da Guerra Fria, vivemos no meio de um paradoxo, que sentimos todas as manhãs ao ler os jornais. A política mundial parece mergulhada em dificuldades profundas, com notícias diárias de bombas, complôs terroristas, Estados fora-da-lei e conflitos civis. E, no entanto, a economia global avança rapidamente, não sem interrupções e crises significativas, mas ainda assim vigorosamente para cima em seu conjunto. Os mercados entram, de fato, em pânico, mas em relação a notícias econômicas, não políticas. A primeira página dos jornais parece não ter conexões com o caderno de negócios.

Lembro de ter conversado com um alto membro do governo israelense alguns dias depois da guerra com o Hezbollah, em julho de 2006. Ele estava genuinamente preocupado com a segurança física de seu país. Os foguetes do Hezbollah haviam penetrado mais no território israelense do que se achava possível, e a resposta militar de Israel não inspirara confiança. Então lhe perguntei sobre a economia — sua área de competência. "Ficamos todos perplexos", ele respondeu. "A bolsa de valores estava mais alta no último dia da guerra do que no primeiro! O mesmo aconteceu com o shekel [a moeda israelense]." O governo pode ter ficado assustado, mas o mercado não.

Ou consideremos a guerra no Iraque, que produziu um caos

profundo e duradouro no país e mandou mais de 2 milhões de refugiados para os países vizinhos. Parece evidente que esse tipo de crise política transborde para outros lugares. Mas, ao viajar para o Oriente Médio nos últimos anos, nos surpreendemos como os problemas iraquianos desestabilizaram *muito pouco* a região. Aonde quer que se vá, as pessoas denunciam iradamente a política externa americana. Mas onde estão as provas concretas da instabilidade regional? A maioria dos países da região — Jordânia, Arábia Saudita e Egito, por exemplo — está em grande expansão. A Turquia, que faz fronteira com o Iraque, tem uma média de crescimento anual acima de 7% desde que a guerra começou. Abu Dhabi e Dubai, que ficam a uma hora de avião de Bagdá, continuam a construir arranha-céus icônicos, como se estivessem em outro planeta. Os países que se envolveram no Iraque — Síria e Irã — funcionam, em grande medida, fora da economia global e, portanto, têm menos a perder causando confusão.

O que explica esse descompasso entre uma política que desce ladeira abaixo e uma economia que permanece robusta? Em primeiro lugar, vale a pena olhar com mais cuidado para a cascata de más notícias. Parece que estamos vivendo numa época desvairadamente violenta. Mas não se deve acreditar em tudo o que se vê na televisão. O fato é que nossa impressão anedótica está errada. Guerra e violência organizada declinaram intensamente nas duas últimas décadas. Ted Robert Gurr e uma equipe de pesquisadores do Centro de Desenvolvimento Internacional e Gestão de Conflitos da Universidade de Maryland levantaram os dados com muito cuidado e chegaram à seguinte conclusão: "A magnitude geral das guerras globais diminuiu em mais de 60% [desde meados da década de 1980], caindo no final de 2004 para seu nível mais baixo desde o final da década de 1950".[1] A violência cresceu constantemente durante a Guerra Fria — aumentando seis vezes entre os anos 50 e começo dos 90 —, mas a tendência teve seu pico pouco antes do colapso da União Soviética em 1991 e "o grau de guerras entre Estados e no interior deles diminuiu em quase a metade na primeira década após o fim da Guerra Fria". O professor polímata de Harvard Steven Pinker afirma que "hoje, estamos provavelmente vivendo a época mais pacífica de toda a existência de nossa espécie".[2]

Um motivo para o descompasso entre a realidade e nossa percepção dela talvez seja a revolução em tecnologia da informação pela qual passamos nas últimas décadas, e que nos oferece agora notícias de todo o mundo instantaneamente, de modo vívido e contínuo. O imediatismo das imagens e a intensidade do ciclo noticioso de 24 horas se combinam para produzir uma hipérbole constante. Cada perturbação do tempo é "a tempestade do século". Cada bomba que explode é notícia de última hora. É difícil contextualizar tudo isso porque a revolução da informação é nova demais. Não assistimos a filmagens diárias dos quase 2 milhões que morreram nos campos de extermínio do Camboja na década de 1970, ou do milhão de pessoas que pereceu nas areias da guerra Irã–Iraque nos anos 80. Nem mesmo vimos muitas cenas da guerra no Congo na década seguinte, quando morreram milhões. Mas, agora, assistimos quase diariamente a transmissões ao vivo dos efeitos de dispositivos explosivos improvisados, carros-bombas ou foguetes — eventos trágicos, sem dúvida, mas muitas vezes com menos de dez mortos. A aleatoriedade da violência terrorista, os ataques a civis e a facilidade com que as sociedades modernas podem ser penetradas aumentam nossa intranqüilidade. "Podia ter acontecido comigo", dizem as pessoas depois de um assalto terrorista.

Parece que o mundo é muito perigoso. Mas não é. A probabilidade de você morrer em conseqüência da violência organizada de qualquer tipo é baixa e está ficando menor. Os dados revelam uma forte tendência dos principais países de evitar guerras, o tipo de conflito que contabiliza baixas em massa.

Não creio que a guerra tenha se tornado obsoleta ou qualquer tolice desse tipo. A natureza humana continua a ser o que é, e a política internacional também. A história testemunhou períodos de calma que foram seguidos por extraordinários derramamentos de sangue. E os números não são a única medida do mal. A natureza da matança na antiga Iugoslávia no início dos anos 90 — premeditada, religiosamente motivada, sistemática — faz daquela guerra, que teve 200 mil vítimas, uma enorme obscenidade moral em qualquer escala. O barbarismo da Al Qaeda — decapitações a sangue frio, o ataque deliberado a inocentes — é medonho, apesar do número relativamente pequeno de vítimas.

Ainda assim, se quisermos compreender a época em que estamos vivendo, devemos, em primeiro lugar, descrevê-la com acuidade. E ela é, por enquanto, no contexto histórico, invulgarmente calma.

A AMEAÇA ISLÂMICA

O terror islâmico, que está todos os dias nas manchetes, é um problema grave e persistente, mas que envolve um pequeno número de fanáticos. Ele se alimenta das disfunções do mundo muçulmano, do sentimento (real ou imaginário) de humilhação nas mãos do Ocidente e do fácil acesso às tecnologias da violência. Mas trata-se de uma ameaça equiparável à tentativa alemã de dominar o mundo na primeira metade do século XX? Ou ao expansionismo soviético da segunda metade? Ou aos esforços de Mao para fomentar a guerra e a revolução no Terceiro Mundo nas décadas de 1950 e 1960? Esses eram todos desafios apoiados pelo poder e determinação de grandes potências, muitas vezes com aliados sérios, e por uma ideologia que era considerada uma alternativa plausível à democracia liberal. Em comparação, consideremos a ameaça jihadista. Antes dos ataques de 11 de setembro de 2001, quando grupos como a Al Qaeda eram monitorados, os governos os tratavam como incômodos menores e eles perambulavam livremente, ganhavam alguma força e atingiam alvos simbólicos, com freqüência militares, matando americanos e outros estrangeiros. Ainda assim, o dano era bastante limitado. Desde 2001, os governos de toda parte têm sido agressivos na destruição de redes terroristas, seguindo o dinheiro que os financia e descobrindo seus recrutas — com resultados quase imediatos. Na Indonésia, a maior nação muçulmana do mundo, o governo capturou o chefe e o líder militar do Jemaah Islamiah, o grupo jihadista mais perigoso do país, que detonou as bombas em Bali, em 2002. Com ajuda americana, o exército filipino combateu o Abu Sayyaf, organização terrorista de estilo Al Qaeda. O líder do grupo foi morto por soldados filipinos em janeiro de 2007 e o número de seus guerrilheiros declinou de 2 mil, seis anos atrás, para umas poucas centenas hoje. No Egito e na Arábia Saudita — bases originais da Al Qaeda e alvos de ataque —, células terroristas foram cercadas e aqueles que ainda estão à solta não conseguiram lançar novos ataques em três anos. Os ministros das finanças — em especial o Departamento do Tesouro americano — dificultaram a vida dos terroristas. Organizações globais não podem vicejar sem movimentar dinheiro; por isso, quanto mais fundos terroristas são localizados e bloqueados, mais eles têm de apelar para operações de pequena escala e improvisadas às pressas. Essa luta, entre governos e terroristas, persistirá, mas são os governos que estão em vantagem.

No Iraque, onde os ataques terroristas diminuíram, uma complicação reveladora enfraqueceu a Al Qaeda. Em sua fatwa original e em outras declarações, a Al Qaeda nunca mencionou os xiitas, condenando apenas os "cruzados" e "judeus". Mas o Iraque mudou as coisas. Buscando atrair o apoio sunita, a Al Qaeda transformou-se num grupo antixiita, adotando uma visão de mundo sunita purista. O falecido Abu Mussab al-Zarqawi, líder da Al Qaeda na Mesopotâmia, tinha um ódio feroz dos xiitas, derivado de seu puritanismo de estilo wahhabista. Numa carta de fevereiro de 2004 a Osama bin Laden, ele afirmou: "O perigo do xiismo [...] é maior [...] do que os americanos. [...] A única solução para nós é atacar quadros religiosos, militares e outros dos xiitas com golpe após golpe até que se submetam aos sunitas". Se houve algum debate entre ele e Bin Laden, Zarqawi venceu. Em conseqüência, um movimento que esperava unir todo o mundo muçulmano numa jihad contra o Ocidente foi arrastado para uma guerra suja no interior do islã.

A separação entre sunitas e xiitas é apenas uma das divisões dentro do mundo islâmico, onde, além deles, há persas e árabes, muçulmanos do Sudeste Asiático e do Oriente Médio e, o que é importante, moderados e radicais. Assim como a diversidade no interior do mundo comunista acabou por torná-lo menos ameaçador, as muitas variedades de islamismo enfraquecem sua capacidade de se unir num único e monolítico adversário. Alguns líderes ocidentais falam de um único movimento islâmico mundial, juntando absurdamente no mesmo saco separatistas tchetchenos na Rússia, militantes apoiados pelo Paquistão na Índia, senhores da guerra xiitas no Líbano e jihadistas sunitas no Egito. Na verdade, um estrategista esperto enfatizaria que todos esses grupos são distintos, com agendas, inimigos e amigos diferentes. Isso retiraria deles a alegação de que representam o islã. E também os descreveria como eles freqüentemente são na realidade: pequenas gangues locais de desajustados que esperam atrair atenção por meio do niilismo e da barbárie.

Os conflitos que envolvem grupos islâmicos radicais persistem, mas em geral têm mais a ver com condições locais específicas do que com aspirações globais. Embora o norte da África sofra com a continuidade do terror, em particular a Argélia, o principal grupo neste país, o Grupo Salafista para a Pregação e o Combate (GSPC), faz parte de uma longa guerra entre o governo argelino e forças de oposição islâmica e não pode ser visto apenas pelo prisma da Al Qaeda ou da jihad antiamericana. O mesmo vale para a principal área onde se registra um grande e extremamente perigoso aumento da força da Al Qaeda, a fronteira entre Afeganistão e Paquistão. É lá que se encontra a Central da Al Qaeda, se é que existe tal entidade. Mas o grupo tem sido capaz de se sustentar, apesar dos melhores esforços das tropas da Otan, porque criou raízes profundas na região durante os anos da campanha anti-soviética. Seus aliados do Talibã constituem um movimento local que conta há muito tempo com o apoio de uma parte dos pashtuns, um influente grupo étnico do Afeganistão e do Paquistão.

Em resumo, nos seis anos decorridos desde o Onze de Setembro, a Al Qaeda central — o grupo liderado por Osama bin Laden e Ayman Zawahiri — não foi capaz de lançar um ataque importante em lugar nenhum. Era uma organização terrorista; tornou-se uma companhia de comunicações que produz vídeos ocasionais, em vez de verdadeiro terrorismo.* A jihad continua, mas os jihadistas tiveram de se dispersar, se satisfazer com alvos menores e operar em nível local — geralmente através de grupos quase sem conexão com a Al Qaeda central. E essa estratégia improvisada tem uma fraqueza gritante: ela mata os moradores do lugar, alienando assim os muçulmanos comuns, num processo

* Mesmo que um ataque amanhã viesse a acontecer, é digno de nota o fato de que, durante seis anos, a Al Qaeda central não tenha conseguido organizar uma explosão sequer em lugar algum.

que está em andamento em países tão diversos quanto Indonésia, Iraque e Arábia Saudita. Nos últimos seis anos, o apoio a Bin Laden e a seus objetivos caiu constantemente em todo o mundo muçulmano. Entre 2002 e 2007, a aprovação à tática dos ataques suicidas — que sempre foi baixa — caiu em mais de 50% na maioria dos países muçulmanos pesquisados. Houve mais denúncias do que nunca de violência e fatwas contra Bin Laden, inclusive de proeminentes clérigos da Arábia Saudita. É preciso que muito mais aconteça para modernizar o mundo muçulmano, mas os modernizadores não estão mais tão assustados. Eles perceberam finalmente que, apesar de toda a retórica das madrassas e mesquitas, pouca gente quer viver sob o domínio da Al Qaeda. Aqueles que viveram, seja no Afeganistão, seja no Iraque, se tornaram seus mais dedicados oponentes. Ao contrário do que acontecia com o socialismo soviético ou até mesmo com o fascismo da década de 1930, nenhuma sociedade olha com admiração ou inveja o modelo islâmico fundamentalista. Do ponto de vista ideológico, ele não representa competição para o modelo ocidental de modernidade que países de todo o mundo estão adotando.

Uma indústria caseira de alarmismo floresceu no Ocidente — especialmente nos Estados Unidos — desde o Onze de Setembro. Os especialistas extrapolam qualquer tendência de que não gostem, deixando de lado qualquer análise séria dos dados. Muitos comentaristas conservadores escreveram sobre a iminente islamização da Europa (chamam-na de Eurábia, para nos alarmar ainda mais). O problema é que as estimativas mais precisas, as das agências de inteligência americanas, indicam que os muçulmanos constituem cerca de 3% da população atual da Europa e serão entre 5% e 8% em 2025, quando provavelmente se estabilizarão. Os guardas de plantão anotam os devaneios de cada imã biruta, vasculham os arquivos em busca de cada referência ao fim dos dias e gravam e distribuem as ruminações feitas pelos malucos que glorificam o martírio transmitidas pelos noticiários televisivos de fim de noite. Têm ataques de fúria quando um taxista somali de algum lugar se recusa a carregar uma caixa de bebida em seu carro, vendo nisso o começo de uma xariá no Ocidente. Mas esses episódios não refletem a direção básica do mundo muçulmano, que também está se modernizando, embora de forma mais lenta que o resto, e há aqueles que tentam liderar rebeliões contra isso. Os reacionários no mundo do islã são mais numerosos e extremados do que aqueles de outras culturas — tal mundo tem realmente suas disfunções. Mas continuam a ser uma minoria minúscula dos mais de 1 bilhão de muçulmanos do planeta. E esquecer o contexto complicado em que algumas dessas declarações pseudo-religiosas são feitas — como uma luta interna no Irã pelo poder entre clérigos e não-clérigos — leva a predições apavorantes, mas absurdas, como a confiante afirmação de Bernard Lewis de que o presidente Mahmoud Ahmaddinejad do Irã planejava marcar uma data auspiciosa no calendário islâmico (22 de agosto de 2006) *acabando com o mundo*. (Sim, ele realmente escreveu isso.)

Os cães de guarda ideológicos gastaram tanto tempo com os documentos da jihad que perderam de vista as sociedades muçulmanas reais. Se dessem um passo atrás, veriam a frustração com os fundamentalistas, um desejo de modernização (com alguma dignidade e orgulho cultural, com certeza) e uma procura por soluções práticas — não uma busca em massa de imortalidade através da morte. Quando os muçulmanos viajam, acorrem aos milhões para ver a excitação de Dubai, não os seminários do Irã. A minoria que deseja uma jihad é real, mas age dentro de sociedades em que tais atividades são cada vez mais impopulares e irrelevantes.

No Ocidente, os efeitos do terrorismo diminuíram a cada ataque adicional. Depois do Onze de Setembro, os mercados financeiros globais entraram em colapso e só voltaram aos níveis de 10 de setembro dois meses depois. Após o atentado de Madri, em 2004, o mercado espanhol demorou um mês para se recuperar. Depois dos atentados de Londres, em julho de 2005, as ações britânicas voltaram aos níveis anteriores ao ataque em 24 horas. O quadro econômico mais amplo é semelhante. Depois do Onze de Setembro, os Estados Unidos perderam centenas de bilhões de dólares em atividade econômica. O grande ataque seguinte, o atentado num clube noturno de Bali, em 2002, teve um efeito dramático similar na economia indonésia, com a queda do turismo e a diminuição do comércio e dos investimentos durante meses. Um ano depois, após mais um atentado na Indonésia, dessa vez no hotel Marriott em Jacarta, o mercado caiu só por um momento e a economia do país foi pouco afetada. Os atentados no Marrocos e na Turquia em 2003 também causaram efeitos pequenos. Os de 2004 na Espanha e 2005 na Inglaterra não prejudicaram em nada seu crescimento.

Evidentemente, as coisas seriam diferentes se uma organização terrorista importante conseguisse adquirir armas de destruição em massa significativas. Um ataque nuclear poderia resultar em pânico generalizado e um colapso mais amplo. Mas esse tipo de arma é mais difícil de ser obtido do que muitos pensam, e um esforço mais sustentado de Washington poderia tornar quase impossível adquiri-las em qualquer quantidade. O terror biológico pode parecer mais preocupante graças à facilidade de reunir agentes biológicos, mas espalhá-los com eficiência é difícil e pode não ter os resultados dramáticos que os terroristas almejam. Nada disso deve sugerir que as atividades antiterroristas são desnecessárias, mas que é provável que políticas cautelosas, calibradas e inteligentes sejam mais bem-sucedidas.

De alguma forma não dita, as pessoas reconheceram que a melhor política contra o terrorismo é a capacidade de se recuperar rapidamente. O terrorismo tem a característica peculiar de ser uma tática militar definida pela reação do observador. Se não ficamos aterrorizados, então ele não funciona. E, de Nova York e Londres a Mumbai e Jacarta, as pessoas estão aprendendo esse fato pela experiência e levando a vida adiante, mesmo em meio à incerteza. O cenário mais provável — uma série de atentados com mochilas ou caminhões nos Estados Unidos — seria um choque, mas em poucas semanas seus efeitos desapareceriam e as conseqüências de longo prazo seriam provavelmente mínimas. Em sociedades enormes, vigorosas e complexas — a economia americana soma agora 13 trilhões de dólares —, os problemas em alguns lugares não transbordam facilmente para o resto do país. A civilização moderna talvez seja mais forte do que suspeitamos.

Os desafios dos Estados fora-da-lei também são reais, mas devemos contextualizá-los. O PIB do Irã é 1/68 o dos Estados Unidos, seus gastos militares são 1/110 os do Pentágono.* Se estamos novamente em 1938, como muitos conservadores dizem, en-

* Uma nota sobre terminologia: para uma idéia tão direta e fácil de compreender, o produto interno bruto (PIB) é uma medida surpreendentemente complicada. Embora os bens comercializáveis, como iPod ou tênis Nike, custem mais ou menos o mesmo em diferentes países, os bens que não podem cruzar fronteiras — como um corte de cabelo em Pequim — custam menos em economias em desenvolvimento. Assim, a mesma renda vai muito mais longe na Índia do que na Inglaterra. Para dar conta disso, muitos economistas usam uma medida de PIB chamada paridade de poder de compra (PPC), que infla substancialmente a renda dos países em desenvolvimento. Os proponentes dizem que isso reflete melhor a qualidade de vida. Ainda assim, quando se trata puramente do poder nacional, medir o PIB a taxas de câmbio do mercado faz mais sentido. Não se pode comprar um avião, financiar uma missão de paz da ONU, anunciar ganhos corporativos ou oferecer ajuda externa com dólares medidos em PPC. É por isso que, em geral, ao longo deste livro calcularei o PIB usando taxas de câmbio do mercado. Avisarei quando o PPC for mais apropriado, ou quando só se encontrarem números nesse formato.

tão o Irã é a Romênia, não a Alemanha. A Coréia do Norte está ainda mais falida e disfuncional. Sua principal ameaça — aquela que mantém os chineses acordados à noite — é se auto-implodir, inundando a região com refugiados. Isso é poder? Esses países podem causar problemas em sua vizinhança e devem ser controlados e contidos, mas não devemos esquecer o mundo maior do qual eles são uma parte relativamente pequena. Olhemos para a América Latina. A Venezuela é uma criadora de confusão, mas o que isso significou concretamente? A tendência geral da região, exemplificada pelas políticas dos principais países, como Brasil, México e Chile, tem sido no sentido da abertura dos mercados e do comércio, da governança democrática e de uma orientação voltada para o exterior. E é essa tendência, e não as arengas insanas de Hugo Chávez, que representa a direção da história.

A GRANDE EXPANSÃO

A calma relativa de hoje tem uma profunda base estrutural. Em todo o mundo, a economia está superando a política. Aquilo que os analistas de Wall Street chamam de "risco político" tem sido quase inexistente. Guerras, golpes e terrorismo perderam grande parte de sua capacidade de tirar os mercados dos trilhos, a não ser por pouco tempo. Repito que isso pode não durar (a história mostra que não), mas tem sido o mundo em que vivemos durante pelo menos uma década.

Esta não é a primeira vez que tumulto político e crescimento econômico acontecem juntos. Dois períodos anteriores se parecem muito com o nosso: o boom da virada do século XIX para o XX e o do pós-guerra dos anos 50 e início da década de 1960. Em ambos, a política foi turbulenta, mas o crescimento foi robusto. Esses dois períodos têm um traço em comum: países grandes estavam entrando na economia mundial, aumentando seu tamanho e mudando sua forma. A expansão do bolo foi tão grande que esmagou os deslocamentos cotidianos.

No final do século XIX e início do XX, os temores de uma guerra entre as grandes potências européias era freqüente, deflagrado por crises nos Bálcãs, no norte da África e outras áreas de tensão. Mas a economia mundial se expandia apesar dos pontos de atrito e da corrida armamentista. Foi a época dos primeiros grandes movimentos de capital, da Europa para o Novo Mundo. À medida que se industrializavam rapidamente, Alemanha e Estados Unidos se tornavam duas das três maiores economias mundiais.

A década de 1950 e o início dos anos 60 são lembrados, às vezes, como plácidos, mas foram, na verdade, tempos cheios de tensões, definidos pelos primeiros anos da Guerra Fria, temores de conflito com a União Soviética e a China, e uma guerra de verdade na Coréia. Houve crises periódicas — estreito de Taiwan, Congo, canal de Suez, baía dos Porcos, Vietnã — que em vários casos se transformaram em guerra. No entanto, as economias industriais continuaram a todo pano. Foi o segundo grande momento do movimento de capitais, em que o dinheiro dos Estados Unidos inundou a Europa e o Leste Asiático. Em conseqüência, a Europa Ocidental se reergueu das cinzas da Segunda Guerra Mundial e o Japão, a primeira nação não-ocidental a se industrializar com sucesso, cresceu mais de 9% ao ano durante 23 anos.

Em ambos os períodos, esses "choques positivos de oferta" — uma expressão dos economistas para um pico de longo prazo na produção — causaram explosões de crescimento longas e sustentadas, com queda de preços, juros baixos e aumento da produtividade nos mercados emergentes do momento (Alemanha, Estados Unidos, Japão). Na virada do século XX, apesar do crescimento robusto da demanda, os preços do trigo caíram de 20% a 35% na Europa, graças aos celeiros americanos.[3] (De forma semelhante, o preço dos bens manufaturados está caindo hoje graças aos custos menores na Ásia, ainda que a demanda por eles esteja crescendo imensamente.) Em ambos os períodos, os novos atores cresceram graças às exportações, mas as importações também se expandiram. Entre 1860 e 1914, as importações dos Estados Unidos aumentaram cinco vezes, enquanto as exportações cresciam sete vezes.[4]

Estamos passando por uma terceira expansão desse tipo da economia global — de longe, a maior delas. Nas duas últimas décadas, cerca de 2 bilhões de pessoas entraram no mundo dos mercados e do comércio internacional — um mundo que, até recentemente, não passava de um pequeno clube de países ocidentais.* A expansão foi estimulada pelo movimento dos capitais ocidentais em direção à Ásia e ao resto do planeta. Em conseqüência, entre 1990 e 2007, a economia global cresceu de 22,8 trilhões de dólares para 53,3 trilhões de dólares, e o comércio mundial aumentou em 133%. Os assim chamados mercados emergentes responderam por mais da metade desse crescimento global e agora são responsáveis por mais de 40% da economia mundial medida pela paridade de poder de compra (ou mais de 30% a taxas de câmbio do mercado). O crescimento dos novos atores é cada vez mais impulsionado por seus próprios mercados, não simplesmente pelas exportações para o Ocidente — o que significa que não se trata de um fenômeno efêmero.

Algumas pessoas desconsideram essas tendências apontando para a ascensão do Japão nos anos 80, quando os ocidentais temiam que os japoneses dominariam a economia mundial. Esse temor se revelou falso: na realidade, o Japão entrou num declí-

* Falo em 2 bilhões porque os pobres das regiões rurais da Ásia meridional, da China e da África não estão participando, em qualquer sentido significativo, da economia global. Mas milhões deles mudam-se para as cidades todos os anos.

nio de quinze anos. Mas a analogia é enganadora. Em 1985, o Japão já era a segunda economia do mundo. Muitos especialistas acreditavam que estava a caminho de tomar o primeiro lugar dos Estados Unidos, mas, como a economia, as instituições e a política japonesas ainda não estavam plenamente modernizadas, o país não conseguiu dar o salto final. A China, ao contrário, ainda é um país pobre: seu PIB per capita é de 2500 dólares. Ela certamente enfrentará muitos problemas quando se tornar um país do primeiro mundo. Mas no futuro previsível a China com certeza conseguirá dobrar o tamanho de sua economia simplesmente continuando a fazer brinquedos, camisas e telefones celulares. A Índia, que começa de uma base ainda mais baixa de renda, também será capaz de crescer por várias décadas antes de chegar aos tipos de desafios que derrubaram o Japão. Mesmo que esses dois países jamais ultrapassem o status de renda média, é provável que se tornem a segunda e a terceira maiores economias do mundo na maior parte do século XXI.

Não passa de um acidente da história o fato de que, nos últimos séculos, os países mais ricos do mundo tivessem populações pequenas. Os Estados Unidos são os maiores do grupo até agora, motivo pelo qual têm sido o ator dominante. Mas esse domínio foi possível somente num mundo em que os países realmente grandes estavam atolados na pobreza, sem capacidade ou disposição de adotar políticas que os fizessem crescer. Agora, os gigantes estão em movimento e, naturalmente, tendo em vista seus tamanhos, deixarão uma grande pegada no mapa. Mesmo que o habitante médio desses países ainda pareça pobre pelos padrões ocidentais, sua renda total será enorme. Ou para dizer em termos matemáticos: qualquer número, por menor que seja, torna-se grande quando multiplicado por 2,5 bilhões (a população aproximada de China e Índia juntas). São esses dois fatores — um ponto de partida baixo e uma grande população — que garantem a magnitude e a natureza de longo prazo da mudança no poder global.

AS TRÊS FORÇAS: POLÍTICA, ECONOMIA E TECNOLOGIA

Como tudo isso veio a acontecer? Para responder a essa pergunta, temos de voltar algumas décadas no tempo, até os anos 70, e lembrar do modo como a maioria dos países dirigia sua economia na época. Recordo-me muito bem da atmosfera porque cresci na Índia, um país que realmente não pensava estar jogando no mesmo campo dos Estados Unidos. Na cabeça das elites políticas e intelectuais indianas, havia um modelo capitalista liderado pelos americanos numa ponta do espectro e um modelo socialista comandado pelos soviéticos na outra. Nova Déli tentava abrir um caminho do meio entre eles. Quanto a isso, a Índia não era nada fora do comum. Brasil, Egito e Indonésia — na verdade, a maior parte do mundo — estavam nessa terceira via. E que se revelou um caminho para lugar nenhum, fato que estava claro para muitos de seus habitantes no final dos anos 70. Enquanto eles estagnavam, o Japão e algumas outras economias do Leste Asiático que haviam tomado um rumo quase capitalista cresciam a olhos vistos, e a lição começou a ser aprendida.

Mas o terremoto que chacoalhou tudo foi o colapso da União Soviética no final da década de 1980. Com o planejamento central totalmente desacreditado e uma ponta do espectro político em ruínas, o debate mudou por inteiro. De repente, havia apenas um método básico de organizar a economia de um país. É por isso que Alan Greenspan descreveu a queda da União Soviética como o evento *econômico* seminal de nosso tempo. Desde então, apesar de toda a apreensão em torno dos diversos planos de liberalização e "mercadização", a direção geral não mudou. Como deixaram claro as famosas palavras de Margaret Thatcher nos anos em que ela estava revitalizando a economia britânica: "Não há alternativa".

A mudança ideológica na economia vinha crescendo nos anos 70 e 80, antes mesmo da queda do muro de Berlim. A sabedoria econômica convencional, encarnada em organizações como o Fundo Monetário Internacional e o Banco Mundial, havia se tornado muito mais crítica do caminho quase socialista de países como a Índia. Especialistas acadêmicos como Jeffrey Sachs viajavam pelo mundo afora aconselhando os governos a liberalizar, liberalizar, liberalizar. Estudantes de pós-graduação das escolas de economia ocidentais, como os "Chicago boys" do Chile, voltavam para casa e implementavam políticas centradas no mercado. Alguns países em desenvolvimento se preocupavam com a possibilidade de se transformar em capitalistas rapaces, e Sachs lembra de lhes ter explicado que deveriam debater intensamente se queriam acabar mais parecidos com a Suécia, a França ou os Estados Unidos. Mas, acrescentava, não tinham de se preocupar com essa decisão por enquanto: a maioria ainda estava muito mais próxima da União Soviética.

A força financeira que impulsionou a nova era foi o livre movimento do capital. Trata-se, também, de um fenômeno relativamente recente. O período posterior à Segunda Guerra Mundial foi de taxas de câmbio fixas. A maioria dos países ocidentais, inclusive França e Itália, tinha controles de capital que restringiam o movimento do dinheiro para dentro e para fora de suas fronteiras. O dólar estava atrelado ao ouro. Mas, à medida que o comércio mundial crescia, as taxas fixas criavam atritos e ineficiências e impediam que o capital fosse usado da melhor maneira. A maioria dos países ocidentais retirou os controles durante as décadas de 1970 e 80. O resultado: um vasto e sempre crescente suprimento de capital que podia se movimentar livremente de um lugar para outro. Hoje, quando as pessoas pensam em globalização, em geral o fazem ainda em termos da imensa quantidade de dinheiro — os negociantes de moedas trocam cerca de 2 trilhões de dólares *por dia* — que circula pelo mundo, recompensando alguns países e punindo outros. Trata-se de um mecanismo celestial de disciplina da globalização.

Junto com a livre circulação do dinheiro veio outra revolução: a difusão de bancos centrais independentes e o controle da inflação. A hiperinflação é a pior moléstia econômica que pode atacar uma nação. Ela destrói o valor do dinheiro, da poupança, dos ativos e, portanto, do trabalho. Ela é pior do que uma recessão profunda. A hiperinflação rouba o que temos agora (poupança), ao passo que a recessão nos rouba o que poderíamos ter (padrão de vida mais alto se a economia crescesse). Por isso, a hiperinflação com tanta freqüência derrubou governos e produziu revoluções. Não foi a Grande Depressão que levou os nazistas ao poder na Alemanha, mas a hiperinflação, que destruiu a classe média ao tornar suas economias inúteis.

É raro que se possa olhar para trás e ver uma guerra que tenha sido ganha de forma tão decisiva. No final dos anos 80, dezenas de países grandes e importantes estavam acossados pela inflação. Na Argentina, a taxa de inflação era de 3500%, no Brasil, 1200% e no Peru, 2500%. Na década de 1990, cada uma dessas economias em desenvolvimento avançou sobriamente para a disciplina monetária e fiscal. Algumas aceitaram a necessidade de flutuar suas moedas; outras as atrelaram ao euro ou ao dólar. Em conseqüência, existem hoje apenas doze países em todo o mundo onde a inflação está acima de 15%, e a maioria deles é de Estados falidos, como Haiti, Birmânia e Zimbábue. Essa ampla atmosfera de inflação baixa foi fundamental para a estabilidade política e a boa fortuna econômica de nações emergentes.

Junto com esses fatores políticos e econômicos que levavam

os países para um novo consenso veio uma série de inovações tecnológicas que impulsionavam na mesma direção. Hoje, é difícil lembrar dos dias sombrios da década de 1970, quando as notícias não eram transmitidas instantaneamente. Mas nos anos 90, os acontecimentos de qualquer lugar — Berlim Oriental, Kuait, praça Tiananmen — eram acompanhados em tempo real em todo o mundo. Tendemos a pensar nas notícias principalmente como sendo informações políticas. Mas os preços também são um tipo de notícia, e a capacidade de transmitir preços de forma instantânea e transparente por todo o globo deflagrou outra revolução de eficiência. Faz parte de nossa rotina atual comparar preços de produtos em poucos minutos na internet. Há vinte anos, havia um grande negócio de arbitragem, pois essa comparação instantânea de preços era muito difícil.

A expansão das comunicações significou que o mundo ficou mais profundamente conectado e se tornou "plano", na famosa formulação de Thomas Friedman. Telefone barato e banda larga possibilitam que as pessoas trabalhem para um país em outro país, marcando o próximo estágio da história em andamento do capitalismo. No século XV, com a chegada dos grandes navios, os bens tornaram-se móveis. No século XVII, com os bancos modernos, o capital passou a ser móvel. Na década de 1990, o trabalho tornou-se móvel. As pessoas não precisavam mais necessariamente ir até onde estavam os empregos, mas os empregos podiam ir até onde estavam as pessoas. E eles foram para programadores na Índia, telefonistas nas Filipinas e radiologistas na Tailândia. O custo do transporte de bens e serviços vinha caindo havia séculos. Com o advento da banda larga, caiu para zero em muitos serviços. Nem todos os empregos podem ser terceirizados — não por muito tempo — mas os efeitos da terceirização podem ser sentidos em toda parte.

Em certo sentido, o comércio sempre funcionou assim —

tecelagens mudaram da Grã-Bretanha para o Japão no início do século XX, por exemplo. Mas as comunicações instantâneas e constantes aceleraram esse processo fortemente. Uma confecção na Tailândia pode ser administrada quase como se estivesse nos Estados Unidos. As empresas utilizam agora dezenas de países como peças de uma cadeia que compra, manufatura, monta, comercializa e vende bens.

A partir dos anos 80, essas três forças — política, economia e tecnologia — avançaram na mesma direção rumo a um ambiente internacional mais aberto, conectado e exigente. Mas ofereceram também a países de todo o globo novas oportunidades de começar a subir a escada do crescimento e da prosperidade.

Examinemos a imensa mudança em dois países representativos (não-asiáticos). Há vinte anos, Brasil e Turquia eram considerados países "em desenvolvimento" típicos, com crescimento vagaroso, inflação galopante, dívida crescente, um setor privado anêmico e um sistema político frágil. Hoje, ambos são bem administrados e exibem inflação baixa, taxas vigorosas de crescimento, dívida em declínio, um setor privado próspero e instituições democráticas cada vez mais estáveis. A atual taxa de inflação do Brasil, pela primeira vez na história, é mais ou menos a mesma da dos Estados Unidos. Brasil e Turquia ainda têm problemas — que país não tem? —, mas são nações sérias em ascensão.

Os mercados já mudaram sua percepção desses países. Suas dívidas não são mais vistas como sinônimo de mais risco do que as dívidas do primeiro mundo. Na verdade, muitos mercados emergentes estão acumulando grandes superávits, tanto que detêm agora 75% das reservas em moeda estrangeira do mundo. Só a China tem mais de 1,5 trilhão de dólares em suas contas. O Goldman Sachs previu que em 2040 cinco países com mercados emergentes — China, Índia, Brasil, Rússia e México — terão juntos uma produção econômica maior do que a dos países do G-7, as sete nações ocidentais que dominaram os negócios mundiais durante séculos.

OS PROBLEMAS DA ABUNDÂNCIA

Nas duas últimas décadas, gastamos muito tempo, energia e atenção preocupando-nos com crises e quedas na economia global e com terrorismos, chantagens nucleares e guerras geopolíticas. Isso é natural: preparar-se para o pior pode ajudar a evitá-lo. E tivemos, de fato, más notícias: das guerras nos Bálcãs e na África ao terrorismo em todo o mundo e crises econômicas no Leste Asiático, na Rússia e — o que é mais perigoso — nos Estados Unidos. Mas, ao concentrar nossa atenção no lado escuro, ficamos despreparados para muitos dos maiores problemas que temos pela frente, *que são conseqüência não do fracasso, mas do sucesso.* O fato de estarmos vivendo em um mundo de crescimento global sincrônico é uma boa notícia, em sua maior parte, mas também levanta uma série de dilemas complexos e potencialmente letais.

O crescimento global é a grande história de nossa época. Ele explica o aumento da liquidez — as quantidades sempre crescentes de dinheiro que circulam pelo mundo — que manteve o crédito barato e os ativos (inclusive imóveis, ações e títulos) caros. Ao mesmo tempo, o boom nos países de salários baixos evitou que a inflação aumentasse demais. A Índia e a China podem ser vistas como duas máquinas de deflação mundial, fabricando bens (China) e oferecendo serviços (Índia) por uma fração do custo de sua produção no Ocidente.[5] Esse é um dos principais motivos porque os bancos centrais não tiveram de se preocupar muito com a inflação e foram capazes de manter juros baixos durante quase duas décadas, um período de duração incomum. Evidentemente, taxas de juros baixas e crédito barato também fazem as pessoas agir com insensatez ou cobiça, inflando bolhas nas áreas de tecnologia, imóveis, hipotecas de risco ou ações em mercados emergentes — bolhas que eventualmente explodem. À medida que o mundo fica mais interconectado e os instrumentos financeiros mais exóticos, muitos observadores temem que o ciclo virtuoso de crescimento e confiança possa se transformar num ciclo vicioso de pânico e depressão. Mas até agora, ainda que o desenrolar das crises seja extremamente doloroso, as diversas fontes novas de crescimento e as quantidades enormes de capital novo deram uma capacidade maior de recuperação ao sistema econômico global como um todo.

Pensemos no aumento dos preços do petróleo. O choque do petróleo da década dos zeros (de que outra forma se pode descrever a década de 2000 a 2010?) tem sido diferente dos anteriores. No passado, os preços subiam porque os produtores de petróleo — a Opep — restringiam artificialmente a oferta e assim forçavam o aumento do custo da gasolina. Em anos recentes, ao contrário, os preços subiram graças à *demanda* da China, da Índia e de outros mercados emergentes, bem como à imensa demanda contínua do mundo desenvolvido. Se os preços estão subindo porque as economias estão crescendo, isso significa que elas têm o vigor e a flexibilidade para lidar com o aumento dos custos aumentando a produtividade (e, em menor medida, repassando-o para os consumidores). Em conseqüência, os aumentos de preço da década foram digeridos com mais facilidade. Se tivéssemos pedido em 2001 para um vidente avaliar o efeito da quadruplicação do preço do petróleo, seu cenário certamente teria sido uma terrível recessão mundial.

Não foi só o petróleo que ficou mais caro. Os preços das commodities são os mais altos em duzentos anos. As matérias-primas de todos os tipos estão cada vez mais caras. Os produtos agrícolas estão tão caros atualmente que os países em desenvolvimento enfrentam o crescente problema político de como reagir à inflação dos alimentos. O custo da construção explodiu de Nova York a Dubai e Xangai. Até mesmo o gás hélio, que não é usado apenas para balões de festa, mas também em aparelhos de ressonância magnética e indústrias de microchips, tem oferta mundial escassa — e é o segundo elemento mais abundante no universo. Em algum momento, essas pressões vão certamente encerrar a era de inflação baixa que assegurou a prosperidade global.

Enquanto isso, o crescimento robusto produziu também várias anomalias. Dentro de um mundo cada vez mais globalizado e disciplinado, certos países — aqueles dotados de recursos naturais, em especial petróleo e gás natural — estão pegando carona. Eles estão surfando na onda do crescimento global, ficando ricos sem ter de obedecer à maioria das regras que governam a economia mundial. Esse fenômeno é um fruto estranho, mas inevitável, do sucesso dos outros. Esses países são os parasitas do mercado mundial.

Consideremos as principais contestações políticas aos Estados Unidos e às idéias ocidentais de ordem internacional. No Oriente Médio, elas vêm do Irã; na América Latina, da Venezuela; na Eurásia, da Rússia. São todos países cuja força se baseia no petróleo. A capacidade do Sudão de desafiar o mundo quando se trata da questão de Darfur é difícil de imaginar sem suas reservas de petróleo, que significam uma quantidade espantosa de dinheiro. A receita do petróleo do Irã em 2006 chegou a 50 bilhões de dólares — o suficiente para oferecer benesses a grupos de interesse, subornar o exército e manter o poder, ao mesmo tempo que sobra muito para fomentar confusão no exterior. É improvável que essa situação mude. Os países ricos em recursos naturais prosperarão enquanto os outros crescerem. É o yin e o yang da globalização atual.

Nem todos os países ricos em recursos naturais são delinqüentes, e o clima de boa gestão econômica levou alguns deles a usar suas riquezas com mais sabedoria do que no passado. O Canadá está se tornando uma potência importante e, no entanto, age com extrema responsabilidade. O golfo Pérsico, para onde vai uma parte significativa da receita do petróleo, está investindo mais em infra-estrutura e indústria, em vez de em contas de bancos suíços e cassinos de Monte Carlo (embora essas modalidades ainda existam). Dubai tornou-se um entreposto dirigido com eficiência e aberto aos negócios, uma espécie de Cingapura do Oriente Médio. Outros países do Golfo estão tentando imitar seu sucesso. A Arábia Saudita, que durante décadas geriu mal sua vasta fortuna, planeja investir 70 bilhões de dólares em novos projetos petroquímicos, com o objetivo de se tornar uma importante produtora nessa área até 2015. Os Estados do golfo Pérsico investiram um capital de 1 trilhão de dólares nos últimos cinco anos, e a McKinsey and Company estima que poderiam investir mais 2 trilhões ao longo da próxima década. Trata-se de uma forma de capitalismo dirigido pelo Estado, que provavelmente resultará em desenvolvimento limitado e dificilmente produzirá um crescimento auto-sustentado (embora também existam fortes elementos estatais no capitalismo europeu e asiático). Mas está muito mais próxima da norma capitalista mundial do que os sistemas econômicos desses países — da Rússia à Arábia Saudita — de uma geração atrás.

O problema mais agudo da abundância é o impacto do crescimento global sobre os recursos naturais e o meio ambiente. Não é um exagero dizer que o mundo está ficando sem ar puro, água potável, produtos agrícolas e muitas commodities vitais. Alguns desses problemas podem ser resolvidos — aumentando a eficiência produtiva e desenvolvendo novas fontes e suprimento —, mas o progresso nesse sentido tem sido lento demais. A produtividade agrícola, por exemplo, está aumentando. Mas alimentar uma população mundial de 8 bilhões — que é o que teremos em 2025 — exigirá que as colheitas aumentem das atuais três toneladas por hectare para quatro toneladas. Do mesmo modo, nossa capacidade de gerir e conservar a água não está acompanhando o crescimento de nosso consumo. A população mundial triplicou no século XX, mas o consumo de água aumentou seis vezes. Os americanos usam mais de quatrocentos litros de água por dia para beber, cozinhar e tomar banho. As pessoas que vivem em países mais pobres têm sorte se conseguirem 40 litros, mas, à medida que enriquecerem, o aumento de sua demanda causará tensões maiores.[6] Na África e no Oriente Médio, já ocorreram conflitos violentos motivados pela água. Ao longo da história, as populações se movimentaram em busca de água; se as fontes secarem no futuro, dezenas de milhões de pessoas serão forçadas a fazer a mesma coisa.

Durante a última década, muitas previsões sobre os efeitos da mudança climática se revelaram subestimadas porque o crescimento global superou todas as projeções. A avaliação mais recente do Painel Intergovernamental sobre Mudança Climática foi publicada em meados de 2007. No final desse mesmo ano, os cientistas já haviam mostrado que a calota polar está derretendo duas vezes mais rápido do que o relatório previa.[7] Há mais demanda por eletricidade, carros e aviões do que se imaginava há quinze anos. E essa demanda continua crescendo. O Instituto Global McKinsey projeta que, de 2003 a 2020, o número de veículos na China aumentará de 26 milhões para 120 milhões. E ainda temos a Índia, a Rússia, o Oriente Médio — o resto.

Projeta-se que a demanda por eletricidade aumentará 4% ao ano durante décadas. E essa eletricidade virá do combustível mais sujo disponível, o carvão. O carvão é barato e abundante e o mundo o utiliza para produzir a maior parte de sua eletricidade. Para compreender o impacto disso sobre o aquecimento global, basta lembrar o seguinte: entre 2006 e 2012, China e Índia construirão oitocentas usinas elétricas movidas a carvão que, combinadas, emitirão cinco vezes mais CO_2 do que a economia total dos acordos de Quioto.

A ASCENSÃO DO NACIONALISMO

Em um mundo globalizado, quase todos os problemas transbordam das fronteiras. Seja terrorismo, proliferação nuclear, doenças, degradação ambiental, crise econômica ou escassez de água, nenhuma questão pode ser tratada sem que muitos países ajam de modo significativamente coordenado e cooperativo. Mas, enquanto a economia, a informação e até a cultura podem ter-se globalizado, o poder político formal continua firmemente amarrado ao Estado-nação, ainda que essa entidade tenha se tornado menos capaz de resolver a maioria desses problemas unilateralmente. E os Estados-nações estão cada vez menos dispostos a se unir para resolver problemas comuns. À medida que o número de atores — governamentais e não-governamentais — aumenta e crescem o poder e a confiança de cada um deles, diminuem as perspectivas de acordo e ação em comum. Trata-se do desafio central da ascensão do resto — evitar que as forças do crescimento global se transformem em forças da desordem e da desintegração mundial.

A ascensão do orgulho e da confiança de outras nações, em particular das maiores e mais bem-sucedidas, é facilmente visível. Para mim, isso ficou vivamente ilustrado há alguns anos, num cibercafé de Xangai, onde eu conversava com um jovem executivo chinês. Ele descrevia o extraordinário crescimento de seu país e um futuro em que a China seria moderna e próspera. Era totalmente ocidentalizado nas roupas e no comportamento, falava excelente inglês e podia discutir tranqüilamente as últimas tendências nos negócios ou fofocar sobre a cultura popular americana. Parecia o produto consumado da globalização, a pessoa que faz a ponte entre culturas e torna o mundo um lugar menor e mais cosmopolita. Mas, quando começamos a falar sobre Taiwan, Japão e Estados Unidos, suas respostas estavam cheias de bile. Ele explicou em tom furioso que se Taiwan ousasse declarar independência, a China deveria invadir a ilha imediatamente. Disse que o Japão era uma nação agressora em que jamais se poderia confiar. E tinha certeza que os Estados Unidos haviam bombardeado deliberadamente a embaixada da China durante a guerra no Kosovo, em 1999, para aterrorizar os chineses com seu poderio militar. E assim por diante. Senti-me como se estivesse em Berlim em 1910, falando com um jovem executivo alemão, que naquela época seria também totalmente moderno e totalmente nacionalista.

À medida que crescem as fortunas econômicas, o mesmo acontece com o nacionalismo. Isso é compreensível. Imagine que você viveu num país que foi pobre e instável durante séculos. E então, finalmente as coisas mudam e sua terra natal está em ascensão. Você se sentiria orgulhoso e ansioso para ser visto. Esse desejo de reconhecimento e respeito está aumentando muito em todo o mundo. Pode parecer paradoxal que a globalização e a modernização econômica alimentem o nacionalismo político, mas somente se considerarmos o nacionalismo uma ideologia atrasada que será apagada pela marcha do progresso.

O nacionalismo sempre deixou os americanos perplexos. Quando se envolvem em conflitos no exterior, os Estados Unidos sempre acham que estão tentando genuinamente ajudar os outros países a se tornar melhores. Das Filipinas e do Haiti ao Vietnã e ao Iraque, a reação dos nativos aos seus esforços sempre surpreendeu os americanos. Eles se orgulham, com razão, de seu país — chamamos isso de patriotismo —, mas ficam realmente espantados quando outros povos sentem orgulho e são possessivos em relação às próprias nações natais.

Nos derradeiros dias do domínio britânico na Índia, seu último vice-rei, lorde Louis Mountbatten, virou-se para o grande líder indiano Mahatma Gandhi e disse exasperado: "Se simplesmente formos embora, haverá o caos". Gandhi retrucou: "Sim, mas será o *nosso* caos". Esse sentimento de ser governado por si mesmo, sem interferência, é forte nos países emergentes, em especial naqueles que outrora foram colônias ou quase colônias do Ocidente.

Zbigniew Brzezinski chamou a atenção recentemente para o que denomina um "despertar político global". Ele apontou para o aumento das paixões de massa, alimentadas por forças variadas — sucesso econômico, orgulho nacional, níveis mais elevados de educação, maior informação e transparência e memórias do passado. Brzezinski observou os aspectos disruptivos dessa nova força: "A população de boa parte do mundo em desenvolvimento está politicamente agitada e, em muitos lugares, fervilhando de inquietação. Ela tem consciência aguda da injustiça social em um grau sem precedentes [... e isso] está criando uma comunidade de percepções compartilhadas e inveja que podem ser galvanizadas e canalizadas por paixões demagógicas políticas ou religiosas. Essas energias transcendem as fronteiras soberanas e representam um desafio tanto aos Estados existentes como à hierarquia global atual, no topo da qual os Estados Unidos ainda estão empoleirados".[8]

Em muitos países de fora do mundo ocidental, há frustração acumulada por terem de aceitar uma narrativa totalmente ocidental ou americana da história mundial, na qual lhes é atribuído um papel equivocado ou não passam de coadjuvantes. Há muito tempo que os russos se irritam com a história padronizada da Segunda Guerra Mundial em que Grã-Bretanha e Estados Unidos derrotam heroicamente as forças fascistas da Alemanha e do Japão. Tendo em vista os relatos históricos dominantes nos Estados Unidos, de Stephen Ambrose a Ken Burns, os americanos deveriam ser perdoados por acreditar que a Rússia desempenhou um papel menor nas batalhas decisivas contra Hitler e Tojo. Na verdade, a frente oriental foi a arena central da Segunda Guerra. Ela teve mais combates terrestres do que todos os outros cenários do conflito juntos e resultou em 30 milhões de mortos. Foi lá que três quartos de todas as forças alemãs lutaram e onde a Alemanha sofreu 70% de suas baixas. A frente européia foi, sob muitos aspectos, um espetáculo secundário, mas no Ocidente é tratada como o evento principal. Como disse o escritor Benjamin Schwarz, Stephen Ambrose "esbanja [atenção] sobre a invasão britânico-americana da Sicília, que expulsou 60 mil alemães da ilha, mas ignora completamente Kursk — a maior batalha da história, em que pelo menos 1,5 milhão de soviéticos e alemães lutou, e que ocorreu exatamente na mesma época. [...] por mais que nos seja desagradável, devemos admitir que a luta contra a Alemanha nazista [...] foi principalmente, como o grande historiador militar John Erickson a chamou, 'a guerra de Stálin'".[9]

Ou pensemos a mesma guerra do ponto de vista de outro ponto no mapa. Um amigo indiano explicou-me: "Para a Grã-Bretanha e os Estados Unidos, a Segunda Guerra Mundial é uma luta heróica em que a liberdade triunfa sobre o mal. Para nós, foi uma batalha para onde a Grã-Bretanha mandou a Índia e suas forças armadas sem se preocupar em nos consultar. Londres nos disse para morrer por uma idéia de liberdade que, naquele exato momento, nos negava brutalmente".

Perspectivas nacionais divergentes como essas sempre existiram, mas hoje, graças à maior escolaridade, informação e confiança, elas são amplamente difundidas por redes de notícias, canais a cabo e sites da internet do mundo emergente. Muitos dos membros do "resto" estão dissecando as narrativas, os argumentos e os pressupostos do Ocidente e contrapondo a eles uma visão diferente do mundo. "Quando vocês me dizem que apoiamos a ditadura no Sudão para ter acesso ao seu petróleo", um jovem funcionário chinês me disse em 2006, "o que eu gostaria de dizer é: 'E em que isso é diferente do apoio de vocês à monarquia medieval da Arábia Saudita?'. Nós vemos a hipocrisia, só que ainda não falamos nada."

Após o fim da Guerra Fria, houve uma esperança e expectativa generalizadas de que China e Rússia iriam entrar inexoravelmente no sistema político e econômico ocidental do pós-guerra. Quando falou de "uma nova ordem mundial", George H. W. Bush queria dizer simplesmente que a velha ordem ocidental se estenderia para todo o mundo. Essa idéia talvez adviesse da experiência do pós-guerra com o Japão e a Alemanha, que adquiriram grande poder econômico, mas eram membros conciliadores, cooperativos e, em larga medida, silenciosos da ordem existente. Mas aquelas circunstâncias talvez fossem especiais. Os dois países tinham histórias peculiares, tendo travado guerras agressivas e se tornado párias em conseqüência disso; ademais, tinham diante deles uma nova ameaça do comunismo soviético e contavam com o poder militar americano para sua proteção. A rodada seguinte de potências emergentes talvez não esteja tão ansiosa para "se encaixar".

Ainda pensamos em um mundo no qual uma potência em ascensão deve escolher entre duas opções rígidas: integrar-se à ordem ocidental ou rejeitá-la, tornando-se uma nação fora-da-lei que deve encarar as penalidades da excomunhão. Na realidade, essas potências parecem estar seguindo um terceiro caminho: entrar na ordem ocidental, mas fazê-lo em seus próprios termos, remodelando assim o próprio sistema. Como dizem os cientistas políticos Naazneen Barma, Ely Ratner e Steven Weber, em um mundo no qual todos sentem que têm poder, os países podem decidir evitar totalmente esse "centro" ocidental e forjar seus próprios laços uns com os outros.[10] Em um mundo pós-americano, pode não haver centro ao qual se integrar. O secretário de Estado James Baker sugeriu em 1991 que o mundo estava avançando para um sistema de *hub-and-spoke* [centro e raios], em que cada país teria de passar pelos Estados Unidos para chegar ao seu destino. O mundo do século XXI talvez seja mais bem descrito como um mundo de rotas ponto a ponto, com novos padrões de vôos sendo mapeados todos os dias. (Isso é verdade até no sentido físico: em apenas dez anos, o número de visitantes russos à China aumentou mais de quatro vezes, de 489 mil em 1995 para 2,2 milhões em 2005.) O foco mudou. Os países estão cada vez mais interessados neles mesmos — a história de sua ascensão — e dão menos atenção ao Ocidente e aos Estados Unidos. Em conseqüência, as discussões obrigatórias da campanha presidencial americana ao longo de 2007 sobre a necessidade de se diminuir o antiamericanismo erram um pouco de alvo. O mundo está mudando da raiva para a indiferença, do antiamericanismo para o pós-americanismo.

O fato de as novas potências afirmarem com mais força seus interesses é a realidade do mundo pós-americano. E também apresenta o enigma político de como alcançar objetivos internacionais em um mundo de muitos atores, estatais e não-estatais. Conforme o antigo modelo de fazer as coisas, os Estados Unidos e alguns aliados ocidentais dirigiam o show, enquanto o Terceiro Mundo acompanhava ou ficava de fora do palco e continuava a ser irrelevante em conseqüência disso. Os atores não-governamentais eram poucos e fracos demais para representar alguma preocupação. Agora, basta olhar para as negociações comerciais, por exemplo, e veremos que o mundo em desenvolvimento age com força cada vez maior. Em situações nas quais países como o Brasil e a Índia aceitariam outrora qualquer acordo oferecido pelo Ocidente ou ignorariam o processo completamente, eles jogam duro até alcançar o acordo de sua preferência. Eles ouviram os CEOs ocidentais explicar onde está o futuro. Leram o relatório sobre o chamado BRIC do Goldman Sachs. Eles sabem que a balança do poder mudou.

O acordo de Quioto (agora tratado como sagrado devido à arrogante rejeição do presidente Bush) é, na verdade, um tratado marcado por sua adesão à velha visão de mundo: Quioto pressupunha que, se o Ocidente se unisse e concordasse com um plano, o Terceiro Mundo o adotaria e o problema estaria resolvido. Essa pode ser a maneira como os negócios internacionais foram geridos durante décadas, mas faz pouco sentido hoje. China, Brasil, Índia e outras potências emergentes não seguirão um processo liderado pelo Ocidente do qual não participaram. Mais ainda, os governos sozinhos não podem fazer muito para resolver um problema como a mudança climática. Uma solução para valer requer criar uma coalizão muito mais ampla que inclua o setor privado, grupos não-governamentais, cidades e municípios e a mídia. Em um mundo globalizado, democratizado e descentralizado, precisamos fazer com que os indivíduos mudem de comportamento. Impostos, tarifas e guerras são os velhos métodos para isso, mas os Estados têm agora menos espaço para manobrar nessas frentes. Eles precisam de maneiras mais sutis e sofisticadas para conduzir a mudança.

Os mecanismos tradicionais de cooperação internacional são relíquias de outra era. O sistema das Nações Unidas representa uma configuração superada de poder. Os membros permanentes do Conselho de Segurança são os vitoriosos de uma guerra que acabou há sessenta anos. Esse órgão não inclui o Japão e a Alemanha, segunda e terceira maiores economias do mundo (a taxas de câmbio do mercado), ou a Índia, a maior democracia do mundo, ou qualquer país latino-americano ou africano. O Conselho de Segurança exemplifica a estrutura antiquada da governança mundial de forma mais ampla. O G-8 não inclui a China, que já é a quarta economia do mundo, ou a Índia e a Coréia do Sul, que estão em 12º e 13º lugares. Por tradição, o FMI é sempre dirigido por um europeu e o Banco Mundial, por um americano. Essa "tradição", tal como os costumes de um antigo clube de campo segregacionista, pode ser encantadora e divertida para quem participa dela, mas para os excluídos é intolerante e ultrajante.

Uma complicação a mais: quando falo da ascensão do nacionalismo, estou descrevendo um fenômeno mais amplo — a afirmação de identidade. O Estado-nação é uma invenção relativamente nova; com freqüência, não tem mais de cem anos de vida. Muito mais velhos são os grupos religiosos, étnicos e lingüísticos que vivem no interior de Estados-nações. E esses laços ficaram mais fortes — cresceram, com efeito — à medida que se aprofundou a interdependência econômica. Na Europa, os flamengos e franceses da Bélgica continuam mais distintos do que nunca. Na Grã-Bretanha, os escoceses elegeram um partido que propõe o fim das Leis da União que criaram o Reino Unido da Inglaterra, Escócia e País de Gales há trezentos anos. Na Índia, os partidos nacionais estão perdendo terreno para os regionais. No Quênia, as distinções tribais estão se tornando mais importantes. Em boa parte do mundo, essas identidades fundamentais — mais profundas do que o Estado-nação — continuam sendo os traços definidores da vida. É o que determina o voto das pessoas e aquilo pelo qual dão sua vida. Em uma economia mundial aberta, esses grupos sabem que precisam cada vez menos do governo central. E, numa era democrática, eles obtêm cada vez mais poder se permanecerem unidos como grupo. Essa dupla ascendência da identidade significa que, ao se relacionar com os Estados

Unidos, com as Nações Unidas ou com o mundo em geral, o nacionalismo chinês ou indiano cresce. Mas, dentro de seus próprios países, o subnacionalismo também está crescendo. O que se desenrola no palco global — a ascensão da identidade em meio ao crescimento econômico — se desenrola também no palco local. Em resumo: a ação nacional resoluta torna-se muito mais difícil.

À medida que o poder passaa a ser mais diversificado e difuso, a legitimidade se torna ainda mais importante, pois é a única maneira de atrair todos os diferentes atores do palco mundial. Hoje, nenhuma solução, por mais sensata, é sustentável se passar a impressão de ilegítima. Impô-la não funcionará se ela parecer obra do poder e das preferências de um país, independente de quão poderoso ele possa ser. Os massacres de Darfur, por exemplo, são horríveis e, no entanto, a intervenção militar na região — o meio mais eficaz de detê-los — só teria sucesso se fosse sancionada não somente pelas grandes potências, mas também pelos vizinhos africanos do Sudão. Se os Estados Unidos agissem sozinhos ou com uma pequena coalizão — invadindo o terceiro país muçulmano em cinco anos —, a tentativa quase com certeza sairia pela culatra, proporcionando ao governo sudanês a chance de gritar contra o "imperialismo americano". O histórico da política externa do governo Bush oferece uma ilustração perfeita da necessidade prática de legitimidade. Mas, para além dos fracassos de Bush, o dilema persiste: se muitos países precisam cooperar para que as coisas se concretizem, como fazer para que isso aconteça num mundo com mais atores, muitos deles mais poderosos?

A ÚLTIMA SUPERPOTÊNCIA

Muitos observadores e comentaristas olharam para a vitalidade desse mundo emergente e concluíram que o tempo dos Estados Unidos já passou. Andy Grove, o fundador da Intel, diz isso sem meias-palavras: "Os Estados Unidos correm o risco de seguir a Europa e entrar pelo cano, e o pior é que ninguém sabe disso. Ninguém quer ver o óbvio e ficam dando tapinhas nas costas uns dos outros enquanto o *Titanic* avança a toda velocidade na direção do iceberg". Thomas Friedman espanta-se ao ver uma pequena multidão de jovens indianos chegando para o turno da noite na Infosys, em Bangalore: "Ó, meu Deus, eles são tantos, e continuam chegando, batalhão após batalhão. Como pode ser bom para minhas filhas e milhões de outros americanos que esses indianos possam executar as mesmas tarefas por uma fração do salário deles?".[11] "A globalização está contra-atacando", escreve Gabor Steingart, editor da *Der Spiegel*, a maior revista semanal da Alemanha, em livro de grande sucesso. Enquanto seus rivais prosperaram, afirma ele, os Estados Unidos perderam indústrias essenciais, seu povo parou de poupar e seu governo ficou cada vez mais endividado com os bancos centrais asiáticos.[12]

O que é intrigante, porém, é que essas tendências estão presentes já há algum tempo — e, na verdade, ajudaram o desempenho americano. Nos últimos vinte anos, enquanto a globalização e a terceirização se aceleravam enormemente, a taxa de crescimento dos Estados Unidos foi, em média, um pouco acima de 3%, um ponto percentual inteiro acima da taxa da Alemanha e da França (o Japão teve uma média de 2,3% no mesmo período). O crescimento da produtividade — o elixir da economia moderna — está acima de 2,5% há uma década, também um ponto percentual acima da média européia. Até as exportações americanas se sustentaram, apesar de o valor do dólar se manter em pico durante uma década, posição que abandonou recentemente. Em 1980, as exportações americanas representavam 10% do total mundial; em 2007, essa cifra ainda estava em 9%. De acordo com o Fórum Econômico Mundial, os Estados Unidos continuam a ser a economia mais competitiva do mundo e ocupam o primeiro lugar em inovação, o nono em prontidão tecnológica, o segundo em gastos empresariais em pesquisa e tecnologia e o segundo na qualidade de suas instituições de pesquisa. A China está a mais de trinta posições abaixo dos Estados Unidos em todos esses quesitos e a Índia só entra entre os dez maiores quando se trata de tamanho de mercado. Em praticamente todos os setores dos quais os países industriais avançados participam, as firmas americanas lideram o mundo em produtividade e lucro.

A fatia que os americanos detêm da economia global tem sido notavelmente estável, tendo passado por guerras, depressões e assistido a várias ascensões de outros países. Com 5% da população mundial, os Estados Unidos geraram entre 20% e 30% da produção mundial por 125 anos. A posição americana certamente sofrerá uma queda nas próximas décadas. Não se trata de uma declaração política, mas matemática. À medida que outros países crescerem com mais rapidez, o peso relativo da economia americana cairá. Mas o declínio não precisa ser em grande escala, rápido ou decisivo, desde que os Estados Unidos consigam se adaptar aos novos desafios, tal como o fizeram no último século. Nas próximas décadas, a ascensão das nações emergentes se dará provavelmente à custa da Europa Ocidental e do Japão, que estão empatados num declínio lento e demograficamente determinado.

Os Estados Unidos enfrentarão a mais intensa competição econômica de sua história. O sistema socioeconômico americano sabe como reagir e se ajustar a esse tipo de pressão. As reformas necessárias são óbvias, mas, uma vez que significam alguma dor no presente para se obter ganhos no futuro, o sistema político não consegue implementá-las. O desafio mais difícil para o país é internacional. Ele terá diante de si uma ordem global bem diferente daquela em que estava acostumado a atuar. Por enquanto, os Estados Unidos continuam a ser o ator mais poderoso. Mas a balança muda a cada ano.

Por quase duas décadas, desde 1989, o poderio americano definiu a ordem internacional. Todos os caminhos levavam a Washington, e as idéias americanas sobre política, economia e política externa foram o ponto de partida para a ação global. Washington foi o ator mais poderoso em todos os continentes do mundo: dominou o hemisfério ocidental, foi o fator externo fundamental de equilíbrio na Europa e na Ásia meridional e continuou a ser o único país com condições de oferecer a força necessária a qualquer operação militar mundial séria. Para todos os países, da Rússia e China à África do Sul e Índia, a relação internacional mais importante é aquela com os Estados Unidos.

Essa influência atingiu seu apogeu com o Iraque. Apesar da relutância, oposição ou hostilidade aberta de boa parte do mundo, os Estados Unidos conseguiram lançar um ataque não a um país soberano e obter o apoio de dezenas de países e agências internacionais para ajudá-los durante e depois da invasão. Não são apenas as complicações do Iraque que afrouxaram essa ordem. Mesmo que a operação no Iraque tivesse sido um sucesso glorioso, o método de sua execução teria deixado absolutamente claro o poderio inconteste americano — e é esse exercício de unipolaridade ao qual o mundo todo reagiu. A ordem unipolar das duas últimas décadas não está desaparecendo por causa do Iraque, mas devido à difusão mais ampla do poder pelo mundo.

Em algumas áreas, a unipolaridade já parece ter acabado. A União Européia representa agora o maior bloco de comércio do globo, criando bipolaridade, e à medida que a China e, depois, outros gigantes emergentes ganham tamanho, a esfera bipolar do comércio internacional pode se tornar tripolar e, depois, multipolar. Em todos os setores, exceto o militar, mudanças semelhantes estão em andamento. No entanto, a noção de um mundo multipolar, com quatro ou cinco atores de peso mais ou menos semelhante, não descreve em geral a realidade de hoje, nem do futuro próximo. A Europa não pode agir militarmente, ou mesmo politicamente, como uma unidade. Japão e Alemanha estão impedidos por seus passados. China e Índia ainda estão se desenvolvendo. Nesse sentido, o sistema internacional é descrito com mais acuidade por "unimultipolaridade, termo de Samuel Huntington, ou o que os geopolíticos chineses chamam de "muitas potências e uma superpotência". A linguagem confusa reflete uma realidade confusa. Os Estados Unidos continuam a ser de longe o país mais poderoso, mas num mundo com várias outras potências grandes e importantes e com maior assertividade e atividade de todos os atores. Esse sistema internacional híbrido — mais democrático, mais dinâmico, mais aberto, mais conectado — é aquele em que provavelmente viveremos por várias décadas. É mais fácil definir o que ele não é, é mais fácil descrever o período do qual ele está se afastando do que a era para onde ele se dirige — daí a expressão *mundo pós-americano.*

Os Estados Unidos ocupam o lugar mais alto do sistema emergente, mas são também o país mais contestado pela nova ordem. A maioria das outras grandes potências verá seu papel no mundo se expandir. Esse processo já está em andamento. China e Índia estão se transformando em atores maiores em suas vizinhanças e para além delas. A Rússia acabou sua acomodação pós-soviética e está se tornando mais enérgica, até agressiva. O Japão, embora não seja uma potência emergente, está mais disposto agora a manifestar suas opiniões e posições aos seus vizinhos. A Europa atua em questões de comércio e economia com imensa força e determinação. Brasil e México estão se tornando mais ativos nas questões latino-americanas. A África do Sul posicionou-se como líder do continente africano. Todos esses países estão ocupando mais espaço na arena internacional.

Para os Estados Unidos, a seta aponta para a direção oposta. A economia não é um jogo de soma zero — a ascensão de outros atores aumenta o bolo, o que é bom para todos —, mas a geopolítica é uma luta por influência e controle. À medida que outros países se tornarem mais ativos, o enorme espaço para a ação dos americanos inevitavelmente diminuirá. Podem os Estados Unidos se adaptar à ascensão de outros poderes, de vários matizes políticos, em diversos continentes? Isso não significa se resignar ao caos ou à agressão: longe disso. Mas a única maneira de os Estados Unidos deterem as ações de países delinqüentes será pela criação de uma coalizão ampla e durável contra eles. E isso só será possível se Washington puder mostrar que está disposta a permitir que outras nações se tornem acionistas da nova ordem. Na ordem internacional de hoje, progresso significa concessão mútua. Nenhum país vai se impor totalmente. Estas são palavras fáceis de escrever ou dizer, mas difíceis de pôr em prática. Elas significam aceitar o crescimento do poder e da influência de outros países, a proeminência de interesses e preocupações. Esse equilíbrio — entre acomodação e dissuasão — é o principal desafio da política externa americana nas próximas décadas.

Comecei este capítulo afirmando que a nova ordem não anunciava o declínio americano porque creio que os Estados Unidos possuem imensas energias e que o novo mundo não terá uma nova superpotência, mas uma diversidade de forças que Washington pode manobrar e até ajudar a dirigir. Mas ainda assim, enquanto o resto do mundo ascende, em termos puramente econômicos, o país experimentará um relativo declínio. À medida que os outros crescerem mais rápido, sua fatia do bolo será menor (embora essa mudança venha a ser provavelmente pequena por muitos anos). Além disso, as novas forças não-governamentais que são cada vez mais ativas restringirão as ações de Washington substancialmente.

Trata-se de um desafio para os americanos, mas também para todos os outros. Durante quase três séculos, o mundo contou com o lastro que significava a presença de uma grande potência hegemônica — primeiro a Inglaterra, depois os Estados Unidos. Essas duas superpotências ajudaram a criar e manter uma economia mundial aberta, protegendo rotas marítimas e comerciais, agindo como último recurso financeiro, detendo a moeda de reserva, investindo no exterior e mantendo seus próprios mercados abertos. Elas também inclinaram a balança militar contra os grandes agressores de suas épocas, da França de Napoleão à Alemanha e a União Soviética. Apesar de todos os seus abusos de poder, os Estados Unidos foram os criadores e sustentáculos da ordem atual de comércio aberto e governo democrático — uma ordem que foi benigna e benéfica para a vasta maioria da humanidade. À medida que as coisas mudam, assim como o papel dos Estados Unidos, essa ordem pode começar a sofrer fraturas. O colapso do dólar — até o ponto em que não houvesse mais moeda de reserva mundial — seria um problema tanto para o mundo quanto para os Estados Unidos. E resolver problemas comuns numa era de difusão e descentralização poderia se revelar muito mais difícil sem uma superpotência.

Alguns americanos já passaram a ter uma consciência aguda das mudanças em andamento. As empresas estão cada vez mais cônscias das mudanças que ocorrem em todo o mundo e vêm reagindo a elas com rapidez e sem sentimentalismo. Grandes multinacionais com base nos Estados Unidos relatam de modo quase uniforme que seu crescimento se baseia na penetração de novos mercados externos. Com um crescimento da receita anual de 2%-3% ao ano nos Estados Unidos e de 10%-15% no exterior, elas sabem que precisam se adaptar a um mundo pós-americano — ou então fracassarão nele. Uma percepção similar é visível nas universidades americanas, onde cada vez mais alunos viajam e estudam no exterior e interagem com estudantes estrangeiros. Os americanos mais jovens convivem sem problemas com o conhecimento de que as últimas tendências — em finanças, arquitetura, arte, tecnologia — podem ser ditadas por Londres, Xangai, Seul, Tallinn ou Mumbai.

Mas essa orientação para fora ainda não é comum na sociedade americana mais ampla. A economia americana continua com o foco voltado para dentro, embora isso esteja mudando e o comércio exterior represente 28% do PIB (em comparação com 38% na Alemanha). A insularidade foi uma das bênçãos da natureza aos Estados Unidos, cercados por dois vastos oceanos e dois vizinhos benevolentes. O país não foi conspurcado pelas maquinações nem pelo desgaste do Velho Mundo e sempre foi capaz de imaginar uma ordem nova e diferente, fosse na Alemanha, no Japão ou até mesmo no Iraque. Mas, ao mesmo tempo, esse isolamento deixou os americanos bastante ignorantes do mundo além de suas fronteiras. Os americanos falam poucas línguas, sabem pouco sobre outras culturas e continuam convencidos de que não precisam corrigir essa postura. Eles raramente tomam os padrões globais como ponto de referência porque têm certeza de que o seu jeito de fazer as coisas é o melhor e o mais avançado. O resultado disso é que estão cada vez mais desconfiados dessa era global emergente. Há uma distância crescente entre a elite empresarial e a classe cosmopolita, de um lado, e a maioria do povo americano, do outro. Sem esforços reais para superá-la, essa divisão poderia destruir a vantagem competitiva dos Estados Unidos e seu futuro político.

As suspeitas populares são alimentadas e estimuladas por uma cultura política nacional irresponsável. Em Washington, há uma grave falta de novas idéias sobre o novo mundo. É muito fácil criticar o governo Bush por sua arrogância e seu unilateralismo, que prejudicaram os Estados Unidos no exterior. Mas o problema não se restringe a Bush, Cheney, Rumsfeld ou aos republicanos, embora eles tenham se transformado no partido do machismo escarrado, orgulhosos por serem desprezados no exterior. Basta conversar com alguns democratas de Washington para ouvir um unilateralismo mais débil — sobre comércio, padrões trabalhistas e várias questões de direitos humanos. Em relação ao terrorismo, ambos os partidos continuam a usar uma linguagem completamente voltada para o público interno, sem nenhuma preocupação com seu efeito pernicioso no resto do mundo. Os políticos americanos, de forma constante e promíscua, exigem, rotulam, punem e condenam países inteiros por miríades de defeitos. Nos últimos quinze anos, os Estados Unidos aplicaram sanções à metade da população do planeta. Somos o único país do mundo a emitir um relatório anual sobre o comportamento de todas as outras nações. Washington, D.C. tornou-se uma bolha, presunçosa e sem contato com o mundo lá fora.

A Pesquisa Global de Atitudes Pew de 2007 mostrou um notável aumento em todo o mundo de opiniões positivas sobre livre-comércio, mercados e democracia. Grandes maiorias em países como China, Alemanha, Bangladesh e Nigéria disseram que o aumento dos laços comerciais entre países é bom. No entanto, entre os 47 países pesquisados, os Estados Unidos ficaram em último lugar no quesito do apoio ao livre-comércio. Nos cinco anos abrangidos pela pesquisa, nenhum país recuou tanto.

Ou, então, olhemos para as atitudes em relação às empresas estrangeiras. Quando perguntadas se elas tiveram um impacto positivo, um número surpreendente de pessoas em países como Brasil, Nigéria, Índia e Bangladesh respondeu que sim. São países que costumavam desconfiar das multinacionais ocidentais (a preocupação da Ásia meridional tem alguma base, pois, afinal, a região foi colonizada inicialmente por uma empresa multinacional, a Companhia das Índias Orientais britânica). No entanto,

73% da população da Índia, 75% da de Bangladesh, 70% da do Brasil e 82% da da Nigéria expressam agora uma opinião positiva sobre essas empresas. Em contraste, nos Estados Unidos, essa porcentagem é de 45%, o que nos coloca entre os cinco últimos. Queremos que o mundo aceite as empresas americanas com braços abertos, mas, quando elas vêm para cá, a situação muda de figura. As atitudes em relação à imigração representam uma reversão ainda maior. Numa questão em que os Estados Unidos foram o modelo para o mundo, o país regrediu para uma irada posição defensiva. Onde antes queríamos ser os pioneiros em todas as novas tecnologias, agora olhamos para a inovação com medo e nos perguntamos como ela vai mudar as coisas.

A ironia disso tudo é que a ascensão do resto é conseqüência das idéias e dos atos americanos. Durante sessenta anos, políticos e diplomatas americanos percorreram o mundo pressionando os países a abrirem seus mercados, democratizarem sua política e adotarem o comércio internacional e a tecnologia. Instamos povos de terras distantes a assumir o desafio de competir na economia global, liberar suas moedas e desenvolver novas indústrias. Aconselhamos a não ter medo das mudanças e aprender o segredo de nosso sucesso. E funcionou: os nativos se deram bem com o capitalismo. Mas agora suspeitamos exatamente das mesmas coisas que sempre elogiamos: mercado aberto, livre-comércio, imigração e mudança tecnológica. E tudo isso está acontecendo quando a maré está a nosso favor. No momento em que o mundo se abre, os Estados Unidos se fecham.

No futuro distante, quando escreverem sobre nossa época, os historiadores talvez observem que, nas primeiras décadas do século XXI, os Estados Unidos tiveram sucesso em sua grande e histórica missão: globalizar o mundo. Mas talvez escrevam que, ao longo do caminho, esqueceram de globalizar a si mesmos.

3. Um mundo não-ocidental?

Em 1492, como todos sabem, Cristóvão Colombo lançou-se numa das expedições mais ambiciosas da história da humanidade. O que poucos sabem é que 87 anos antes, um almirante chinês chamado Zheng He começou a primeira de sete expedições igualmente ambiciosas. Os navios de Zheng eram muito maiores e mais bem construídos do que os de Colombo, Vasco da Gama ou qualquer outro grande navegador europeu dos séculos XV e XVI. Em sua primeira viagem, em 1405, ele contou com 317 barcos e 28 mil homens, em comparação com as quatro caravelas e os 150 marujos de Colombo. As maiores embarcações da frota chinesa, os "navios do tesouro", tinham acima de trinta metros de comprimento — mais do que quatro vezes o tamanho da *Santa Maria*, nau capitânia de Colombo — e nove mastros. Eram tão grandes que foi preciso derrubar 120 hectares de floresta para construir cada uma delas. Havia navios destinados a transportar cavalos, suprimentos, alimentos, água e, é claro, soldados. O menor barco da frota de Zheng, um vaso de guerra de cinco mastros altamente manobrável, tinha o dobro do tamanho de um lendário galeão espanhol.

Os navios chineses usavam madeiras especiais, encaixes complexos, técnicas sofisticadas de impermeabilização e uma quilha corrediça ajustável. Os navios do tesouro tinham cabines grandes e luxuosas, velas de seda e corredores com janelas. Todos eram construídos nas docas secas de Nanjing, o maior e mais avançado estaleiro do mundo. Nos três anos anteriores a 1405, 1681 barcos foram construídos ou reformados em Nanjing. Nada remotamente comparável poderia ter acontecido na Europa dessa mesma época.[1]

O tamanho importava. Essas frotas enormes tinham por objetivo "chocar e maravilhar" os habitantes da área circundante, deixando claros o poderio e o alcance da dinastia Ming. Nas sete expedições realizadas entre 1405 e 1433, Zheng viajou pelas águas do oceano Índico e em torno do sudeste da Ásia. Distribuiu presentes aos nativos e aceitou tributos. Quando encontrava oposição, não hesitava em usar o poderio militar. Em uma das viagens, capturou e trouxe de volta um pirata de Sumatra; em outra, um chefe rebelde do Ceilão. Retornou de todas elas com flores, frutas, pedras preciosas e animais exóticos, entre eles girafas e zebras para o zoológico imperial.

Mas a história de Zheng termina de maneira bizarra. Na década de 1430, um novo imperador subiu ao trono chinês. Ele cancelou abruptamente as expedições imperiais e deu as costas ao comércio externo e às explorações. Alguns funcionários tentaram manter a tradição, mas sem sucesso. Em 1500, a corte decretou que quem construísse um barco com mais de dois mastros (tamanho necessário para garantir autonomia nos percursos marítimos) seria executado. Em 1525, as autoridades costeiras receberam ordens para destruir qualquer embarcação oceânica que encontrassem e prender seus proprietários. Em 1551, tornou-se crime sair para o mar num navio de muitos mastros, independentemente da finalidade. Quando subiu ao poder em 1644, a dinastia Qing manteve essa política básica, mas tinha menos fé em decretos: mandou simplesmente incendiar uma faixa de mais de mil quilômetros de comprimento da costa meridional da China, tornando-a inabitável. Essas medidas tiveram o efeito desejado: a indústria naval chinesa acabou. Nas décadas posteriores à última viagem de Zheng, dezenas de navegadores ocidentais percorreram águas em torno da Índia e da China. Mas trezentos anos se passaram para que um navio chinês chegasse até a Europa — numa visita a Londres para a Grande Exposição de 1851.

O que explica essa reviravolta impressionante? A elite chinesa estava dividida em relação às viagens ao exterior e os novos governantes de Pequim consideraram as expedições navais um fracasso: eram extremamente caras, forçavam a cobrança de impostos mais altos de uma população já demasiado exigida e davam muito pouco retorno. O comércio florescera em conseqüência de alguns desses contatos, mas, em geral, havia beneficiado apenas mercadores e piratas. Além disso, em meados do século XV, mongóis e outros agressores ameaçavam as fronteiras do império, exigindo atenção e consumindo recursos. As viagens marítimas pareciam ser apenas uma distração dispendiosa.

Foi uma decisão fatal. Exatamente no momento em que a China decidiu dar as costas para o mundo externo, a Europa se aventurava pelos mares, e foram suas expedições navais que lhe permitiram ganhar energia e difundir seu poder e influência por todo o planeta. Se a China tivesse mantido sua marinha, o curso da história moderna teria sido diferente? Provavelmente não. A decisão chinesa de voltar-se para dentro não foi um simples erro estratégico. Foi a sentença de estagnação de uma civilização. Por trás do encerramento das expedições estava todo o complexo de razões de por que a China* e a maior parte do mundo não-ocidental ficaram para trás durante tantos séculos. E ficaram para trás mesmo. Após o século XV, por centenas de anos, enquanto a Europa e os Estados Unidos se industrializavam, urbanizavam e modernizavam, o resto do mundo permanecia agrícola e pobre.

Se quisermos entender o que significa a "ascensão do resto", temos de compreender por quanto tempo esse resto ficou adormecido. A dominação intelectual e material do Ocidente não é nem recente nem um fenômeno efêmero. Vivemos num mundo ocidental há meio milênio. Apesar da ascensão de outras nações e continentes, as sombras do Ocidente se estenderão e seu legado se aprofundará por muitas décadas vindouras, talvez mais do que isso.

Tornou-se lugar-comum dizer que China e Índia eram, na verdade, tão ricas quanto o Ocidente até o início do século XIX. De acordo com esse ponto de vista, a dominação ocidental foi um hiato de duzentos anos e estamos agora retornando a um equilíbrio mais normal. Essa afirmação implica também que as vantagens do Ocidente podem ser, em grande medida, acidentais — o resultado de "carvão e colônias",[2] ou seja, da descoberta de uma fonte de energia barata e da dominação das terras ricas da Ásia, da África e das Américas. Essa visão, que abraça uma sensibilidade multicultural que nega qualquer status especial ao Ocidente, tem suas vantagens políticas. Mas, embora possa ser politicamente correta, é historicamente errada.

Um motivo para essa interpretação errônea é que os analistas, com freqüência, centram sua atenção somente no tamanho

* Neste capítulo, utilizo muitos exemplos tirados da China e da Índia como representantes do mundo não-ocidental porque estavam entre as civilizações asiáticas mais avançadas da era pré-industrial. Tudo que digo sobre sua defasagem em relação ao Ocidente nos séculos XV e XVI se aplica à maioria do mundo não-ocidental.

total das economias chinesa e indiana. Do ponto de vista da história, trata-se de um dado estatístico enganador. Até a idade moderna, a economia de um país não podia ser mobilizada, extraída ou posta a serviço de algum uso em nenhum sentido significativo. O fato de que, digamos, no século XVII milhões de camponeses nos cantos remotos e desconectados da China trabalhassem a terra na miséria não contribuía para a riqueza ou o poder utilizável da nação, mesmo que a sua produção fosse imensa. A população se constituía no principal ingrediente do PIB, e a produção era, em larga medida, agrícola. Uma vez que China e Índia tinham quatro vezes mais habitantes do que a Europa ocidental em 1600, seu PIB era evidentemente maior. Ainda em 1913, quando a Grã-Bretanha era a principal potência mundial, com tecnologia de ponta, produção industrial e comércio muitas vezes maior do que os de toda a Ásia, a China podia afirmar que tinha um PIB total maior.

No estudo da era pré-industrial, antes do desenvolvimento dos governos, das comunicações e dos transportes e de uma tributação de base ampla, o PIB agregado sozinho — sem outro parâmetro — diz pouco sobre o poder nacional ou sobre o grau de avanço de um país. E nada sobre o dinamismo da sociedade ou de sua capacidade de descobrimentos e invenções. Foi o domínio nessas áreas que deu aos países novas maneiras de criar riqueza e garantiu seu poderio governamental.

Obtemos um retrato muito mais nítido da verdadeira situação dos países se levarmos em conta o *crescimento econômico* e o *PIB per capita.* O PIB per capita da Europa ocidental era mais alto do que o da China e da Índia em 1500; em 1600, era 50% maior que o chinês. A partir de então, a distância cresceu sem parar. Entre 1350 e 1950 — *seiscentos anos* —, o PIB per capita permaneceu mais ou menos constante na China e na Índia (mantendo-se em torno de 600 dólares na China e 550 dólares na Índia). No mesmo período, o PIB da Europa ocidental foi de 662 dólares para 4594 dólares, um *aumento de 594%.**

Os viajantes europeus do século XVII sempre diziam que as condições de vida chinesa e indiana estavam muito abaixo das do noroeste da Europa. O economista Gregory Clark calcula que no século XVIII o salário diário médio de um trabalhador em Amsterdã podia comprar 9,5 quilos de trigo, em Londres, 7,2 quilos, e em Paris, 5 quilos. Na China, o salário de um dia daria para comprar 3 quilos de trigo (ou seu equivalente). Clark examinou também documentos para determinar as diferenças no número de epidemias de fome, que apontam na mesma direção. Em suma, o Ocidente era mais próspero do que o Oriente muito antes do século XVIII.

Mas nem sempre foi assim. Nos primeiros séculos do segundo milênio, o Oriente estava à frente do Ocidente conforme quase todos os critérios. Enquanto a Europa se afundava nas profundezas da Idade Média, o Oriente Médio e a Ásia prosperavam, com fortes tradições de erudição, invenções e comércio. O Oriente Médio estava na vanguarda da civilização, preservando e fazendo avançar o conhecimento grego e romano e produzindo obras inovadoras em campos tão diversos quanto matemática, física, medicina, antropologia e psicologia. Os números arábicos, evidentemente, foram inventados lá, assim como o conceito de zero. A palavra "álgebra" vem de *Al-Jabr wa-al-Muqabilah*, título de um livro de um erudito árabe. A palavras "algarismo" e "algoritmo" derivam do seu nome, al-Khwarizmi. A organização militar dos otomanos era invejada por seus rivais e continuou a ex-

* Ao longo deste e outros capítulos, as estimativas de PIB anteriores a 1950 são de Angus Maddison, cujo livro *The world economy: a millennial perspective* é uma fonte importante para renda, população e outros dados do passado. Todos os números de Maddison estão em dólares PPC. Esse índice é apropriado para comparações de longo prazo.

pandir seu império, lutando contra os Estados ocidentais na Ásia central e na Europa até o século XVII. A Índia, em suas épocas mais brilhantes, ostentava mestria científica, gênio artístico e esplendor arquitetônico. Ainda no início do século XVI, sob a liderança de Krishnadevaraya, a cidade meridional indiana de Vijayanagar foi descrita por muitos viajantes como uma das maiores do mundo, comparável a Roma. Alguns séculos antes, a China era provavelmente mais rica e mais sofisticada tecnologicamente do que qualquer outro país, utilizando diversas tecnologias — pólvora, tipos móveis, estribos —, com as quais o Ocidente só tropeçaria séculos depois. Até a África tinha uma renda média mais alta do que a Europa nesse período.

A maré começou a mudar no século XV, e já no século seguinte a Europa havia passado à frente. Com a revolução nas idéias que chamamos de Renascimento, homens como Copérnico, Vesálio e Galileu criaram a ciência moderna. Com efeito, os cem anos entre 1450 e 1550 marcam o rompimento mais significativo da história da humanidade, entre fé, ritual e dogma, de um lado, e observação, experimentação e pensamento crítico, do outro. E isso aconteceu na Europa, empurrando para a frente aquela civilização durante séculos. Em 1593, quando um navio inglês equipado com 87 canhões viajou quase 6 mil quilômetros para chegar a Istambul, um historiador otomano chamou a façanha de "uma maravilha da época como nunca antes vista ou registrada".[3] No século XVII, quase todos os tipos de tecnologias, produtos e organizações complexas (como uma empresa ou um exército) eram mais avançados na Europa ocidental do que em quaisquer outros lugares do mundo.

Acreditar que as sociedades asiáticas estavam, em qualquer sentido material, no mesmo nível do Ocidente em 1700 ou 1800 é achar que os avanços científicos e tecnológicos que revolucionaram o mundo ocidental nos trezentos anos anteriores não tiveram influência sobre suas condições materiais, o que é absurdo.* Os avanços científicos não diziam respeito apenas à criação de novas máquinas. Eles reformularam a perspectiva mental das sociedades ocidentais. Tomemos como exemplo o relógio mecânico, inventado na Europa no século XIII. O historiador Daniel Boorstin o chama de "mãe das máquinas". Segundo ele, "o relógio derrubou os muros entre tipos de conhecimentos, engenhosidade e habilidade, e os relojoeiros foram os primeiros a aplicar conscientemente as teorias da mecânica e da física à construção de máquinas".[4] Seus efeitos mais amplos foram ainda mais revolucionários. O relógio libertou o homem da dependência do sol ou da lua. Tornou possível ordenar o dia, definir a noite, organizar o trabalho e — talvez o aspecto mais importante — medir o custo do trabalho, ao estabelecer o número de horas que eram gastas num projeto. Antes do relógio, o tempo não tinha valor mensurável.

No século XVI, quando um português os levou para a China, os relógios mecânicos europeus eram muito mais sofisticados do que os canhestros relógios de água feitos em Pequim. Os chineses, no entanto, viram pouco valor naquelas máquinas, consideraram-nas brinquedos e nunca se preocuparam em aprender como manejá-las. Depois de comprar alguns relógios, precisavam de europeus para fazê-los funcionar. Do mesmo modo, cem anos depois, quando levaram canhões para Pequim, os portugueses tiveram de fornecer operadores para as armas. A China era capaz de consumir tecnologia moderna, mas não conseguia produzi-la. E, no século XVIII, Pequim nem mais queria ver engenho-

* Os registros arqueológicos oferecem mais uma prova interessante. Restos de esqueletos do século XVIII mostram que os asiáticos eram muito mais baixos do que os europeus naquela época, indício de uma nutrição mais pobre (e, portanto, renda mais baixa).

cas estrangeiras. Em uma carta famosa ao rei George III, o imperador Qienlong, que reinou de 1736 a 1795, rejeitou a solicitação de comércio dos britânicos com a seguinte explicação: "Nunca demos muito valor a objetos estranhos e engenhosos, nem precisamos mais das manufaturas de seu país". Os chineses haviam fechado suas mentes para o mundo.[5]

Sem novas tecnologias e técnicas, a Ásia viu-se às voltas com o problema malthusiano clássico. O famoso tratado que Thomas Malthus publicou em 1798 — *Um ensaio sobre o princípio da população* — é lembrado hoje por seu pessimismo errôneo, mas, na verdade, muitas das idéias dele eram bastante inteligentes. Ele observou que a produção de alimentos na Inglaterra aumentava em ritmo aritmético (1, 2, 3, 4...), mas a população crescia a um ritmo geométrico (1, 2, 4, 8, 16...). Essa disparidade, se não fosse alterada, faria com que o país ficasse faminto e pobre e que somente catástrofes como epidemias de fome e doenças poderiam elevar os padrões de vida (encolhendo a população).* O dilema de Malthus era bastante real, mas ele não levou em conta o poder da tecnologia. Ele não reconheceu que essas mesmas pressões gerariam uma reação humana na Europa — a revolução agrícola, que expandiu enormemente a produção de alimentos. (O continente também aliviou a pressão populacional exportando dezenas de milhões de pessoas para várias colônias, principalmente nas Américas.) Assim, Malthus estava errado em relação à Europa. Mas sua análise descrevia bem a Ásia e a África.

* Os desastres melhoram os padrões de vida ao matar um grande número de pessoas, deixando menos gente para dividir o conjunto fixo de renda. O crescimento da riqueza, por sua vez, levava as pessoas a ter mais filhos e viver mais, e assim a renda caía, assim como, ao longo do tempo, a população. A isso se chama a "armadilha de Malthus". Está claro porque ele é considerado pessimista.

E, contudo, como entender aquelas extraordinárias viagens chinesas? A frota de Zheng He é apenas uma parte de um quadro mais amplo de realizações notáveis da China e na Índia — palácios, cortes, cidades — na mesma época em que o Ocidente passava à frente delas. O Taj Mahal foi construído em 1631 para homenagear Mumtaz Mahal, a amada esposa do imperador mongol Chah Jahan. O viajante inglês William Hodges foi um dos muitos a dizer que não havia nada igual na Europa: "Os excelentes materiais, as belas formas e a simetria do todo superam em muito qualquer coisa que eu jamais tenha visto". A construção do Taj Mahal exigiu enorme talento e habilidade, bem como feitos admiráveis de engenharia. Como uma sociedade podia produzir tais maravilhas e, no entanto, não avançar de forma mais ampla? Se a China era capaz de fazer expedições navais tão sofisticadas e espetaculares, por que não conseguia fabricar relógios?

Parte da resposta está no modo como os mongóis construíram o Taj Mahal. Vinte mil operários trabalharam nele noite e dia durante vinte anos. Eles construíram uma rampa de mais de quinze quilômetros apenas para levar os materiais até o domo de 57 metros de altura. O orçamento era ilimitado e não se contavam as horas-homem investidas no projeto. Se perguntassem por isso, não teriam condições de construí-lo. A frota de Zheng He foi produzida por um sistema de mando semelhante, assim como a Cidade Proibida de Pequim. Iniciada em 1406, ela exigiu a participação de um milhão de trabalhadores — e outro milhão de soldados para vigiá-los. Se todos os recursos e energias de uma sociedade são direcionados para poucos projetos, eles podem se tornar grandes sucessos — mas isolados. A União Soviética exibia um programa espacial extraordinário até a década de 1970, embora já fosse então, do ponto de vista tecnológico, a mais atrasada de todas as nações industrializadas.

Mas pôr mais mão-de-obra para resolver um problema não é o caminho para a inovação. O historiador Philip Huang faz uma comparação fascinante entre agricultores do delta do Yang-tse e os da Inglaterra, as regiões mais ricas da China e da Europa em 1800.[6] Ele mostra que, segundo certos critérios, pode-se dizer que as duas áreas pareciam apresentar níveis econômicos equivalentes. Mas, na verdade, a Inglaterra estava muito à frente na medida fundamental de crescimento: a produtividade da mão-de-obra. Os chineses conseguiram tornar suas terras altamente produtivas, mas o fizeram pondo cada vez mais gente para trabalhar numa determinada área — o que Huang chama de "produção sem desenvolvimento". Os ingleses, por outro lado, buscavam modos de tornar a mão-de-obra mais produtiva, de tal modo que cada agricultor produzia safras maiores. Eles descobriram novas maneiras de economizar trabalho, usando animais e inventando máquinas. Por exemplo: quando foi desenvolvida a roda de múltiplos eixos, que exigia um operador treinado, ela foi amplamente adotada na Inglaterra. Mas, na China, a roda de um único eixo inferior, mas mais barata, persistiu porque podia ser usada por muitos operadores não treinados (uma vez que o trabalho tinha pouco valor, por que gastar dinheiro em máquinas que economizavam mão-de-obra?). Em conseqüência, um pequeno número de agricultores ingleses era capaz de lavrar enormes extensões de terra. No século XVIII, o tamanho médio das fazendas do sul da Inglaterra era de sessenta hectares; no delta do Yang-tse, não chegava a meio hectare.

As expedições navais também ilustram a diferença de métodos orientais e ocidentais. As missões européias eram menos grandiosas, mas mais produtivas. Com freqüência, eram totalmente privadas ou parcerias público-privadas, e usavam métodos novos para pagar pelas viagens. Os holandeses foram pioneiros em inovações nas áreas de financiamento e tributação; seus comerciantes de arenque já usavam amplamente contratos futuros na década de 1580. E esses mecanismos financeiros significaram um avanço crucial, pois asseguravam fundos para um número sempre crescente de expedições. Cada viagem tinha por objetivo obter lucro, fazer novas descobertas e encontrar novos produtos. O projeto progredia por ensaio e erro e cada nova expedição aproveitava a experiência das anteriores. Ao longo do tempo, desenvolveu-se uma reação em cadeia de espírito empreendedor, exploração, ciência e aprendizado.

Na China, ao contrário, as viagens dependiam do interesse e do poder de um monarca. Quando ele se foi, elas cessaram. Em um caso, o novo imperador chegou a mandar destruir os desenhos dos navios, de tal modo que se perdeu a capacidade de construí-los. Os chineses usavam canhões com eficácia no século XIII. Trezentos anos depois, eram incapazes de manejá-los sem um europeu para ensiná-los. O historiador da economia de Harvard David Landes conclui que a China não conseguiu "gerar um processo contínuo e auto-sustentável de avanço científico e tecnológico".[7] Suas realizações acabaram sendo episódicas e efêmeras. Essa foi a tragédia da Ásia: mesmo quando havia conhecimento, não havia aprendizado.

A CULTURA É DESTINO?

Por que os países não-ocidentais ficaram parados enquanto o Ocidente avançava? Essa pergunta foi debatida durante séculos e não há uma resposta clara. Direitos de propriedade privada, boas instituições de governo e uma sociedade civil forte (ou seja, não dominada pelo Estado) foram nitidamente essenciais para o crescimento da Europa, e mais tarde dos Estados Unidos. Em contraste, o czar russo era teoricamente dono de todo o seu país. Na China, a corte Ming era dirigida por mandarins que desprezavam o comércio. Em praticamente todo o mundo não-ocidental, a sociedade civil era fraca e dependente do governo. Na Índia, os homens de negócios eram sempre cativos dos caprichos das cortes locais. Na China, mercadores ricos abandonavam seus negócios para dominar os clássicos confucianos e se tornar favoritos da corte.

Os mongóis e os otomanos eram guerreiros e aristocratas que julgavam o comércio uma atividade inferior e sem importância (ainda que o Oriente Médio tivesse uma longa tradição mercantil). Na Índia, esse preconceito era reforçado pela baixa posição dos comerciantes na hierarquia de castas hindu. Os historiadores chamaram a atenção para o papel das crenças e práticas hindus como barreiras ao desenvolvimento. Paul Kennedy afirma: "A total rigidez dos tabus religiosos hinduístas militava contra a modernização: roedores e insetos não podiam ser mortos e assim se perdia uma enorme quantidade de alimentos; os costumes sociais no manejo do lixo e dos excrementos produziam condições sanitárias permanentemente insalubres, um terreno fértil para pestes bubônicas; o sistema de castas estrangulava as iniciativas, instilava rituais e restringia o mercado; e a influência exercida pelos sacerdotes brâmanes sobre os governantes locais significava que esse obscurantismo era eficaz no mais alto grau".[8] J. M. Roberts faz uma afirmação mais ampla sobre a visão de mundo hindu, observando que era "uma visão de ciclos sem fim de criação e reabsorção no divino [que levava] à passividade e ao ceticismo quanto ao valor da ação prática".[9]

Mas, se a cultura é tudo, como dar conta da China e da Índia agora? Hoje, o notável crescimento dos dois países é explicado muitas vezes com loas às suas culturas. O confucionismo era outrora ruim para o crescimento; agora é bom. A mentalidade hindu, outrora um impedimento, é vista agora como a encarnação de um tipo de cosmopolitismo prático que dá suporte ao capitalismo empresarial. O sucesso da diáspora chinesa e hindu parece oferecer uma confirmação diária dessas teorias.

O falecido Daniel Patrick Moynihan, importante senador e intelectual americano, disse certa vez: "A verdade central do conservadorismo é que é a cultura, e não a política, que determina o sucesso de uma sociedade. A verdade central do liberalismo é que a política pode mudar a cultura e salvá-la dela mesma". É uma definição quase perfeita. A cultura é importante, terrivelmente importante. Mas pode mudar. As culturas são complexas. Em um determinado momento, certos atributos são proeminentes e parecem imutáveis. E então a política e a economia mudam e aqueles atributos perdem importância, cedem espaço para outros. O mundo árabe foi outrora o centro da ciência e do comércio. Em décadas recentes, suas principais exportações têm sido petróleo e fundamentalismo islâmico. Qualquer argumento cultural precisa ser capaz de explicar tanto os períodos de sucesso quanto os de fracasso.

Por que o comercialismo da Ásia — tão importante agora — esteve enterrado durante séculos? Uma grande parte da explicação deve estar na estrutura de seus Estados. A maioria dos países asiáticos tinha Estados predatórios centralizados e poderosos que extraíam tributos de seus súditos sem oferecer muito em troca. Do século XV ao XIX, os governantes asiáticos se enquadram, em larga medida, no estereótipo do tirano oriental. Após a invasão do norte da Índia pelos mongóis no século XV, seu domínio rapace consistiu em exigir impostos e tributos e construir palácios e fortes, ao mesmo tempo que negligenciavam infra-estrutura, comunicações, comércio e descobertas (o reinado de Akbar, de 1556 a 1605, foi uma breve exceção). Os príncipes hindus do sul da Índia não eram muito melhores. Os comerciantes tinham de manter os juros altos, antecipando a taxação freqüente e arbitrária de seus governantes. Ninguém tinha muito incentivo para construir riqueza, pois ela seria provavelmente confiscada.

No Oriente Médio, a centralização chegou muito depois. Quando a região era governada de uma maneira relativamente frouxa e descentralizada pelo império otomano, o comércio interno e externo e a inovação floresceram. Bens, idéias e gente de todos os lugares misturavam-se livremente. No século XX, porém, um esforço para criar Estados-nações "modernos" e poderosos resultou em ditaduras que trouxeram a estagnação econômica e política. As organizações civis foram marginalizadas. Com Estados fortes e sociedades fracas, o mundo árabe ficou para trás do resto do mundo, segundo quase todos os critérios de progresso.

Por que esse tipo de Estado centralizado foi limitado e restringido na Europa, enquanto florescia em boa parte do mundo não-ocidental? Em parte graças à Igreja cristã, que foi a primeira instituição importante a poder contestar o poder dos reis. Em parte graças à elite fundiária européia, que tinha uma base independente no campo e agia como um freio para o absolutismo real. (A Magna Carta, a primeira grande "lei de direitos" do mundo ocidental, foi, na verdade, uma carta de privilégios baroniais, imposta ao rei por seus nobres.) Em parte — e alguns diriam, em última instância — devido à geografia.

A Europa é dividida por rios largos, montanhas altas e vales grandes. Essa topografia produziu muitas fronteiras naturais e estimulou a criação de comunidades políticas de tamanhos variados — cidades-Estados, ducados, repúblicas, nações e impérios. Em 1500, a Europa tinha mais de quinhentos Estados, cidades-Estados e principados. Essa diversidade significava que havia competição constante de idéias, pessoas, arte, dinheiro e armas. As pessoas que eram maltratadas ou escorraçadas em um lugar podiam escapar para outro e prosperar. Os Estados que obtinham sucesso eram imitados. Os que fracassavam, definhavam. Ao longo do tempo, essa competição ajudou a Europa a se tornar altamente qualificada em criar riqueza e fazer guerras.[10]

A Ásia, ao contrário, consistia de vastas extensões de terras planas — as estepes da Rússia, as planícies da China. Os exércitos podiam se deslocar por essas áreas com rapidez e pouca oposição (os chineses tiveram de construir a Grande Muralha porque não contavam com nenhuma barreira natural para proteger seu território). Essa geografia ajudou a sustentar impérios terrestres grandes e centralizados que conseguiram manter seu controle do poder durante séculos. Pensemos, por exemplo, no episódio com que começamos este capítulo, a decisão da dinastia Ming de acabar com as explorações marítimas depois das viagens de Zheng He. O mais notável a respeito da proibição das expedições talvez seja o fato de que ela *funcionou*. Uma política desse tipo não poderia ser implementada na Europa. Nenhum rei era suficientemente poderoso para impor tal decreto, e, mesmo que algum deles o fosse, as pessoas e sua expertise teriam simplesmente se mudado para uma nação, cidade-Estado ou principado vizinho. Na China, o imperador podia fazer o tempo voltar para trás.

As vias fluviais e marítimas da Europa também eram uma bênção. Seus rios fluíam tranqüilamente para baías protegidas e navegáveis. O Reno é um rio largo e lento que pode ser usado como uma estrada para mercadorias e pessoas. O Mediterrâneo é calmo, quase um lago, com muitos portos grandes. Compare-se isso com a África. Apesar de ser o segundo maior continente, a África tem a costa menor e boa parte dela é rasa demais para que seja possível construir portos importantes. A maioria de seus grandes rios — rápidos, dramáticos, vertiginosos — não é navegável. Acrescente-se a isso o calor tropical e a propensão às doenças e à deterioração dos alimentos e temos uma explicação geográfica convincente do subdesenvolvimento africano; com certeza, não é o único fator, mas é significativo.

Essas explicações grandiosas podem dar a impressão de que as coisas não poderiam ter sido de outra maneira, mas, na verdade, esses fatores estruturais nos falam apenas das predisposições de uma sociedade, o que as probabilidades favorecem. Às vezes, elas podem ser derrotadas. Apesar de sua diversidade geográfica, a Europa foi conquistada por um grande império terrestre — Roma —, que tentou, com êxito cada vez menor, manterse centralizado. Durante certo período, o Oriente Médio se deu bem como parte de um vasto império. A China prosperou durante séculos, apesar de sua geografia plana, e a Índia também teve seus períodos de efervescência. As vantagens européias, tão claras quando vistas em retrospecto, eram inicialmente pequenas e relacionadas principalmente com armas e técnicas de guerra. Mas, ao longo do tempo, as vantagens se multiplicaram e se reforçaram mutuamente, e o Ocidente avançou cada vez mais à frente do resto.

OS DESPOJOS DA VITÓRIA

O contato com o resto do mundo estimulou a Europa. A descoberta de novas rotas marítimas, civilizações ricas e povos estranhos despertou a energia e a imaginação do Ocidente. Em todos os lugares que chegavam, os europeus encontravam mercadorias, mercados e oportunidades. No século XVII, as nações ocidentais já aumentavam sua influência sobre todas as regiões e culturas com que entravam em contato. Nenhum canto do planeta permaneceria intocado, das terras do outro lado do Atlântico aos pontos mais longínquos da África e da Ásia. No final do século XVIII, até a Austrália e as pequenas ilhas do sul do Pacífico já haviam sido marcadas para uso pelos europeus. O Extremo Oriente — China e Japão — permaneceu inicialmente isolado dessa influência, mas na metade do século XIX também caiu vítima dos avanços ocidentais. A ascensão do Ocidente inaugurou uma civilização global — definida, moldada e dominada pelas nações da Europa Ocidental.

De início, os europeus estavam preocupados em encontrar produtos que as pessoas pudessem querer em seus países. Isso assumiu, às vezes, a forma de pilhagem, outras vezes, de comércio. Eles levaram peles das Américas, especiarias da Ásia, ouro e diamantes do Brasil. Mas logo o envolvimento se tornou mais permanente. Seus interesses variavam, dependendo do clima. Em regiões temperadas, a começar pelas Américas do Norte e do Sul, os europeus se instalaram e recriaram sociedades de estilo ocidental em lugares longínquos. Foi o começo do que chamaram o Novo Mundo. Em terras que achavam inabitáveis, com clima tropical, como no Sudeste Asiático e na África, criaram um sistema de agricultura para plantar produtos que seriam de interesse nos mercados domésticos. Os holandeses montaram fazendas enormes nas Índias Orientais, e o mesmo fizeram os portugueses no Brasil. Essas iniciativas foram logo eclipsadas pelas plantações francesas e inglesas no Caribe, que usavam mão-de-obra escrava africana.

Cem anos depois do primeiro contato europeu, uma tendência mostrou-se inconfundível e irreversível: esses encontros mudaram ou destruíram os arranjos políticos, sociais e econômicos existentes nas sociedades não-ocidentais. A velha ordem entrou em colapso ou foi destruída — com muita freqüência, uma combinação das duas coisas. Isso aconteceu independente do tamanho do país, da minúscula Birmânia, onde a estrutura tradicional desmoronou sob o domínio britânico, às grandes tribos da África, onde as nações européias traçaram fronteiras novas, criaram divisões e puseram seus grupos preferidos no poder. Em muitos casos, essa influência externa introduziu a modernidade, ainda que, às vezes, acompanhada de grande brutalidade. Em outros casos, a influência européia foi regressiva, destruindo velhos costumes, mas criando pouco para substituí-los. De qualquer modo, América, Ásia e África foram alteradas de forma irreversível e para sempre por sua descoberta pelo Ocidente.

A direção da expansão européia foi determinada pelo equilíbrio do poder. Durante vários séculos, apesar de seu domínio dos oceanos, as nações européias não tinham nenhuma vantagem militar sobre turcos e árabes. Até o início do século XIX, elas mantinham relações comerciais com as terras do Oriente Médio e do norte da África, mas sem tentar dominá-las. Na Ásia, os europeus encontraram poucos caminhos fáceis para penetrar no continente e se contentaram em montar postos mercantis na costa e ficar com as migalhas ignoradas pelos chineses. Ao contrário, na África subsaariana e nas Américas, eles eram obviamente mais fortes do que os nativos e sabiam disso. A expansão portuguesa começou na África, com entradas no Congo e pelo Zambeze no início do século XVI. Mas o clima era inóspito para a colonização, então eles se voltaram para o hemisfério ocidental.

A América foi um erro — Colombo estava em busca de um caminho para as Índias e topou com um grande obstáculo —, mas que se revelou um feliz acidente. As Américas se transformaram na grande válvula de escape da Europa durante quatrocentos anos. Os europeus partiram para o Novo Mundo por muitas razões — excesso de população, pobreza, perseguição religiosa ou simplesmente pelo desejo de aventura — e, quando chegaram, encontraram civilizações que tinham aspectos sofisticados, mas que eram primitivas do ponto de vista militar. Pequenos bandos de aventureiros europeus — Cortés, Pizarro — eram capazes de derrotar exércitos nativos muito maiores. Isso, junto com as doenças européias a que os nativos não resistiam, levou à destruição em massa de tribos e culturas.

Muitas vezes, a colonização não era feita por países, mas por empresas. As companhias holandesa e britânica das Índias Orientais eram monopólios autorizados, criados para acabar com a competição entre comerciantes de cada país. O equivalente francês, a Compagnie des Indes, era uma empresa estatal com direção independente. De início, esses empreendimentos comerciais não se interessaram por território e se preocupavam apenas com os lucros, mas depois de investir em áreas novas exigiam mais estabilidade e controle. Ao mesmo tempo, as potências européias queriam manter afastados os países rivais. Desse modo, começaram as ocupações de terras e a construção de impérios formais, entre os quais o britânico veio a ser o maior.

Com os impérios formais, vieram ambições grandiosas. Os ocidentais começaram a olhar para além do dinheiro e a mirar poder, influência e cultura. Dependendo do ponto de vista, tornaram-se ideológicos ou idealistas. Instituições, práticas e idéias européias foram introduzidas e impostas, embora sempre mantendo preferências raciais — o sistema judicial inglês foi levado para a Índia, por exemplo, mas os magistrados indianos não podiam julgar brancos. Ao longo do tempo, o impacto europeu sobre as colônias foi enorme. E depois se espalhou para muito além delas. Niall Ferguson argumentou que o império britânico é responsável pela difusão mundial da língua inglesa, do sistema bancário, do direito consuetudinário, do protestantismo, dos esportes em equipe, do Estado limitado, do governo representativo e da idéia de liberdade.[11] Um argumento desse tipo pode maquiar a hipocrisia e a brutalidade do controle imperial — pilhagem econômica, execuções em massa, prisões, tortura. Alguns países — como Holanda e França, por exemplo — talvez não concordem com a proveniência exclusivamente inglesa dessas idéias.

Mas de qualquer modo é inegável que, como conseqüência do império, as idéias e práticas européias cobriram o planeta.

Até mesmo no Extremo Oriente, onde o Ocidente nunca fez anexações formais, o impacto europeu foi enorme. Quando a débil e disfuncional corte Qing tentou proibir o tráfico de ópio, no início do século XIX, a Grã-Bretanha — cujo tesouro se viciara nas receitas advindas da droga — lançou um ataque naval à China. As guerras anglo-chinesas, conhecidas como Guerras do Ópio, puseram em destaque o abismo existente entre o poderio dos dois países. Ao final delas, em 1842, Pequim foi forçada a concordar com uma série de concessões que iam muito além da retomada do comércio de ópio: cedeu Hong Kong, abriu cinco portos aos residentes britânicos, concedeu a todos os cidadãos britânicos isenção das leis chinesas e pagou uma grande indenização. Em 1853, navios ocidentais — dessa vez, americanos — entraram em águas japonesas e acabaram com a política de "isolamento" do Japão. O país assinou posteriormente uma série de tratados de comércio que davam aos países ocidentais e seus cidadãos privilégios especiais. Por sua vez, o império formal continuou a crescer, estendendo-se para as terras do Império Otomano, bem como pela África. Esse processo de dominação chegou ao auge no início do século XX, quando um punhado de capitais ocidentais governava 85% das terras do planeta.

OCIDENTALIZAÇÃO

Em 1823, a Companhia das Índias Orientais britânica decidiu montar uma escola em Calcutá para os habitantes locais. Parecia uma idéia sábia e sensível. Mas a iniciativa provocou o envio de uma carta inflamada ao primeiro-ministro britânico

William Pitt, escrita por um importante cidadão de Calcutá, o rajá Ram Mohan Roy. Vale a pena citar um bom trecho dessa carta.

> Quando esse seminário de ensino foi proposto [...] nos enchemos de esperanças otimistas de que essa quantia seria gasta na contratação de cavalheiros europeus de talentos e educação para instruir os nativos da Índia em matemática, filosofia natural, química, anatomia e outras ciências úteis, que as nações da Europa conduziram a um grau de perfeição que as elevou acima dos habitantes de outras partes do mundo.
>
> Descobrimos agora que o governo está instalando uma escola de sânscrito sob a direção de eruditos hindus para distribuir um conhecimento que já é corrente na Índia. Desse seminário [...] só se pode esperar que encha as mentes dos jovens com minúcias gramaticais e distinções metafísicas de pouco ou nenhum valor para seus possuidores ou para a sociedade. [...]
>
> A língua sânscrita, tão difícil que é preciso quase uma vida inteira para sua perfeita aquisição, é bem conhecida por ter sido, durante séculos, um lamentável empecilho para a difusão do conhecimento. [...] Nem se pode esperar que venha muito aperfeiçoamento de especulações como as seguintes: quais são os temas sugeridos pelo Vedanta? De que maneira a alma é absorvida na divindade? Que relação ela tem com a essência divina? [...] Eu rogo licença para dizer, com a devida deferência à elevada posição de Vossa Senhoria, que se o plano agora adotado for seguido, ele fracassará completamente no objetivo proposto.[12]

Sempre que ouvir o argumento de que a ocidentalização foi simplesmente uma questão de armas e força, pense nessa carta — e centenas de cartas, memorandos e ordens semelhantes. Havia coerção por trás da difusão das idéias ocidentais, mas existiam também muitos não-ocidentais ansiosos por aprender os caminhos do Ocidente. O motivo disso era simples: eles queriam ter sucesso e as pessoas tendem sempre a copiar aqueles que foram bem-sucedidos.

A capacidade do Ocidente de acumular riqueza e travar guerras era óbvia para seus vizinhos do século XVII. Um deles, Pedro, o Grande, da Rússia, passou meses viajando pela Europa, deslumbrado com suas indústrias e seus exércitos. Decidido a aprender com eles, voltou para casa e decretou uma série de reformas radicais: reorganizou o exército conforme o modelo europeu, modernizou a burocracia, mudou a capital da asiática Moscou para uma cidade nova de estilo europeizado, no extremo ocidental do império russo, que batizou de São Petersburgo. Reformou o código tributário e mexeu inclusive com a estrutura da Igreja ortodoxa para torná-la mais ocidentalizada. Mandou os homens cortarem as barbas e usar roupas de estilo europeu. Se alguém insistisse em manter os velhos hábitos, tinha de pagar um imposto sobre a barba de cem rublos por ano.

Pedro, o Grande, inaugurou uma longa e distinta lista de não-ocidentais que buscaram levar as idéias do Ocidente para seus países. Alguns foram tão radicais quanto Pedro. O mais famoso deles talvez tenha sido Kemal Atatürk, que assumiu o Estado falimentar otomano em 1922 e declarou que a Turquia devia abandonar seu passado e adotar a cultura européia para "alcançar" o Ocidente. Ele criou uma república secular, romanizou a escrita turca, aboliu o véu e o fez e desmontou todos os suportes religiosos do califado otomano. Um pouco antes, em 1885, no Japão, o grande teórico da reforma Meiji, Yukichi Fukuzawa, escreveu o famoso ensaio "Deixar a Ásia", no qual sustentava que o Japão precisava dar as costas à Ásia, em particular à China e à Coréia, e "compartilhar seu destino com os países civilizados do Ocidente". Muitos reformistas chineses faziam afirmações semelhantes.

Sun Yat-sen reconhecia sem rodeios a posição superior da Europa e a necessidade de copiá-la para progredir.

Jawaharlal Nehru, primeiro premiê da Índia independente, acreditava que para acabar com o "atraso" de seu país era preciso tomar emprestado aspectos políticos e econômicos do Ocidente. Tendo sido educado em Harrow e Cambridge, tinha o perfil de um liberal ocidental; certa vez, para um círculo próximo de pessoas, descreveu-se como "o último inglês a governar a Índia". Os contemporâneos de Nehru no resto do mundo estavam igualmente impregnados do pensamento ocidental. Os líderes pós-coloniais tentavam se libertar politicamente do Ocidente, mas ainda queriam trilhar o caminho ocidental para a modernidade. Até mesmo o fervoroso antiocidental Gamal Abdel Nasser do Egito usava ternos de alfaiate e lia com voracidade livros de história européia. Suas fontes de idéias políticas eram sempre intelectuais e de escritores ingleses, franceses e americanos. Seu filme predileto era *A felicidade não se compra*, de Frank Capra.

Às vezes, ao lembrarmos da retórica ferozmente antiocidental desses líderes e sua orientação marxista, achamos que eles rejeitavam o Ocidente. Na verdade, eles estavam simplesmente tomando emprestado das tradições radicais ocidentais. Marx, Engels, Rosa Luxemburgo e Lênin eram todos intelectuais ocidentais. Ainda hoje, quando indivíduos asiáticos ou africanos criticam o Ocidente, o fazem freqüentemente com argumentos desenvolvidos em Londres, Paris ou Nova York. A crítica de Osama bin Laden aos Estados Unidos num vídeo de setembro de 2007 — que incluía referências a Noam Chomsky, desigualdade, crise hipotecária e aquecimento global — poderia ter sido escrita por um professor de esquerda de Berkeley. Em *Juventude*, de Joseph Conrad, o narrador relembra seu primeiro encontro com "o Oriente": "E então, antes que eu pudesse abrir meus lábios, o Oriente falou comigo, mas foi numa voz ocidental. [...] A voz praguejou e imprecou violentamente; crivou a solene paz da baía com uma saraivada de insultos. Começou por me chamar de porco e daí foi num crescendo até adjetivos impublicáveis — em inglês".

Os líderes não-ocidentais que admiravam o Ocidente ficaram mais impressionados com sua superioridade para produzir riqueza e ganhar guerras. Depois da derrota para as forças ocidentais em Viena, em 1683, o Império Otomano resolveu que tinha de aprender com seus adversários. Comprou armas da Europa e, depois de perceber que precisava mais do que máquinas, começou a importar habilidades organizacionais, técnicas e idéias e modos de comportamento. No século XIX, os comandantes do Oriente Médio já organizavam seus soldados em exércitos de estilo ocidental, com os mesmos pelotões, os mesmos coronéis e generais.[13] As forças militares de todo o mundo convergiram para um único modelo ocidental. Hoje, seja na China, na Indonésia ou na Nigéria, os exércitos estão, em grande medida, padronizados conforme um modelo ocidental do século XIX.

Homens como Roy, Fukuzawa e Nehru não estavam falando de uma superioridade cultural intrínseca. Eles não eram Pai Tomás. Na carta de Roy, ele comparava várias vezes a ciência indiana de sua época com a ciência européia anterior a Francis Bacon. Era a história que importava, não a genética. Sun Yat-sen conhecia muito bem as glórias do passado chinês e a riqueza de sua tradição de conhecimento. Fukuzawa era um estudioso da história japonesa. Nehru passou seus anos de prisão escrevendo histórias apaixonadamente nacionalistas da Índia. Eles todos acreditavam na glória de suas culturas. Mas também achavam que naquele momento da história, para ter sucesso econômico, político e militar, tinham de tomar emprestado do Ocidente.

A questão com que se debatiam os reformistas não-ocidentais no século XX voltou como uma pergunta central para o futuro: é possível ser moderno sem ser ocidental? Qual a diferença entre os dois? A vida internacional será substancialmente diferente num mundo em que as potências não-ocidentais terão um peso enorme? Essas novas potências terão valores diferentes? Ou o processo de enriquecimento nos torna todos iguais? Não são perguntas ociosas. Nas próximas décadas, três das quatro maiores economias do mundo não serão ocidentais (Japão, China e Índia). E a quarta, os Estados Unidos, será moldada cada vez mais por sua crescente população não-européia.

Alguns analistas contemporâneos, dos quais Samuel P. Huntington é o mais famoso, afirmam que modernização e ocidentalização são totalmente diferentes. Na visão de Huntington, o Ocidente foi ocidental antes de ser moderno e adquiriu seu caráter distintivo no século VIII ou IX, mas se tornou "moderno" somente por volta do século XIX. Tornar-se uma sociedade moderna tem a ver com industrialização, urbanização e altos graus de alfabetização, instrução e riqueza. Mas as qualidades que fazem com que uma sociedade seja ocidental são especiais: o legado clássico, cristianismo, separação entre Igreja e Estado, estado de direito, sociedade civil. Nas palavras de Huntington, "a civilização ocidental é preciosa não porque seja universal, mas porque é única".[14]

Acrescente-se a essa argumentação intelectual a visceral estranheza das terras não-ocidentais — o fato de que elas parecem, produzem a sensação e soam tão diferentes. Os japoneses oferecem a ilustração mais comum desse argumento. O Japão é um país altamente moderno. Em termos de tecnologia — trens de alta velocidade, telefones celulares, robótica —, está à frente da maioria dos países ocidentais. Mas, para os forasteiros, em especial ocidentais, continua a ser estranho e exótico. Se a riqueza não ocidentalizou o Japão, continua o raciocínio, não ocidentalizará o resto. Um mundo em que indianos, chineses, brasileiros e russos forem todos mais ricos e confiantes será um mundo de enorme diversidade cultural e exotismo.

Ainda assim, o Ocidente está presente há tanto tempo e disseminou-se tanto que não está claro o que significará o rompimento entre modernização e ocidentalização. Uma grande parte do que concebemos como moderno é, pelo menos na aparência, ocidental. As formas de governo, negócios, lazer, esportes, férias e feriados de hoje têm todas as suas origens nos costumes e hábitos europeus. Atualmente, o Natal é celebrado em mais lugares do que nunca — mesmo que isso não signifique nada além de champanhe, luzes e presentes (o champanhe, claro, é uma invenção ocidental). O dia de são Valentim (dos namorados), que homenageia um santo cristão e é aproveitado comercialmente pelas empresas de cartões sociais, está se tornando uma tradição próspera na Índia. Os jeans foram criados para as condições de trabalho dos garimpeiros da Califórnia, mas agora são tão ubíquos em Gana ou na Indonésia quanto em San Francisco. É difícil imaginar como seria o mundo moderno sem a influência do Ocidente.

O diplomata e intelectual de Cingapura Kishore Mahbubani previu recentemente que, na ordem do mundo emergente, as potências não-ocidentais manteriam seus costumes distintivos enquanto enriqueciam. Na Índia, disse ele em discurso de 2006, o número de mulheres que usam sári (o traje feminino tradicional indiano) em realidade aumentaria.[15] Mas, na verdade, ao mesmo tempo que Mahbubani proclamava a ascensão do sári, a imprensa indiana registrava exatamente o oposto. Na última década, as mulheres indianas vêm trocando o sári por uma roupa mais prática. A sofisticada indústria do traje tradicional, com seus diferentes materiais, modos de tecer e estilos, está em declínio, mesmo em meio ao forte crescimento indiano. (Por quê? Ora, perguntem a uma jovem profissional indiana se se enrolar em cinco a oito metros de tecido, com freqüência engomado, e depois fazer cuidadosamente pregas e dobras não é muito aborrecido.) As mulheres indianas seguem cada vez mais uma espécie de *fusion fashion* que combina estilos nativos e internacionais. O uso da *salwar kurta* indiana (uma combinação folgada de calça e túnica), por exemplo, disseminou-se muito. Os sáris estão sendo relegados para ocasiões especiais e cerimoniosas, tal como o quimono no Japão.

Isso pode parecer superficial, mas não é. As roupas femininas constituem um poderoso indicador do conforto de uma sociedade com a modernidade. Não surpreende que o mundo muçulmano tenha os maiores problemas com o uso de roupas ocidentais por suas mulheres. É também a região onde as mulheres estão mais atrasadas por qualquer medida objetiva — alfabetização, instrução, participação na força de trabalho. O véu e o xador podem ser escolhas perfeitamente aceitáveis de vestuário, mas coincidem com um ponto de vista que também rejeita o mundo moderno em outros aspectos.

Para os homens, as roupas ocidentais são ubíquas. Desde que os exércitos passaram a se vestir com uniformes de estilo ocidental, os homens de todo o mundo adotaram roupas de trabalho ocidentais. O terno do homem de negócios, descendente do traje de oficial dos exércitos europeus, é agora padrão para homens do Japão, da África do Sul ou do Peru; o retardatário (ou rebelde) é mais uma vez o mundo árabe. Os japoneses, apesar de toda a sua peculiaridade cultural, foram mais longe e em ocasiões especiais (como a posse de um novo governo) usam fraques e calças listradas, estilo dos diplomatas da Inglaterra de cem anos atrás. Na Índia, o uso de trajes tradicionais esteve muito tempo associado ao patriotismo: Gandhi insistia nisso, como um ato de revolta contra as tarifas e os tecidos britânicos. Agora, o terno ocidental tornou-se o vestuário comum dos homens de negócios indianos e até de muitas autoridades jovens do governo, que falam de uma nova fase pós-colonial na Índia.* Nos Estados Unidos, evidentemente, muitos executivos de indústrias novas dispensam os trajes formais e adotam o estilo jeans e camiseta. Isso também está pegando em outros países, em especial junto às pessoas mais jovens que trabalham nas indústrias de tecnologia. O padrão continua o mesmo. As roupas de trabalho masculinas de estilo ocidental se transformaram em padrão e significam modernidade.

A MORTE DA VELHA ORDEM

A ocidentalização não diz respeito apenas a aparências. Executivos de todo o mundo dirigem suas empresas mediante o que poderíamos chamar de práticas empresariais "padrão". A verdade é que esses padrões, do lançamento duplo em contabilidade a dividendos, são todos de origem ocidental. E isso não vale apenas para o mundo empresarial. Nos dois últimos séculos e, em especial, nas duas últimas décadas, as instituições governamentais de todo o mundo se tornaram mais parecidas, com parlamentos, agências reguladoras e bancos centrais. Ao pesquisar vários países da Europa e da América Latina, dois estudiosos descobriram que o número de agências reguladoras independentes (organismos de estilo americano) aumentou sete vezes entre 1986 e 2002.[16] Até a política tem um aspecto cada vez mais familiar em todo o planeta. Consultores americanos costumam receber pol-

* Não totalmente. A diferença entre gêneros persiste. Enquanto os indianos de sucesso no governo e nos negócios usam roupas ocidentais, são poucas as indianas proeminentes que fazem o mesmo.

pudos honorários para dizer aos políticos asiáticos e latino-americanos como conquistar o voto de seus compatriotas.

Livros, filmes e televisão refletem os gostos locais, mas a estrutura dessas indústrias (bem como muitos aspectos do conteúdo) está se tornando mais padronizada. Bollywood, por exemplo, está se afastando de sua tradição de orçamentos baratos e longas durações para fazer filmes mais curtos e comerciais, com investidores de Hollywood e potencial de exportação.[17] Hoje, ao caminhar pelas ruas de qualquer lugar do mundo industrializado, vemos variações dos mesmos temas — caixas eletrônicos, cafés, lojas de roupas com suas liquidações sazonais, comunidades de imigrantes, cultura e música populares.

O que está desaparecendo nos países em desenvolvimento é uma alta cultura antiga e a ordem tradicional. Elas estão sofrendo o desgaste causado pela ascensão de um público de massa, que ganhou poder do capitalismo e da democracia. Esse fenômeno é muitas vezes associado à ocidentalização porque aquilo que substitui o antigo — a nova cultura dominante — tem aparência ocidental, mais especificamente, americana. McDonald's, jeans e rock se tornaram universais, tomando o lugar de formas mais antigas e características de comer, vestir e cantar. Mas o que está em jogo aqui tem a ver com satisfazer um público muito maior do que a pequena elite que costumava definir os costumes de um país. Tudo parece americano porque os Estados Unidos, que inventaram o capitalismo de massa e o consumismo, chegaram lá primeiro. O impacto do capitalismo de massa é agora universal. Os franceses lamentam a perda de sua cultura há séculos, quando, na verdade, tudo o que aconteceu foi o declínio de uma certa ordem velha e hierárquica. O povo francês, cuja maioria era composta por camponeses pobres, comia em bistrôs autênticos — ou em qualquer lugar fora de casa — no século XIX? Diz-se que a ópera chinesa está morrendo. Mas isso se deve à ocidentalização ou à ascensão da cultura de massa na China? Quantos camponeses chineses escutavam óperas em suas aldeias décadas atrás? A nova cultura de massa se tornou a cultura mais importante porque, numa era democrática, a quantidade supera a qualidade. Quantos ouvem importa mais do que *quem* ouve.

Consideremos as mudanças em um dos lugares mais tradicionais do mundo. Em 2004, Christian Caryl, correspondente estrangeiro da *Newsweek*, mudou-se para Tóquio, depois de passar a década anterior em Moscou e Berlim. Ele esperava encontrar o país exótico e profundamente insular sobre o qual havia lido. "Pelo contrário, o que encontrei", ele escreveu em um ensaio, "foi outro país ocidental próspero e moderno, com algumas peculiaridades interessantes — uma nação asiática que não se sentiria deslocada se fosse subitamente jogada dentro das fronteiras da Europa."[18] "Mudamo-nos para nossa casa nova e logo estávamos nos preparando para nossa primeira festa japonesa bizarra: Halloween." Ele citava o professor americano Donald Richie, que viveu e lecionou no Japão por cinqüenta anos, para explicar que os jovens estudantes japoneses de hoje não conseguem entender o mundo de seus pais, com seu formalismo, seus costumes e sua etiqueta. "Eles não sabem nada sobre o sistema familiar porque esse sistema não existe mais", diz Richie. "Então, eu tinha de reconstruí-lo para eles." A versão do japonês tradicional, complicadamente polido que vemos no cinema, parece estranha para eles, como se viesse de um mundo "desaparecido".

O que soa jovem e moderno hoje é em inglês. Nenhuma língua jamais se disseminou de forma tão ampla e profunda por todo o mundo. A comparação mais próxima é com o latim durante a Idade Média, e é muito fraca. O latim era usado por uma pequena elite numa época de analfabetismo generalizado, e a maioria dos países não-ocidentais nem fazia parte do mundo cristão. Hoje, quase um quarto da população do planeta, 1,5 bilhão de pessoas, é capaz de falar um pouco de inglês. E o ritmo de sua difusão está aumentando em quase todo o mundo. A globalização, que traz cada vez mais contatos e comércio, cria um incentivo para um meio fácil de comunicação. Quanto maior o número de atores, maior a necessidade de um padrão comum. Cerca de 80% das informações armazenadas eletronicamente no mundo estão em inglês. Quando se reúnem para discutir negócios em Bruxelas, os diplomatas dos 25 governos da União Européia têm centenas de intérpretes. Mas, em geral, todos falam em inglês.

Um idioma comum faz as pessoas pensarem de modo semelhante? Jamais saberemos com certeza. Mas, ao longo do último século, o inglês se tornou a língua da modernidade. A palavra para "tanque" em russo é "tank". Quando indianos que estão conversando em híndi querem dizer nuclear, geralmente dizem "nuclear". Em francês, o fim de semana é "le weekend". Em português, internet é "internet". E, cada vez mais, o inglês que se fala é americanizado, com certas características distintivas. É coloquial, irreverente e informal. Essa irreverência talvez contamine outras esferas.

É claro que essa possibilidade preocupa os mais velhos. A maioria das sociedades que estão se modernizando quer combinar sua nova riqueza com elementos da ordem antiga. "Deixamos o passado para trás", disse-me Lee Kuan Yew sobre sua parte do mundo, "e há um mal-estar subjacente de que não sobrará nada de nós que faça parte do antigo." Mas essa ansiedade é familiar também no Ocidente. Quando os líderes asiáticos falam hoje da necessidade de preservar seus valores característicos, é como se ouvíssemos os conservadores ocidentais que buscaram preservar valores morais similares durante séculos. "A riqueza se acumula e os homens degeneram", escreveu o poeta Oliver Goldsmith em 1770, quando a Inglaterra se industrializava. Índia e China talvez venham a passar por uma era vitoriana própria, uma época em que o capitalismo enérgico andou junto com o conservadorismo social. E talvez essa combinação perdure. Afinal, o apelo aos valores da tradição e da família continua forte em alguns países muito modernos, como Estados Unidos, Japão e Coréia do Sul. Mas em geral, e no decorrer do tempo, o crescimento da riqueza e da oportunidade individual produz uma transformação social. A modernização provoca algum tipo de libertação das mulheres. Ela derruba a hierarquia da idade, a religião, a tradição e a ordem feudal. E tudo isso faz com que as sociedades se pareçam cada vez mais com as da Europa e da América do Norte.

O FUTURO MISTURADO E CONFUSO

Quando penso como será o mundo quando o resto ascender e o Ocidente declinar, lembro sempre de um brilhante filme indiano, *Shakespeare Wallah*, de 1965. Ele narra a história de uma trupe de atores ambulantes shakespearianos na Índia colonial que precisa enfrentar um fato estranho e triste. As muitas escolas, clubes e teatros que clamavam por seus serviços estão perdendo rapidamente o interesse por eles. Os *sahibs* ingleses se foram e não sobrou ninguém para inculcar um interesse pelo Bardo. O fato é que a paixão por Shakespeare estava diretamente relacionada com o domínio britânico da Índia. A cultura segue o poder.

O que está substituindo esses alegres bandos de menestréis? O cinema. Em outras palavras, parte da história de *Shakespeare Wallah* é a ascensão da cultura de massa. Bollywood — a cultura de massa nativa indiana — é um híbrido cultural. Porque faz parte da cultura de massa, ela toma emprestado do líder mundial da cultura de massa (e talvez seu iniciador), os Estados Unidos. Muitos filmes de Bollywood são *remakes* mal disfarçados de clássicos americanos, com seis ou dez canções enfiadas neles. Mas eles também conservam elementos indianos essenciais. As histórias são, com freqüência, cheias de mães que se sacrificam, rixas de famílias, separações fatais e superstições. Oriente e Ocidente se misturam completamente.

O mundo em que estamos entrando se parecerá com Bollywood. Será completamente moderno — e, portanto, moldado pelo Ocidente —, mas conservará também elementos importantes das culturas locais. O rock chinês se parece vagamente com seu equivalente ocidental, com instrumentos e batidas semelhantes, mas seus temas, letras e vocais são muito chineses. As danças brasileiras combinam movimentos africanos, latinos e genericamente modernos (ou seja, ocidentais).

Hoje, em todo o mundo, as pessoas se sentem mais à vontade para pôr sua marca nativa na modernidade. Na época em que cresci na Índia, a modernidade estava no Ocidente. Sabíamos todos que a vanguarda de tudo, da ciência ao design, estava lá. Isso não é mais verdade. Um conhecido arquiteto japonês explicou-me que, em sua juventude, ele sabia que os melhores e mais avançados edifícios eram construídos somente na Europa e nos Estados Unidos. Agora, os arquitetos jovens de seu escritório vêem grandes prédios sendo erguidos todos os meses na China, no Japão, no Oriente Médio e na América Latina. A geração mais jovem de hoje pode ficar em casa, criar e ter acesso à sua própria versão da modernidade — tão avançada quanto qualquer outra ocidental, mas mais familiar.

O que é local e moderno cresce ao lado do que é global e ocidental. O rock chinês vende muitíssimo mais do que o rock ocidental. O samba está em expansão na América Latina. Indústrias cinematográficas prosperam em todos os continentes, da América Latina ao Leste Asiático e o Oriente Médio, e até tomam uma fatia do mercado dos filmes importados de Hollywood. A televisão japonesa, que costumava comprar uma enorme quantidade de programas americanos, tem agora apenas 5% de sua programação proveniente dos Estados Unidos.[19] A França e a Coréia do Sul, dominadas há muito tempo pelo cinema americano, têm agora grandes indústrias cinematográficas nacionais. A arte moderna local, freqüentemente resultado de uma estranha mistura de estilos abstratos ocidentais e motivos folclóricos tradicionais, floresce em todos os lugares. Podemos ser facilmente enganados ao ver cartazes da Starbucks e da Coca-Cola no mundo todo. O verdadeiro efeito da globalização tem sido uma expansão do local e do moderno.

Olhemos mais de perto a hegemonia da língua inglesa. Embora muita gente fale inglês, o maior crescimento na televisão, no rádio e na internet ocorre nas línguas locais. Na Índia, havia quem pensasse que a abertura das freqüências levaria a um boom dos canais privados de notícias em inglês, o idioma que a maioria dos especialistas fala. Mas a explosão maior — a um ritmo três ou quatro vezes maior — foi dos programas em línguas locais. As línguas híndi, tâmil, télugo, guzerate e marata vão todas muito bem neste mundo globalizado. O mandarim prolifera na internet. O espanhol está ganhando terreno em muitos países, inclusive nos Estados Unidos. No primeiro estágio da globalização, todos assistiam à CNN. No segundo estágio, entraram a BBC e a Sky News. Agora, cada país produz sua versão da CNN, da Al Jazeera e Al Arabai à NDTV e Aaj Tak de Nova Déli.

Esses canais de notícias fazem parte de uma poderosa tendência — o surgimento de narrativas novas. Quando eu estava na Índia, os assuntos da atualidade, em particular, os temas globais, eram definidos através de lentes ocidentais. Via-se o mundo pelos olhos da BBC e da Voz da América. Compreendiam-se as questões lendo *Time*, *Newsweek*, *International Herald Tribune* e (nos tempos antigos) o *Times* de Londres. Hoje, há muito mais canais de notícias que — e isso é essencial — representam muitos pontos de vista diferentes sobre o mundo. Se assistirmos à Al Jazeera, teremos evidentemente uma visão do conflito árabe-israelense diferente de todas as outras do Ocidente. Mas não se trata apenas da emissora árabe. Numa rede indiana, a visão da questão nuclear iraniana também é muito diferente. O lugar em que estamos afeta o modo como vemos o mundo.

Essas diferenças farão "o resto" se comportar de modo diferente nos negócios, no governo ou na política externa? Eis uma questão complicada. No mundo dos negócios, o resultado final é o resultado final. Mas a maneira de se chegar lá varia enormemente, mesmo dentro do Ocidente. A estrutura da atividade econômica na Itália é bem distinta daquela vigente na Grã-Bretanha. A economia americana é muito diferente da francesa. As práticas empresariais japonesas diferem das chinesas ou indianas. E essas diferenças se multiplicarão.

O mesmo vale, de certa forma, para a política externa. Há algumas realidades subjacentes. As questões básicas de segurança e de influência na vizinhança imediata são componentes cruciais de uma política de segurança nacional. Mas, para além disso, podem existir divergências reais, que podem ou não estar relacionadas com a cultura. Tomemos, por exemplo, os direitos humanos, uma questão sobre a qual é provável que países não-ocidentais em geral e a China e a Índia em particular tenham pontos de vista diferentes daqueles dos Estados Unidos. Há alguns motivos básicos para isso. Primeiro, são países que se consideram em desenvolvimento e, portanto, pobres demais para se preocupar com questões da ordem global, em especial aquelas que envolvem impor padrões e direitos no exterior. Em segundo lugar, não são potências protestantes, proselitistas e, portanto, estão menos ansiosas por difundir valores universais pelo planeta. Nem o hinduísmo nem o confucianismo acreditam em mandamentos universais ou na necessidade de difundir a fé. Assim, por razões práticas e culturais, é improvável que ambos os países considerem a questão dos direitos humanos fundamental para sua política externa.

Evidentemente, nenhuma civilização se desenvolve dentro de uma caixa hermeticamente fechada. Mesmo quando se trata de religião e de uma visão de mundo básica, os países têm passados misturados, com elementos locais recobertos por influências externas. A Índia, por exemplo, é um país hindu que foi governado durante quatrocentos anos por dinastias muçulmanas, e depois por uma potência protestante. A China não sofreu um domínio externo direto, mas seu passado confuciano foi brutalmente abandonado e revestido pela ideologia comunista por quarenta anos. O Japão decidiu adotar muitos estilos e mentalidades americanas ao longo do último século. A África possui tradições antigas, mas tem também a maior população cristã e de crescimento mais rápido da Terra. Na América Latina, as Igrejas continuam a ser essenciais para a vida de um país de uma maneira inimaginável na Europa. Ouvimos falar muito do protestantismo evangélico nos Estados Unidos, mas é no Brasil e na Coréia do Sul que as igrejas evangélicas crescem mais. Se os valores cristãos estão no coração da tradição ocidental, então como devemos classificar um país como a África do Sul, que tem mais de 7 mil seitas cristãs? Ou a Nigéria, que tem mais anglicanos do que a Inglaterra?

O Ocidente e o resto interagem há milênios. Diz a lenda que o cristianismo chegou à África com são Marcos, em 60 d.C. Algumas das primeiras comunidades cristãs do mundo se instalaram no norte do continente africano. O Oriente Médio preservou e fez avançar a ciência ocidental durante séculos. A Rússia luta com suas identidades ocidental e não-ocidental há pelo menos quatrocentos anos. Em grande parte do mundo, o Ocidente está presente há tanto tempo que, em certo sentido, faz parte do tecido daquela civilização. É por isso que parece perfeitamente natural que o maior cassino do mundo tenha sido construído em Macau, China, e seja uma imitação da praça de São Marcos, de Veneza, que, por sua vez, foi fortemente influenciada pelo estilo mourisco (islâmico). O cassino é chinês, ocidental, mourisco ou moderno? Provavelmente tudo isso.

A modernidade chegou com a ascensão do Ocidente e, assim, assumiu uma face ocidental. Mas, à medida que o mundo moderno se expande e abarca mais regiões do globo, ela se torna um cadinho. Comércio, turismo, imperialismo, imigração e trabalho missionário misturaram tudo. Cada cultura tem seus elementos característicos e algumas delas sobrevivem à modernização. Outras não conseguem, e, à medida que o capitalismo avança, os costumes antigos, feudais, formais, familiares e hierárquicos morrem — tal como fizeram no Ocidente. O impacto dos valores modernos ocidentais continua a ser forte. A China e a Índia podem ser menos inclinadas a agir em questões de direitos humanos, mas não podem se furtar ao fato de que essa questão está na pauta global. No caso da Índia, que é uma democracia com uma elite intelectual liberal, existem grupos importantes de pessoas atuantes cujo ponto de vista sobre esse tópico é moldado, em larga medida, por valores ocidentais.

A questão sobre se o futuro será moderno ou ocidental é mais complicada do que parece. A única resposta simples é: sim. A única resposta complexa é olhar para cada país específico — compreender seu passado e presente, sua cultura, seus usos e costumes, o modo como se adaptou ao mundo ocidental e se modernizou. Tentarei fazer isso em seguida com as duas potências emergentes mais importantes: Índia e China. Essa é também a melhor maneira de compreender a nova geopolítica. Afinal, o verdadeiro desafio que vamos encarar no futuro não é algo vago que tenha a ver com atitudes diferentes, mas concreto, conseqüência de diferentes geografias, histórias, interesses e capacidades. Falar da "ascensão da Ásia" é um erro. Não existe uma coisa chamada "Ásia", que não passa de um constructo ocidental. Há muitos países diferentes que fazem parte dessa construção — China, Japão, Índia, Indonésia — e eles alimentam diferenças e suspeitas uns em relação aos outros. O mundo parece diferente para a China e para a Índia não apenas devido ao que são, mas também devido à posição que ocupam. A grande mudança que está ocorrendo no mundo talvez tenha menos a ver com cultura e mais com *poder*.

4. A desafiante

Os americanos podem admirar a beleza, mas eles se deslumbram mesmo é com a grandeza. Pensem no Grand Canyon, nas sequóias da Califórnia, no Grand Central Terminal, no Disney World, nos carrões utilitários esportivos, nas forças armadas do país, na General Electric, no Quarteirão Duplo (com queijo) e no Venti Latte da Starbucks. Os europeus preferem a complexidade, os japoneses reverenciam o minimalismo. Mas os americanos gostam de tamanho, de preferência extragrande.

É por isso que a China mexe tanto com a cabeça deles. Trata-se de um país cuja escala faz os Estados Unidos parecerem pequenos. Com 1,3 bilhão de habitantes, tem quatro vezes a população americana. Por mais de cem anos, missionários e homens de negócios americanos sonharam com as possibilidades — 1 bilhão de almas a salvar, 2 bilhões de axilas para usar desodorante —, mas nunca foram além de sonhos. A China era muito grande, mas miserável. *A boa terra*, best-seller de Pearl Buck (também peça de teatro e filme), apresentou um retrato duradouro da China: uma sociedade agrária com camponeses em luta, latifundiários cobiçosos, fomes e enchentes, epidemias e miséria.

É famosa a frase atribuída (provavelmente apócrifa) a Napoleão: "Deixem a China dormir, pois quando acordar fará o mundo tremer". E, durante quase duzentos anos, parece que o país seguiu sua instrução, permanecendo adormecido e servindo para pouco mais do que uma arena em que as outras grandes potências manifestavam suas ambições. No século XX, o Japão, outrora imitador da China, superou-a na guerra e na paz. Durante a Segunda Guerra Mundial, os Estados Unidos aliaram-se a ela, deram-lhe ajuda e, em 1945, um assento no Conselho de Segurança da ONU. Quando Washington e Pequim se tornaram inimigas, após a tomada do poder pelos comunistas em 1949, a China ficou ainda mais para trás. Mao Tsé-tung arrastou o país para uma série de convulsões catastróficas que destruíram seu capital tecnológico e intelectual. Então, em 1979, as coisas começaram a tremer.

O despertar da China está dando novo aspecto à paisagem econômica e política, mas o país também está sendo remodelado pelo mundo em que acontece sua ascensão. Pequim procura harmonizar as duas forças que também estão definindo o mundo pós-americano de um modo mais amplo: globalização e nacionalismo. De um lado, as pressões econômicas e tecnológicas estão empurrando a China para uma integração cooperativa com o mundo. Mas essas mesmas forças produzem disrupção e agitação social no país, e o regime busca novas maneiras de unificar uma sociedade cada vez mais diversificada. Ao mesmo tempo, o crescimento faz com que a China se torne mais assertiva, projetando uma grande sombra sobre a região e o mundo. A estabilidade e a paz do mundo pós-americano dependerão, em grande medida, do equilíbrio que a China venha a conseguir entre essas forças de integração e desintegração.

Quando os historiadores do futuro olharem para as últimas décadas do século XX, é possível que venham a apontar 1979 como um divisor de águas. Naquele ano, a União Soviética invadiu o Afeganistão, cavando sua cova como superpotência. E naquele ano a China iniciou suas reformas econômicas. O sinal para a partida desse último evento foi dado em dezembro de 1978, num lugar improvável: a Terceira Reunião Plenária do Décimo Primeiro Comitê Central do Partido Comunista da China, uma ocasião típica de retórica vazia e ideologia rançosa. Antes da reunião formal, numa sessão de grupo de trabalho, Deng Xiaoping, recém-empossado chefe do partido, fez um discurso que viria a ser o mais importante da história moderna chinesa. Ele instou o regime a se concentrar no desenvolvimento econômico e deixar que os fatos — não a ideologia — orientassem seu caminho: "Não importa se o gato é preto ou branco: desde que apanhe o rato, é um bom gato". Desde então, a China fez exatamente isso, seguindo uma trilha de modernização impiedosamente pragmática.

Os resultados foram assombrosos. A China cresce a mais de 9% ao ano há quase trinta anos, a taxa mais alta para uma grande economia de que se tem notícia na história. Nesse mesmo período, tirou cerca de 400 milhões de pessoas da pobreza, a maior redução de todos os tempos e de todos os lugares. A renda per capita média dos chineses aumentou quase sete vezes. Apesar de alguns reveses e quedas, a China realizou em escala massiva o sonho de qualquer país do Terceiro Mundo: um rompimento decisivo com a pobreza. O economista Jeffrey Sachs não usa meias palavras: "A China tem a história de desenvolvimento mais bem-sucedida da história".

A magnitude da mudança no país é quase inimaginável. Há três décadas, o tamanho da economia *duplica* a cada oito anos. Em 1978, o país produzia duzentos aparelhos de ar-condicionado por ano; em 2005, produziu 48 milhões. Hoje, a China exporta em um único dia mais do que exportou em todo o ano de 1978.[1] Para quem visitou o país durante esse período, há um sem-número de mais exemplos e imagens de mudança. Há quinze anos, quando estive pela primeira vez em Xangai, a área de Pudong, no leste da cidade, era uma região campestre não desenvolvida. Hoje, é o distrito financeiro da cidade, cheio de torres de vidro e aço, iluminado todas as noites como uma árvore de Natal. Tem oito vezes o tamanho do Canary Wharf, novo distrito financeiro de Londres, e é pouca coisa menor do que a cidade de Chicago inteira. Enquanto isso, Chongqing toma por modelo Chicago, a cidade que mais crescia no mundo há cem anos. Com uma expansão de 300 mil habitantes por ano, Chongqing levaria provavelmente esse título hoje. E ela é apenas a primeira da turma: as vinte cidades que mais crescem no mundo atual estão todas na China.

Apesar da atração que Xangai exerce para os ocidentais, Pequim continua a ser a sede da política, da cultura e da arte chinesas, e até mesmo da economia. A capital está sendo refeita num grau sem precedentes na história (a comparação mais próxima é com a renovação de Paris empreendida por Haussmann no século XIX). Em preparação para as Olimpíadas de 2008, Pequim está construindo seis novas linhas de metrô, um sistema de 43 quilômetros de trens leves, um terminal de aeroporto novo (o maior do mundo, é claro), 25 milhões de quilômetros quadrados de imóveis novos, um "cinturão verde" de 125 quilômetros e um Parque Olímpico de doze quilômetros quadrados. Ao olhar para os modelos da nova Pequim, não podemos deixar de pensar nos planos grandiosos de Albert Speer para a Berlim do pós-guerra, traçados na década de 1940; por coincidência, Albert Speer Jr., seu filho que também é arquiteto, projetou o bulevar de oito quilômetros que irá do Palácio Proibido ao Parque Olímpico. Ele não vê comparação entre a transformação de Pequim e os projetos de seu pai para Hitler. Isso aqui é "maior", diz ele. "Muito maior."[2]

Atualmente, todos os empresários trazem no bolso uma estatística estonteante sobre a China, para calar de espanto o interlocutor. E são números realmente impressionantes — cuja maioria estará obsoleta no momento em que você os ler. A China é o maior produtor mundial de carvão, aço e cimento. É o maior mercado de telefone celular do mundo. Tinha 2,6 bilhões de metros quadrados de espaço em construção em 2005, cinco vezes mais do que nos Estados Unidos. Suas exportações para os Estados Unidos aumentaram 1600% nos últimos quinze anos. No auge da Revolução Industrial, a Inglaterra era chamada de "oficina do mundo". Hoje, esse título pertence à China: ela fabrica dois terços das fotocopiadoras, dos fornos de microondas, aparelhos de DVD e sapatos do planeta.

Para ter uma noção de como o país domina a manufatura de baixo custo, façamos uma visita à Wal-Mart, uma das maiores empresas globais. Suas receitas são oito vezes as da Microsoft e respondem por 2% do PIB americano. Ela emprega 1,4 milhão de pessoas, mais do que GM, Ford, GE e IBM juntas. É famosa por seus esforços eficientes — alguns diriam, impiedosos — no sentido de obter o menor preço possível para seus consumidores. Com esse objetivo, tem usado de forma competente tecnologia, inovação gerencial e, o que talvez seja o aspecto mais significativo, fabricantes de baixo custo. A Wal-Mart importa cerca de 18 bilhões de dólares em mercadorias da China anualmente. A imensa maioria de seus fornecedores está lá. A cadeia de suprimento global da Wal-Mart é, na verdade, uma cadeia chinesa.

A China também procurou ter uma política de comércio e investimento aberta. Por isso, entre muitas outras razões, ela não é o novo Japão. Pequim não adotou o caminho japonês (ou sul-coreano) de desenvolvimento, que era uma estratégia de ênfase na exportação que mantinha o mercado interno e a sociedade fechados. Ao contrário, a China abriu-se para o mundo (em parte porque não tinha escolha, pois carecia da poupança interna do Japão ou da Coréia do Sul). Agora, a proporção do comércio no PIB é de 70%, o que faz de sua economia uma das mais abertas do mundo. Nos últimos quinze anos, as importações dos Estados Unidos aumentaram mais de sete vezes. A Procter & Gamble fatura agora 2,5 bilhões de dólares por ano na China, e produtos familiares como xampu Head & Shoulders e fraldas Pampers são extraordinariamente populares entre os consumidores chineses. A Starbucks prevê que em 2010 já terá mais cafés na China do que nos Estados Unidos. O país é também muito aberto a marcas internacionais, sejam de mercadoria ou pessoas. Arquitetos estrangeiros construíram a maioria das torres reluzentes e empreendimentos grandiosos que definem a nova China. E, ao procurar alguém para dirigir a estréia da China no palco mundial — a abertura das festividades olímpicas —, Pequim escolheu o americano Steven Spielberg.* Seria inconcebível que o Japão ou a Índia dessem a um estrangeiro um papel dessa importância.

A China é também a maior detentora de dinheiro do mundo. Suas reservas em moeda estrangeira estão em 1,5 trilhão de dólares, 50% a mais do que a do país com a segunda maior reserva (Japão), e três vezes as reservas de toda a União Européia. Acumular reservas tão enormes pode ser ou não uma política sábia, mas é certamente uma indicação da formidável capacidade do país de suportar quaisquer choques ou crises. No fim das contas, é essa combinação de fatores que faz da China um caso único. É o maior país do mundo, a economia que mais cresce, o maior fabricante, o segundo maior consumidor, o maior poupador e (qua-

* Spielberg acabou renunciando ao cargo. (N. E.)

se com certeza) o segundo maior em gastos militares.* A China não vai substituir os Estados Unidos no posto de superpotência mundial. É improvável que supere os americanos em qualquer dimensão — militar, política ou econômica — por décadas, e muito menos será dominante em todas as áreas. Mas, em área após área, se tornou o segundo mais importante país do mundo, acrescentando um elemento totalmente novo ao sistema internacional.

PLANEJAMENTO CENTRAL QUE FUNCIONA?

Há quem duvide dos dados econômicos da China. Alguns jornalistas e estudiosos afirmam que os números são maquiados, a corrupção prolifera, os bancos estão na corda bamba, as tensões regionais crescem, a desigualdade aumenta perigosamente — e a situação está chegando a um ponto crítico. Quanto a isso, cabe apontar que muitos deles vêm dizendo isso há duas décadas e até agora, pelo menos, sua previsão central — o colapso do regime — não se confirmou. A China tem muitos problemas, mas ainda conta com algo invejável para qualquer país em desenvolvimento: crescimento robusto. Um bolo em expansão torna todos os outros problemas, por graves que sejam, mais fáceis de digerir. Minxin Pei, um dos críticos mais inteligentes do regime, reconhece que, "comparada com a de outros países em desenvolvimento, a história chinesa é de muito maior sucesso do que qualquer outra em que possamos pensar".

Para um regime que se diz comunista, Pequim é de uma fran-

* O orçamento militar oficial da China a coloca em terceiro lugar, depois dos Estados Unidos e do Reino Unido. Mas a maioria dos analistas concorda que muitos gastos grandes não são contabilizados no orçamento oficial e que o país ocuparia realmente o segundo lugar — ainda que muito distante — em relação aos Estados Unidos.

queza espantosa na sua aceitação do capitalismo. Certa vez, perguntei a uma autoridade chinesa qual era a melhor solução para a pobreza rural. Sua resposta: "Temos de deixar os mercados funcionarem. Eles atraem as pessoas da terra para a indústria, das fazendas para as cidades. Historicamente, essa tem sido a única resposta à pobreza rural. Temos de continuar a industrialização". Quando fiz a mesma pergunta a autoridades indianas ou latino-americanas, elas entraram em explicações complicadas sobre a necessidade de previdência rural, subsídios para os agricultores pobres e outros programas desse tipo, todos projetados para diminuir o ritmo das forças do mercado e retardar o processo histórico — e muitas vezes doloroso — da industrialização comandada pelo mercado.

Mas o modo de agir de Pequim também foi diferente daquele defendido por muitos economistas do livre mercado — um programa de reformas simultâneas em todas as frentes que é chamado, às vezes, de "Consenso de Washington". E, de forma ainda mais significativa, é distinto da terapia de choque aplicada na Rússia por Boris Ieltsin, que os chineses estudaram com muito cuidado e citam com freqüência como um exemplo negativo, concordando provavelmente com a descrição concisa feita por Strobe Talbot quando trabalhou no governo Clinton: "Choque demais, terapia de menos". Em vez de provocar um big bang, Pequim optou por uma abordagem progressiva, que eu chamaria de estratégia de fazer crescer o denominador. Em vez de fechar de imediato todas as empresas ineficazes, acabando com os empréstimos podres e promovendo uma privatização em grande escala, o governo chinês adotou políticas que fizeram crescer a economia em torno dessas áreas que produziam perdas, de tal modo que, ao longo do tempo, as áreas ruins se tornam uma parte cada vez menor da economia como um todo (o denominador). Ao fazer isso, Pequim ganhou tempo para resolver seus problemas gradualmente. Somente agora começa a limpeza dos bancos e do setor financeiro, dez anos depois que a maioria dos especialistas a julgava urgente, e num ritmo muito mais lento do que os mesmos especialistas recomendavam. Hoje, a China pode implementar essas reformas no contexto de uma economia que dobrou de tamanho e se diversificou consideravelmente. É capitalismo com características chinesas.

O planejamento central, supostamente, não deveria funcionar. E em certo sentido não funciona, mesmo na China. Pequim tem muito menos conhecimento e controle do resto do país do que gostaria ou os estrangeiros reconhecem. Um número conta toda a história. A fatia da receita tributária que fica com o governo central chinês está em torno de 50%;[3] o governo federal americano (um governo fraco por padrões internacionais) fica com quase 70%. Em outras palavras, o desenvolvimento descentralizado é a realidade que define agora a vida econômica e, cada vez mais, a vida política na China. Até certo ponto, essa perda de controle é planejada. O governo estimulou o florescimento de um mercado realmente livre em muitas áreas, abriu a economia ao investimento e comércio externo e usou sua entrada na Organização Mundial do Comércio para forçar reformas em sua economia e sociedade. Muitos de seus sucessos (ascensão do espírito empresarial) e seus fracassos (assistência à saúde em declínio) são conseqüência da *falta* de coordenação entre o centro e as regiões. Esse problema da descentralização acelerada constitui o grande desafio da China no futuro e retornaremos a ele.

É embaraçoso, mas inevitável, admitir: a ausência da necessidade de responder à opinião pública ajudou muitas vezes Pequim a levar avante sua estratégia. Outros governos que observam a China com inveja anotaram esse fato. As autoridades indianas gostam de dizer que seus vizinhos chineses não precisam se preocupar com os eleitores. "Temos de fazer muitas coisas que são politicamente populares, mas são estúpidas", disse um alto membro do governo indiano. "Elas deprimem nosso potencial econômico de longo prazo. Mas os políticos precisam de votos no curto prazo. A China pode adotar a perspectiva de longo alcance. E, embora não faça tudo certo, toma muitas decisões que são inteligentes e previdentes." Isso fica manifesto na atual ênfase em educação superior. Reconhecendo que o país precisa de uma força de trabalho mais qualificada a fim de avançar na cadeia do valor econômico, o governo central comprometeu-se em aumentar em 2008 a quantia destinada a bolsas de estudo e outros tipos de ajuda para 2,7 bilhões de dólares (eram 240 milhões em 2006). As autoridades têm planos para expandir o gasto total com educação, que representava 2,8% do PIB em 2006, para 4% até 2010; uma grande proporção disso será destinada a um pequeno número de instituições de elite mundialmente competitivas. Essa política seria impossível na Índia democrática, por exemplo, onde vultosos recursos são gastos em subsídios de curto prazo para satisfazer os eleitores. (As instituições educacionais de elite indianas, ao contrário, sofrem pressões para limitar as admissões baseadas no mérito e aceitar metade de seus alunos com base em cotas e ação afirmativa.)

Não é comum que um governo não-democrático administre o crescimento com eficácia por tanto tempo. A maioria dos governos autocráticos logo se torna insular, corrupta e estúpida — e comanda a pilhagem econômica e a estagnação. A folha corrida de gente como Marcos, Mobutu e Mugabe é muito mais típica (e, antes que alguém apele para explicações culturais, não esqueçamos que o histórico do governo chinês na época de Mao foi atroz). "Tenho tratado com governos de todo o mundo e os chineses são provavelmente os que causam a melhor impressão", diz um experiente diretor de banco de investimentos. Essa opinião é bastante representativa do que pensam os líderes empresariais que vão à China. "As pessoas precisam continuamente [...] determinar seus próprios juízos de valor levando em conta o que consideram o bem melhor", disse Bill Gates à revista *Fortune* em 2007. "Pessoalmente, acho que os líderes chineses são bastante sérios em relação a essas coisas."

Esse não é, no entanto, um quadro completo. Enquanto a China cresce rapidamente e as oportunidades abundam em todos os níveis, o Estado — graças à sua política de reforma progressiva — ainda comanda muitos setores importantes da economia. Ainda hoje, as companhias estatais respondem por metade do PIB. Das 35 maiores empresas na bolsa de valores de Xangai, 34 são de propriedade parcial ou total do governo. E o controle estatal está freqüentemente em contradição com transparência, honestidade e eficiência. Os bancos chineses, que em sua maioria ainda são estatais, dissipam dezenas de bilhões de dólares por ano para sustentar empresas em dificuldades e canalizar dinheiro para regiões, grupos e pessoas por motivos não-econômicos. A corrupção parece estar crescendo e a proporção de casos de corrupção envolvendo altos funcionários aumentou dramaticamente de 1,7% em 1990 para 6,1% em 2002.[4] As diferenças regionais estão aumentando e a desigualdade está em disparada, provocando tensões sociais. Um dado estatístico muito citado — do próprio governo — revela uma tendência importante: em 2004, houve 74 mil protestos de algum tipo na China; dez anos antes, foram apenas 10 mil.

As duas imagens podem ser harmonizadas. Os problemas da China são, sob muitos aspectos, conseqüência de seu sucesso. O crescimento econômico sem precedentes produziu uma mudança social também sem precedentes. A China comprimiu em trinta anos os duzentos de industrialização do Ocidente. Todos os dias, dezenas de milhares de pessoas mudam das aldeias para as cidades, da lavoura para as fábricas, de oeste para leste, a um ritmo nunca visto na história. Elas não estão se movendo apenas geograficamente: estão deixando para trás família, classe e história. Não é nenhuma surpresa que o Estado chinês lute para acompanhar essa convulsão social. Ao descrever a capacidade declinante do Estado chinês, Minxin Pei observa que as autoridades não podem mais administrar uma coisa simples como a segurança nas estradas: a taxa de mortalidade é de 26 por 10 mil veículos (em comparação com 20 na Índia e 8 na Indonésia).[5] Mas, ao mesmo tempo, é fundamental observar que o número de carros nas estradas chinesas vem crescendo a uma taxa de 26% ao ano, em comparação com os 17% da Índia e os 6% da Indonésia. Quando a Índia superar a China em crescimento, como pretende, eu apostaria que também verá um aumento marcante em suas estatísticas de acidentes, com ou sem governo democrático.

Pensemos nas conseqüências ambientais do crescimento da China — não para o planeta todo, mas apenas para a própria China. Cerca de 26% da água de seus maiores sistemas fluviais está tão poluída que "eles perderam a capacidade de função ecológica básica".[6] Há 9 mil indústrias químicas somente ao longo das margens do rio Yang-tse. Pequim já é a capital do mundo segundo o critério da poluição do ar. Dos 560 milhões de chineses que vivem nas cidades, somente 1% respira ar consideravelmente seguro, conforme os padrões da União Européia.[7] Mas vale a pena notar também que quase todos esses números e avaliações vêm do governo chinês. Pequim colocou as questões ambientais numa posição mais prioritária de sua agenda do que a maioria dos países desenvolvidos. As altas autoridades chinesas falam da necessidade de um PIB "verde" e de crescimento sustentável, e as considerações ambientais figuram com destaque no plano do presidente Hu de uma "sociedade harmoniosa". Uma empresa de consultoria ocidental analisou as novas leis chinesas sobre poluição atmosférica e calculou que a demanda por produtos que removam partículas do ar aumentará 20% por ano no futuro previsível, criando um mercado de 10 bilhões de dólares. Pequim está tentando administrar um difícil dilema: reduzir a pobreza exige crescimento robusto, mas crescimento significa mais poluição e degradação ambiental.

O maior problema que a China encara em seu progresso não é o governo ser incuravelmente mau, mas o risco de ele perder a capacidade de manter a unidade — um problema que abrange a descentralização acelerada, mas vai além dela. O ritmo de mudança da China está expondo as fraquezas do Partido Comunista e da burocracia estatal. Por muitos anos, o monopólio de poder do governo permitiu que ele empreendesse enormes reformas com rapidez. Era possível dispor de pessoas e recursos quando necessário. Mas um dos produtos de suas decisões é a agitação econômica, social e política, e a estrutura insular e hierárquica do partido o torna menos competente para navegar por essas águas. O Partido Comunista da China — o partido dos operários e camponeses — é, na verdade, uma das organizações mais elitistas do mundo. É composto por 3 milhões de homens e mulheres, em larga medida urbanos e instruídos, um grupo que não é nada representativo da imensa sociedade camponesa que lidera. Poucos de seus altos funcionários estão habilitados para o varejo da política. Aqueles que são promovidos tendem a ser bons tecnocratas que também são habilidosos na arte das manobras e do clientelismo intrapartidários. Resta ver se esses líderes têm o carisma ou a capacidade de se engajar na política de massa e possuem as qualidades que precisarão para governar uma população de 1,3 bilhão de pessoas que está se tornando cada vez mais assertiva.

Nos anos 70 e 80, em lugares como Taiwan e Coréia do Sul, o crescimento econômico foi acompanhado por reformas jurídicas, sociais e políticas graduais. Eram regimes autoritários, não totalitários — uma distinção importante —, que não buscavam um controle completo sobre a sociedade, o que tornou mais fácil a abertura do regime. Ademais, foram pressionados a liberalizar seus sistemas pelos Estados Unidos, seu grande benfeitor. Pequim não enfrenta esse tipo de pressão. À medida que o país muda, a estrutura totalitária apresenta rachaduras ou se torna irrelevante em alguns lugares. As pessoas têm muito mais escolhas e liberdades do que antes. Elas podem trabalhar, mudar-se, ter propriedades, abrir negócios e, até certo ponto, cultuar quem quiser. Mas o controle político continua apertado e mostra poucos sinais de afrouxamento em certas áreas essenciais. Por exemplo, o governo criou um sofisticado sistema de monitoramento do uso da internet que tem sido surpreendentemente eficaz.

O Partido Comunista gasta uma enorme quantidade de tempo e energia se preocupando com a estabilidade social e a inquietação popular. Isso é certamente um sinal de que enfrenta problemas de dimensões incertas e sem solução clara. Compare-se isso com a vizinha democrática da China. Os políticos indianos se preocupam com muitas coisas — principalmente com perder as eleições —, mas raramente com revolução social ou a sobrevivência do próprio regime. Eles não entram em pânico perante a possibilidade de protestos ou greves, pois os consideram parte das idas e vindas normais entre governantes e governados. Os governos que têm confiança na legitimidade de seu sistema político não ficam paranóicos diante de uma organização como a Falun Gong, cujos membros se reúnem para fazer exercícios de respiração.

Muitos autores americanos se apressaram em declarar que a China prova que está errada a noção de que reformas econômicas levam a reformas políticas — de que o capitalismo conduz à democracia. A China talvez venha a se revelar uma exceção, mas ainda é muito cedo para dizer. A regra se impôs em todos os lugares, da Espanha e Grécia à Coréia do Sul, Taiwan e México: países que aderem ao mercado e se modernizam começam a mudar politicamente quando atingem a posição de país de renda média (uma classificação aproximada que fica entre 5 mil dólares e 10 mil dólares).* Uma vez que o nível de renda chinês ainda está abaixo dessa faixa, não se pode afirmar que o país conteste essa tendência. E, à medida que aumenta o padrão de vida dos chineses, a reforma política se torna uma questão cada vez mais urgente. É quase certo que o regime venha a enfrentar contestações significativas nos próximos quinze anos, embora isso não signifique que o país vá se transformar numa democracia liberal de estilo ocidental da noite para o dia. É mais provável que evolua primeiro para um regime "misto", parecido com o das nações ocidentais no século XIX ou dos países do Leste Asiático nas décadas de 1970 e 80, que combinavam participação popular com alguns elementos de hierarquia e controle pela elite. Não esqueçamos que o Japão é a democracia mais madura da região e tem um partido dominante que está no poder há sessenta anos.

No final de 2006, numa reunião com uma delegação visitante americana, perguntaram ao premiê chinês Wen Jiabao o que os líderes chineses queriam dizer com a palavra "democracia" quando falavam do movimento da China em sua direção. Wen explicou que, para eles, a democracia continha três elementos essenciais: "Eleições, independência do judiciário e supervisão baseada em pesos e contrapesos". John Thornton, o executivo do Goldman Sachs que se tornou estudioso da China e liderava a delegação, pesquisou essas três áreas minuciosamente e descobriu que está em curso um movimento (pequeno) no sentido da

*A exatidão dessa estatística é difícil, porque os pesquisadores usaram critérios diferentes (PPC, dólares de 1985 etc.). Mas a afirmação básica de que a China está abaixo do limiar da transição democrática está correta.

realização de eleições provinciais, de mais medidas contra a corrupção e, ainda, de um sistema judiciário melhor, este último mais intenso. Em 1980, 800 mil processos deram entrada nos tribunais chineses; em 2006, foram dez vezes mais. Em um ensaio equilibrado publicado na *Foreign Affairs*, Thornton pinta um quadro de um regime que avança com hesitação e gradualmente no sentido de uma maior *accountability* e abertura.[8]

Os passos graduais podem não ser suficientes. Os comunistas que governam a China deveriam ler — ou reler — o seu Marx. Karl Marx era péssimo economista e ideólogo, mas um expressivo cientista social. Um de seus *insights* fundamentais foi perceber que, quando uma sociedade muda seus fundamentos econômicos, é inevitável que o sistema político que se assenta neles também mude. Segundo Marx, à medida que se baseiam mais no mercado, as sociedades tendem para a democracia. A história confirma essa conexão entre economia de mercado e democracia, embora com algumas defasagens temporais. Com exclusão dos países cuja riqueza vem do petróleo, em todo o mundo de hoje apenas Cingapura atingiu um nível ocidental de desenvolvimento econômico e ainda não é uma democracia plena. Mas essa pequena cidade-Estado, com uma elite anormalmente competente, é uma exceção. Muitos líderes tentaram reproduzir o equilíbrio atingido por Lee Kuan Yew: criar riqueza e modernidade e ao mesmo tempo manter o domínio político. Ninguém teve sucesso por muito tempo. E até Cingapura está mudando rapidamente, tornando-se uma sociedade mais aberta — em algumas questões (em especial culturais e sociais como a homossexualidade), até mais do que outras sociedades do Leste Asiático. Ao examinarmos dezenas de países ao longo de décadas de desenvolvimento, da Coréia do Sul à Argentina e à Turquia, vemos que o padrão é forte — uma economia de mercado que chega a uma situação de renda média tende, a longo prazo, no sentido da democracia liberal. Essa talvez seja, como observaram muitos estudiosos, a generalização mais importante e bem documentada da ciência política.

Muitos membros da geração mais jovem de líderes chineses compreendem o dilema que seu país enfrenta e falam, em privado, sobre a necessidade de afrouxar as rédeas do sistema político. "As pessoas mais brilhantes do partido não estão estudando reformas econômicas, mas reformas políticas", contou-me um jornalista chinês com boas conexões dentro do governo de Pequim. Ministros de Cingapura confirmam que as autoridades chinesas estão debruçadas sobre o sistema que Lee Kuan Yew montou, e o Partido Comunista também mandou delegações ao Japão e à Suécia para tentar compreender como esses países criaram uma sociedade democrática dominada por um único partido. Eles examinam o sistema político, as regras eleitorais, as vantagens formais e informais do partido e os obstáculos que precisam ser vencidos por quem não faz parte de seus quadros. Sejam exercícios enganosos ou esforços para encontrar novas maneiras de manter o controle, o fato é que sugerem que o partido sabe que precisa mudar. Mas o desafio para a China não é tecnocrático: é político. Não é uma questão de reconfigurar o poder, mas de renunciar a ele — romper com interesses adquiridos, desmontar redes de clientelismo e abandonar privilégios institucionalizados. Nada disso significaria abrir mão do controle do governo, pelo menos de imediato, mas significaria diminuir seu alcance, seu papel e sua autoridade. E, com toda essa nova formação em gerenciamento, estaria o Partido Comunista da China pronto para dar o grande salto adiante?

A maioria dos regimes autocráticos que modernizaram suas economias — Taiwan, Coréia do Sul, Espanha, Portugal — agüentou as conseqüentes mudanças políticas e ganhou maior estabilidade e legitimidade. Pequim enfrentou desafios antes e se adaptou. E, mesmo que o regime administre mal essa transição, a agitação política não impedirá necessariamente a China de crescer. Qualquer que seja o futuro de sua política, é improvável que a entrada do país no palco mundial seja revertida. As forças que alimentam sua ascensão não desaparecerão mesmo que o regime atual entre em colapso — ou, o que seria mais provável, que se divida em facções. Após sua revolução, a França sofreu dois séculos de crises políticas, passando por dois impérios, uma ditadura quase fascista e quatro repúblicas. Contudo, apesar do tumulto político, prosperou economicamente e continuou a ser um dos países mais ricos do mundo.

A China tem fome de sucesso e isso pode ser um motivo fundamental para sua ascensão duradoura. No século XX, após centenas de anos de pobreza, o país atravessou o colapso do império, a guerra civil e a revolução para ver-se nas mãos da versão infernal do comunismo de Mao. Perdeu 30 milhões de vidas no Grande Salto Adiante, uma experiência brutal de coletivização. Depois, enterrou-se ainda mais no isolamento e destruiu toda a sua classe profissional e universitária durante a Revolução Cultural. Quando chegamos à década de 1970, ao contrário da Índia, que podia se orgulhar de sua democracia, apesar do crescimento econômico lento, a China carecia de qualquer motivo para erguer a cabeça. Hoje, seus líderes, empresários e o povo em geral têm um desejo em comum: querem continuar progredindo. É improvável que joguem fora três décadas de relativa estabilidade e prosperidade.

ESCONDENDO SUA LUZ

Qualquer coisa que aconteça no interior da China provavelmente complicará a vida internacional. Sua gama de forças —

econômica, política, militar — assegura que sua influência se estenda para muito além de suas fronteiras. Países com essa capacidade não nascem todos os dias. A lista dos atuais — Estados Unidos, Grã-Bretanha, França, Alemanha, Rússia — não sofreu muitas mudanças nos dois últimos séculos. As grandes potências são como divas: entram e saem do palco internacional com grande tumulto. Pensemos na ascensão da Alemanha e do Japão no início do século XX, ou no declínio dos impérios otomano e dos Habsburgos no mesmo período, que produziram múltiplas crises nos Bálcãs e o confuso Oriente Médio moderno.

Em anos recentes, esse padrão não tem se repetido. O Japão e a Alemanha modernos tornaram-se a segunda e a terceira maiores economias do mundo, mas permaneceram notavelmente inativos do ponto de vista político e militar. E, até agora, a China tem avançado com pouca confusão política. Durante a primeira década de seu desenvolvimento, a dos anos 80, a China não tinha verdadeiramente uma política externa. Ou numa formulação mais precisa sua estratégia de crescimento *era* sua estratégia maior. Pequim percebeu que manter boas relações com os Estados Unidos era fundamental para seu desenvolvimento, em parte porque queria ter acesso ao maior mercado mundial e à tecnologia mais avançada. No Conselho de Segurança da ONU, a China apoiava, ou pelo menos se abstinha de vetar, as resoluções patrocinadas pelos americanos. De forma mais ampla, mantinha sua cabeça baixa num esforço para, nas palavras de Deng, "esconder sua luz debaixo de um alqueire". Essa política de não-interferência e não-confrontação persiste, em larga medida. Com exceção de qualquer coisa relacionada com Taiwan, Pequim tende a evitar brigas com outros governos. O foco continua a ser o crescimento. Em seu discurso de duas horas e meia perante o 17º Congresso do Partido Comunista, em 2007, o presidente Hu Jintao tratou em detalhes de questões econômicas, financeiras, industriais, sociais e ambientais, mas deixou de lado quase inteiramente a política externa.

Muitos diplomatas chineses veteranos ficam nervosos quando falam da ascensão de seu país ao poder. "Isso me assusta", disse Wu Jianmin, reitor da Universidade de Assuntos Exteriores e ex-embaixador nas Nações Unidas. "Ainda somos um país pobre, um país em desenvolvimento. Não quero que as pessoas pensem em nós em [...] termos exagerados." Xinghai Fang, vice-presidente da Bolsa de Valores de Xangai, falou na mesma linha: "Por favor, lembrem-se, o PIB per capita dos Estados Unidos é 25 vezes o nosso. Temos um longo caminho a percorrer". Essa ansiedade manifestou-se num debate interno interessante sobre como Pequim deveria articular sua doutrina de política externa. Em 2002, Zheng Bijian, então vice-diretor da Escola Central do Partido, cunhou a expressão "ascensão pacífica" para expressar a intenção da China de subir com calma a escada global. Quando Zheng falava, as pessoas escutavam, pois seu ex-chefe era o presidente Hu Jintao. Posteriormente, Hu e o premiê Wen Jiabao usaram ambos a mesma expressão, dando-lhe sanção oficial. Mas depois ela caiu em desgraça.

Muitos analistas ocidentais julgaram que o problema com a expressão era o termo "pacífica", que poderia limitar as opções da China em relação a Taiwan. Na verdade, não havia internamente muita controvérsia quanto a essa questão. A China considera Taiwan um assunto de sua alçada e acredita ter toda a autoridade de que precisa para usar a força, embora como último recurso. Como Zheng explicou para mim: "Lincoln travou uma guerra para preservar a União, mas você ainda pode dizer que os Estados Unidos estavam crescendo pacificamente". Mas alguns líderes chineses importantes se preocupam com a outra palavra, "ascensão" (uma tradução mais precisa seria "investida" ou "vagalhão"). Diplomatas veteranos recuam diante da idéia de percorrer o mundo falando da ascensão da China. Em particular, preocupam-se com as críticas americanas que veriam nisso uma ameaça. Lee Kuan Yew sugeriu a Pequim que falasse de um "renascimento", em vez de ascensão, e líderes partidários discutiram sobre a expressão durante um retiro em Beidaihe, no verão de 2003. "O conceito é o mesmo. É apenas uma expressão diferente", disse Zheng. Certo, mas a mudança reflete a preocupação chinesa em não chamar a atenção enquanto avança.

O regime trabalha para que o povo chinês também compreenda sua estratégia. Em 2006 e 2007, a televisão chinesa transmitiu uma série em doze capítulos, *A ascensão das grandes nações*, claramente planejada como um ato de educação pública.[9] Tendo em vista a natureza fortemente política do tema, podemos ter certeza de que foi cuidadosamente examinada para apresentar as opiniões que o governo queria transmitir. A série era ponderada e inteligente, produzida ao estilo BBC ou PBS, e cobria a ascensão de nove grandes potências, de Portugal e Espanha a União Soviética e os Estados Unidos, com entrevistas de estudiosos de todo o mundo. As partes sobre cada país são, em geral, corretas e equilibradas. A ascensão do Japão, um tópico emocional na China, é tratada com imparcialidade, sem maiores intenções de provocar histeria nacionalista em relação aos ataques japoneses à China; a ascensão econômica do Japão após a guerra é elogiada repetidamente. A ênfase em alguns pontos é reveladora. Os episódios sobre os Estados Unidos, por exemplo, tratam extensamente dos programas de Theodore e Franklin Roosevelt para regulamentar e controlar o capitalismo, destacando o papel do Estado no capitalismo. E há alguns silêncios previsíveis, mas vergonhosos, como a omissão completa do terror, dos expurgos ou do Gulag no programa de uma hora de duração sobre a União Soviética. Mas há também reconhecimentos surpreendentes, entre eles um elogio considerável aos sistemas americano e britânico de governo representativo por sua capacidade de levar liberdade, legitimidade e estabilidade políticas a seus países.

A mensagem básica da série é a de que o caminho de uma nação para a grandeza está em sua coragem e habilidade econômica e que militarismo, império e agressão levam a um beco sem saída. Essa questão é ressaltada várias vezes. O episódio final — explicitamente sobre as "lições" da série — apresenta as chaves rumo a uma grande potência: coesão nacional, sucesso econômico e tecnológico, estabilidade política, força militar, criatividade cultural e magnetismo. Este último é explicado como sendo a atração exercida pelas idéias de uma nação, correspondendo ao conceito de "soft power" [poder suave] criado por Joseph Nye, um dos entrevistados da série. O episódio termina com a declaração de que, no mundo novo, uma nação só pode sustentar sua vantagem competitiva se tiver o conhecimento e a capacidade tecnológica para se manter inovando. Em suma, o caminho para o poder passa por mercados, não por impérios.

DEUS E POLÍTICA EXTERNA

O modo de a China pensar o mundo é, digamos, especificamente chinês? Em muitos sentidos, não. As lições tiradas da história das grandes potências são as mesmas que muitos ocidentais tiraram; com efeito, muitas das pessoas entrevistadas eram intelectuais ocidentais. Elas refletem a mesma compreensão que determinou o comportamento da Alemanha e do Japão em anos recentes. As relações da China com o mundo são práticas e refletem o contexto, os interesses e a percepção de si mesma como país em desenvolvimento. Apesar da enorme sombra que lança sobre o mundo, a China reconhece que ainda é um país com centenas de milhões de pessoas extremamente pobres. Por conseguinte, suas preocupações externas têm a ver principalmente com desenvolvimento. Quando perguntadas sobre questões como direitos humanos, algumas autoridades chinesas mais jovens admitem que não estão preocupadas com isso — como se fossem artigos de luxo que não estão ao alcance delas. Sem dúvida, esse sentimento é realçado pela percepção aguda de que os direitos humanos no exterior estão ligados aos internos. Se a China fosse criticar a ditadura da Birmânia, o que diria aos seus próprios dissidentes?

Mas há também elementos culturais mais amplos no modo como a China pensa o mundo. É fácil exagerar a importância da cultura, usando-a como fachada para políticas fundadas no interesse. Mas existem algumas diferenças reais e importantes entre as visões de mundo chinesa e ocidental (em particular, americana) que valem a pena examinar. Elas começam com Deus. Na pesquisa Pew de 2007, quando perguntada se é preciso acreditar em Deus para ser moral, uma maioria confortável de americanos (57%) respondeu que sim. No Japão e na China, no entanto, margens muito maiores responderam que não — na China, nada menos que 72%! Trata-se de uma divergência notável e incomum em relação à norma, até mesmo na Ásia. A questão não é que os dois países sejam imorais — na verdade, todas as provas indicam exatamente o oposto —, mas que em nenhum deles as pessoas acreditam em Deus.

Isso pode chocar muitos ocidentais, mas, para os estudiosos do tema, é uma realidade bem conhecida. Os habitantes do Leste Asiático não acreditam que o mundo tenha um Criador que estabeleceu um conjunto de leis morais que devem ser obedecidas. Esta é uma concepção abraâmica ou semítica de Deus compartilhada pelo judaísmo, cristianismo e islamismo, mas bastante estranha à civilização chinesa. Às vezes, a religião da China é chamada de confucianismo. Mas Joseph Needham, um eminente estudioso de Confúcio, observa que se pensarmos na religião "como a teologia de uma divindade criadora transcendente", o confucianismo simplesmente não é uma religião.[10] Confúcio era um mestre, não um profeta ou homem santo, em qualquer sentido dessas palavras. Seus escritos, ou os fragmentos que deles restaram, chamam a atenção pela não-religiosidade. Ele adverte explicitamente contra pensar sobre o divino e, ao contrário, estabelece regras para adquirir conhecimento, comportar-se eticamente, manter a estabilidade social e criar uma civilização bem ordenada. Sua obra tem mais em comum com os escritos dos filósofos iluministas do que com tratados de religião.

Com efeito, durante o iluminismo, Confúcio esteve na moda. Seus textos clássicos, conta Needham, "foram lidos com avidez por todos os precursores da Revolução Francesa — Voltaire, Rousseau, d'Alembert, Diderot etc.".[11] Entre 1600 e 1649, de trinta a cinqüenta livros relacionados com a China apareceram na Europa a cada década, e, entre 1700 e 1709, foram publicadas 559 obras sobre a China. Essa onda de publicações coincidiu com as conseqüências da Guerra dos Trinta Anos (1618-48), quando a religião provocou um banho de sangue grotesco. Muitos liberais europeus idealizaram o confucianismo por se fundamentar no direito natural, em oposição ao divino. Voltaire diz sem rodeios em seu *Dicionário filosófico*: "Nada de superstições, nada de lendas absurdas, nenhum daqueles dogmas que insultam a razão e a natureza". Mais tarde, Immanuel Kant chamaria Confúcio de "o Sócrates chinês". Leibniz, filósofo que tinha um pé na religiosidade e outro no secularismo, chegou ao ponto de afirmar: "Precisamos de missionários da China que possam nos ensinar o uso e a prática da religião natural".

Os primeiros pensadores do iluminismo elogiavam o confucianismo por basear-se na razão, em vez de na divindade, como guia para os assuntos humanos. Uma tese surgiu: embora a

Europa pudesse estar muito à frente no progresso científico e tecnológico, a China tinha "uma ética mais avançada", uma "organização civil superior" (baseada no mérito, não no clientelismo) e uma "filosofia prática", e tudo isso "produzia com sucesso uma paz social e uma bem organizada hierarquia social". Atingiu-se o "clímax" da sinofilia iluminista com o *Ensaio sobre os costumes*, publicado por Voltaire em 1759, no qual, segundo o estudioso alemão Thomas Fuchs, ele "transformava a China numa utopia política e no Estado ideal do absolutismo ilustrado; ele erguia o espelho da China para provocar uma reflexão autocrítica dos monarcas europeus".[12] No ano seguinte, o mais esclarecido dos monarcas, Frederico, o Grande, escreveu seu *Relatório de Phihihu*, uma série de cartas de um fictício embaixador chinês na Europa ao imperador da China. O objetivo de Frederico era contrastar o fanatismo da Igreja católica com a racionalidade chinesa.

Com freqüência, os ocidentais acham difícil entender a diferença entre o lugar da religião na China e no Ocidente. Consideremos as experiências de Matteo Ricci, um missionário português que viveu no Extremo Oriente, tal como relatadas pelo grande historiador Jonathan Spence.* Ricci, numa tentativa de se apresentar como uma figura honrada, raspou os cabelos e a barba e enrolou-se nas vestes de um budista. Somente muitos anos depois foi que se deu conta de seu erro. Monges e homens santos não eram tidos em alta conta na China. Ele começou viajando numa cadeirinha, ou então contratava criados para que o carregassem às costas, "como os homens de posição social elevada estão acostumados a fazer", escreveu depois a Claudio Acquaviva, superior geral dos jesuítas, em 1592. "O nome dos estrangeiros e sacerdotes é considerado tão vil na China que precisamos

* Matteo Ricci foi o missionário que levou relógios para o imperador chinês no final do século XVI.

disso e de outros estratagemas similares para mostrar-lhes que não somos sacerdotes tão desprezíveis quanto os deles." Em 1595, Ricci já havia largado as vestes ascéticas de um monge, que atrapalhavam seu trabalho missionário, e adotara os trajes de um erudito confuciano. De início, ele havia desprezado os confucianos por não acreditarem em Deus, no paraíso e na imortalidade da alma. A escola confuciana, escreveu a um amigo, era "o verdadeiro templo dos literatos". Mas acabou por perceber que, embora mantivesse "uma postura rigorosamente neutra" em relação a questões como Deus e a vida eterna, o confucianismo tinha um forte senso de ética, moralidade e justiça. Tal como outras figuras do iluminismo, ele passou a acreditar que o Ocidente deveria aprender com os ensinamentos de Confúcio.

O que Deus tem a ver com política externa? Historicamente, os países influenciados pelo cristianismo e o islamismo desenvolveram um impulso para difundir suas concepções e converter povos à sua fé. Esse espírito missionário é evidente na política externa de países tão distintos quanto Inglaterra, Estados Unidos, França, Arábia Saudita e Irã. Nos dois primeiros casos, talvez porque tenham sido tão poderosos, a idéia protestante de finalidade que está no cerne de suas políticas externas deixou uma marca profunda nos assuntos mundiais. A China, ao contrário, talvez não venha a ter nunca um sentimento similar de destino. Em certo sentido, simplesmente *ser a China* e se tornar uma potência mundial cumpre sua finalidade histórica. Ela não precisa difundir qualquer coisa para alguém a fim de se justificar. Assim, quando Pequim parece indiferente em sua postura perante os direitos humanos, não é simplesmente porque o regime é opressor ou assume uma visão implacável de realpolitik de seus interesses, embora isso certamente desempenhe um papel. Os chineses consideram essas questões de modo diferente, não com um conjunto de certos e errados abstratos, mas com um senso do mundo prático que serve de filosofia orientadora.

Os empresários ocidentais observaram com freqüência que seus colegas chineses parecem dar menos atenção a normas, leis e contratos. O senso de ética deles é mais situacional. Se um empresário ou funcionário chinês pensa que a lei é um estorvo, ele a ignorará, tentará driblá-la ou simplesmente sugerirá fazer um contrato novo. A veneração de uma idéia abstrata é um tanto alheia à mentalidade prática dos chineses. As relações sociais e a confiança são muito mais importantes do que os compromissos no papel. Durante anos, a Microsoft não conseguiu que Pequim fizesse cumprir as leis de propriedade intelectual, até que a empresa gastou tempo e esforços para criar uma relação com o governo e deixar claro que queria ajudar a desenvolver a economia e o sistema educacional da China. Depois que a Microsoft convenceu o governo chinês de suas boas intenções, aquelas mesmas leis passaram a ser implementadas. Poucos chineses internalizaram realmente a noção de que normas, leis e contratos abstratos são mais importantes do que uma análise situacional de um caso em questão, o que significa que o desenvolvimento político e jurídico chinês vai provavelmente tomar um caminho mais sinuoso e complexo do que se possa prever.

As tradições culturais da China também influenciam em sua postura diante das negociações. Robert Weller, da Universidade de Boston, afirma: "Os chineses baseiam seu senso de causa e efeito em torno da idéia da energia *qi*. *Qi* é a matéria do *fengshui* e o elemento no corpo que é manipulado pela acupuntura ou pelas ervas chinesas. Faz parte de uma maneira ampla de compreender a estrutura do mundo como um conjunto de forças em interação, complexamente inter-relacionadas, em vez de trabalhar com um raciocínio simples e linear de causa e efeito". "Isso também pode ter uma influência na política externa", diz Weller.[13] Esse tipo de especulação pode, às vezes, ser exagerado e até parecer disparatado. Mas, ao conversarmos com os chineses sobre seu modo de pensar, logo reconhecemos que conceitos como *qi* são tão fundamentais para sua mentalidade quanto um Criador moral ou o livre-arbítrio é para os ocidentais. A política externa é conduzida por muitas forças universais, mas não há dúvida de que uma visão de mundo básica organiza o modo como as pessoas percebem, agem e reagem, particularmente em crises.

A cultura, porém, não existe num vácuo. O passado da China e seu DNA são moldados por sua história moderna — o impacto do Ocidente, a destruição da tradição pelo comunismo, o vácuo resultante no espiritualismo chinês e, o que talvez seja mais importante, os esforços recentes para reconciliar suas tradições com a modernidade. Quando falamos com economistas chineses, eles não proclamam uma maneira confuciana de gerar crescimento econômico ou controlar a inflação. O Banco Central chinês parece muito moderno e (nesse sentido) ocidental em seus métodos. O fato de que não obedeça correndo quando os Estados Unidos pedem para que revalorize sua moeda talvez nos diga mais sobre nacionalismo do que sobre cultura (afinal, qual foi a última vez que os Estados Unidos mudaram sua política econômica porque um governo estrangeiro os intimidou a fazê-lo?). Os chineses adotaram o racionalismo ocidental em muitas áreas. Alguns analistas chineses da política externa chamam a si mesmos de "confucianos cristãos", não no sentido de convertidos evangélicos, mas de pessoas chinesas com uma perspectiva ocidental que buscam imbuir as políticas chinesas de um sentido maior de finalidade e valores. Tal como todos os países não-ocidentais, a China fará seu próprio coquetel cultural — algumas partes orientais, outras ocidentais — para prosperar no século XXI.

O maior problema da China não tem a ver com as particularidades da cultura, mas com as universalidades do poder. A China se considera uma nação decidida a crescer em paz, com seu comportamento marcado pela humildade, não-interferência e relações amistosas com todos. Mas muitos países em ascensão do passado também acreditavam em seus motivos benévolos, e mesmo assim acabaram perturbando o sistema. O cientista político Robert Gilpin observa que, à medida que aumenta o poder de uma nação, ela "será tentada a aumentar seu controle sobre seu ambiente. A fim de aumentar sua segurança, ela tentará expandir seu controle político, econômico e territorial, tentará mudar o sistema internacional de acordo com seu conjunto particular de interesses".[14] A questão crucial é que, ao longo da história, as grandes potências sempre se consideraram com as melhores intenções, mas forçadas pela necessidade a agir para proteger seus interesses em expansão. E, como segundo país do mundo, a China vai expandir seus interesses substancialmente.

Em última análise, as intenções chinesas talvez sejam irrelevantes. No mundo confuso da política internacional, intenções e resultados não estão diretamente ligados (nenhum país esperava uma guerra mundial em 1914). É como um mercado no qual todas as empresas tentam maximizar lucros aumentando os preços: o resultado para o sistema como um todo é exatamente o oposto: uma queda dos preços. Do mesmo modo, na política internacional — outro sistema sem uma autoridade suprema única —, as intenções dos países nem sempre predizem com exatidão o resultado. Daí o aforismo romano: "Se queres a paz, prepara-te para a guerra".

O grau de pacificidade da ascensão da China será determinado por uma combinação de ações chinesas, reações de outros países e dos efeitos sistêmicos que essa interação produza. Tendo em vista seu tamanho atual, a China não pode ter esperanças de entrar no palco mundial sem ser notada. Sua busca de energia e matérias-primas, por exemplo, é totalmente compreensível. O país está crescendo com rapidez, consome energia e todos os tipos de commodities, e precisa encontrar fornecimento seguro e contínuo de tudo isso. Outros países compram petróleo, por que Pequim não poderia fazer o mesmo? O problema é o tamanho. A China funciona numa escala tão grande que lhe é impossível não mudar a natureza do jogo.

A percepção chinesa de seus interesses está mudando. Homens como Wu Jianmin vêm de uma geração mais velha de diplomatas, mas a geração mais jovem tem consciência plena do novo poderio de seu país. Alguns observadores temem que, com o tempo, o poder subirá à cabeça da China. Em 2005, numa série de advertências expressas com delicadeza na China, Lee Kuan Yew apresentou suas preocupações, não em relação à atual liderança chinesa, nem mesmo quanto à próxima geração, mas sobre a seguinte, que terá nascido num período de estabilidade, prosperidade e influência crescente de seu país. "A juventude chinesa deve ser conscientizada da necessidade de assegurar ao mundo que a ascensão da China não se transformará numa força destrutiva", ele disse num discurso proferido na universidade de Fudan. Implícita em sua fala estava a insinuação de que os líderes chineses se mantêm humildes desde Deng Xiaoping graças às lembranças amargas dos erros de Mao — fomentar revoluções pelo mundo, o Grande Salto Adiante e a Revolução Cultural, que juntos resultaram na morte de cerca de 40 milhões de chineses. E ele continuou: "É vital que a geração mais jovem de chineses, que viveu somente num período de paz e crescimento e não tem experiência do passado tumultuado do país, seja conscientizada dos erros que a China cometeu em conseqüência de pretensões desmedidas e excessos ideológicos".

Por enquanto, a política externa chinesa continua totalmente centrada no comércio, embora isso também possa ser preocupante. Na África, por exemplo, a China trabalha para estabelecer laços econômicos. O continente possui recursos naturais, em particular petróleo e gás natural, que a China precisa para crescer. Tanto Pequim como alguns governos africanos saudaram as novas relações comerciais — em parte porque não há passado colonial nem história difícil para complicar as coisas —, e os negócios estão se desenvolvendo imensamente. O comércio cresce em torno de 50% ao ano e os investimentos chineses na África aumentam com rapidez maior ainda. Em muitos países africanos, o crescimento econômico está batendo recordes, fato que muitos atribuem às novas conexões com a China. No continente, há quem considere a relação exploradora e critique a nova potência, de tal modo que Pequim está se esforçando para demonstrar suas boas intenções. Em novembro de 2006, o presidente Hu Jintao realizou uma reunião de cúpula sobre relações sino-africanas. Todos os 48 países africanos que mantêm relações diplomáticas com a China compareceram, representados por seus presidentes ou primeiros-ministros. Foi a maior reunião de cúpula africana jamais realizada fora do continente. No encontro, a China prometeu dobrar a ajuda à África em dois anos, oferecer 5 bilhões de dólares em empréstimos e créditos, criar um fundo de 5 bilhões de dólares para estimular mais investimentos chineses no continente, cancelar grande parte da dívida para com a China, oferecer mais acesso ao mercado chinês, treinar 15 mil profissionais africanos e construir novos hospitais e escolas em todo o continente. O primeiro-ministro da Etiópia, Meles Zenawi, falou com entusiasmo: "A China é uma inspiração para todos nós".[15]

O que poderia estar errado em estabelecer esses laços? Nada, exceto que, ao entrar na África, a China está tomando um espaço econômico, político e militar que era ocupado pela Grã-Bretanha, França ou pelos Estados Unidos. Isso significará necessariamente atritos, à medida que cada grande potência lutar para promover seus próprios interesses e sua concepção de fazer a coisa certa na África. A interpretação que a China faz de suas ações é a de não-interferência nos assuntos internos dos países africanos, mantendo-se neutra. Mas isso é verdade? Moisés Naím, editor da revista *Foreign Affairs*, conta a história da negociação do governo nigeriano em 2007 a fim de obter 5 milhões de dólares em empréstimos do Banco Mundial para construir um sistema ferroviário. O banco havia insistido para que o governo limpasse a burocracia notoriamente corrupta das ferrovias antes de aprovar o empréstimo. O acordo estava quase fechado quando o governo chinês se intrometeu e ofereceu ao governo um empréstimo de 9 *bilhões* de dólares para reconstruir todo o sistema ferroviário do país — sem condições, sem exigências, sem necessidade de qualquer reforma. O Banco Mundial foi mandado de volta para casa em poucos dias. Desnecessário dizer que boa parte do dinheiro chinês vai engordar as contas bancárias de altas autoridades governamentais em vez de melhorar o serviço de trens para os nigerianos.

Pequim descobriu que é melhor tratar diretamente com os governos, porque quase sempre são eles os donos dos recursos naturais de que a China precisa. As transações são mais simples quando se negocia com uma autoridade centralizada, em particular se é um governo proscrito pela comunidade internacional e não tem para onde se voltar, exceto a China. Desse modo, os chineses compram platina e minério de ferro do Zimbábue e, por sua vez, vendem para Robert Mugabe armas e dispositivos de interferência em rádios — apesar de uma proibição americana e européia — que ele utiliza para intimidar, prender e matar a oposição interna. Pequim é o apoio mais importante de Mugabe no Conselho de Segurança da ONU.

No Sudão, o envolvimento da China ainda é maior. Ela investiu 3 bilhões de dólares nos campos de petróleo sudaneses desde 1999. Companhias chinesas são as maiores acionistas dos dois maiores conglomerados petroleiros do país e a China compra 65% das exportações de seu petróleo. Ademais, mantém uma aliança militar com o Sudão e, apesar das restrições da ONU, parece ter fornecido armas que acabaram nas mãos das milícias pró-governo em Darfur. Autoridades chinesas costumam confirmar que têm uma relação militar estreita com o Sudão e pretendem mantê-la. Ao explicar a posição de seu país, o vice-ministro do Exterior foi franco: "Negócios são negócios. Tentamos separar a política dos negócios. Em segundo lugar, creio que a situação interna no Sudão é um assunto interno e nós não estamos em posição de impor qualquer coisa a eles".

Se a China fosse um ator secundário no palco global, não importaria muito o que está fazendo no Zimbábue e no Sudão. Cuba, pelo que todos sabemos, tem variados negócios com ambos os governos, mas ninguém se preocupa. Mas Pequim não pode mais fazer de conta que é café pequeno. As transações da China com esses países joga-lhes uma corda de salvamento, retarda o progresso e, a longo prazo, perpetua o ciclo de maus regimes e tensões sociais que infestam o continente africano. Esse tipo de relação também faz com que, enquanto os governos africanos talvez vejam a China com olhos favoráveis, seus povos tenham opiniões mais ambivalentes — como tiveram sobre os governos ocidentais no passado.

Pequim demorou a reconhecer sua responsabilidade mais ampla nessa região, alegando que simplesmente cuida dos seus negócios, sem se intrometer. Mas, na verdade, nem isso está fazendo. A China já mostrou várias vezes que tem plena consciência de seu poder. Um motivo de seu interesse pela África é que vários de seus países mantêm há tempos relações amistosas com Taiwan. Embora sete dos 27 governos do mundo que se relacionam com Taiwan atualmente estejam na África, seis — inclusive a África do Sul — trocaram o reconhecimento de Taipei por Pequim na última década graças a judiciosas ofertas de ajuda.

A China tem sido mais habilidosa e usado melhor a diplomacia e uma pressão suave na Ásia, região à qual Pequim dedica mais tempo, energia e atenção. Graças a uma hábil conversação, ajudou a coordenar uma revolução no que se refere a atitudes ao longo das últimas duas décadas. Nos anos 80, a China nem mesmo mantinha relações com boa parte do Leste Asiático, inclusive com a Coréia do Sul, a Indonésia e Cingapura. No verão de 2007, já realizava exercícios militares conjuntos com a Associação das Nações do Sudeste Asiático (ASEAN). Em pesquisa realizada em 2007, quando perguntados sobre qual o país em que confiavam para exercer o poder mundial, os entrevistados de países como Tailândia e Indonésia, aliados tradicionais dos Estados Unidos, escolheram a China. Até mesmo na Austrália há um equilíbrio entre as atitudes favoráveis à China e aos Estados Unidos.

Até recentemente, perduravam as lembranças da política externa revolucionária da China — que, na prática, significava utilizar a diáspora chinesa para fomentar tumulto. A invasão do Vietnã, suas reivindicações no Mar da China Meridional e suas disputas fronteiriças com a Rússia e a Índia deram ao país a imagem de um vizinho espinhoso e criador de confusão. Mas, no final da década de 1990, a China já havia adotado uma política regional muito diversa, que se tornou especialmente clara a partir de seu papel construtivo na região depois da crise financeira de 1997. Desde então, Pequim tornou-se muito competente e eficaz no uso paciente e discreto de sua força econômica e política. Sua diplomacia enfatiza agora uma perspectiva de longo prazo, uma atitude prática e não-ideológica e uma tomada de decisão estratégica que não é retardada por oposição interna ou paralisia burocrática. Os chineses assumiram uma linha política mais conciliadora, proporcionaram generosos pacotes de ajuda (superando muitas vezes aqueles oferecidos pelos Estados Unidos) e concluíram rapidamente um acordo de livre-comércio com a ASEAN. Depois de evitar por muito tempo as associações multilaterais, Pequim tem-se envolvido no maior número possível delas, e até criou uma, a Cúpula do Leste Asiático, que exclui deliberadamente os Estados Unidos. A China é agora bem recebida também pelas nações do Sudeste Asiático. A presidenta das Filipinas, Gloria Arroyo, aparentemente pró-americana, proclamou em público: "Estamos felizes por ter a China como nossa grande irmã".[16]

Essa mudança reflete-se nas relações de Pequim com governos de toda a sua vizinhança. Os vietnamitas, por exemplo, não têm nenhum amor em particular pela China. Como nos disse uma autoridade do Vietnã: "Não somos cegos. A China ocupou o Vietnã por mil anos. E nos invadiu treze vezes desde então". Mas ele também admitiu que se trata de "uma presença enorme, nosso maior exportador" — o que significa que seus governos e povos precisam tratar da relação de forma pragmática. As livrarias que visitei no Vietnã exibem com destaque os discursos coligidos dos líderes chineses Deng Xiaoping, Jiang Zemin e Hu Jintao.

Antes de visitar o Vietnã, eu estivera em Tóquio, durante a visita oficial do primeiro-ministro chinês Wen Jiabao em 2007, e ouvi o mesmo refrão. Wen evitou sutilmente os muitos pontos de tensão entre os dois países e acentuou o lado positivo: os florescentes laços econômicos. Essa *détente*, no entanto, é frágil e aponta para o principal perigo na política externa chinesa: seu esforço de cooptar o nacionalismo para seus objetivos próprios.

No passado, Pequim insistia em manter tensas as relações com o Japão. As atrocidades de guerra dos japoneses e sua relutância em admitir a culpa constituíam uma grande parte do problema. Mas os chineses também pareciam cultivar ativamente a tensão: traziam à baila o comportamento de guerra do Japão sempre que fosse conveniente, recusavam-se a aceitar suas desculpas e ensinavam uma versão virulentamente antijaponesa da história em suas escolas. Em abril de 2005, o governo chinês deu a impressão de estimular protestos antijaponeses relacionados a livros escolares de história e eles se transformaram em manifestações de massa, tumultos, pedras jogadas na embaixada do Japão e amplos pedidos de boicote às mercadorias japonesas.

Em termos estratégicos, supondo-se uma política de "ascensão pacífica", faz pouco sentido para Pequim ser intransigente com Tóquio como era no passado. Isso só resultaria num vizinho hostil, com forças militares poderosas e uma economia que ainda é três vezes o tamanho da chinesa. Uma estratégia mais sábia seria enredar o Japão com laços econômicos e maior cooperação, ganhando acesso a seus mercados, investimentos e tecnologias — e com o tempo alcançar o predomínio. Existe até mesmo um argumento a favor da reconciliação genuína. O Japão não se comportou bem, mas pediu desculpas várias vezes pela agressão de guerra e pagou à China mais de 34 bilhões de dólares em ajuda ao desenvolvimento (reparações, na verdade) — fatos nunca mencionados pelos chineses. E o desejo de reconciliação ficou claro quando o premiê Wen foi ao Japão em 2007. Mas isso pode não durar. Para a China, há um problema interno no meio do caminho. Tendo abandonado o comunismo, o Partido Comunista vem usando o nacionalismo como a cola que mantém a China unida, e o nacionalismo chinês moderno se define, em larga medida, pela hostilidade ao Japão. Apesar de suas muitas políticas catastróficas, Mao continua a ser um herói na China porque lutou contra os japoneses e unificou o país.

De modo geral, o governo chinês supunha que podia controlar o sentimento popular, mas está perdendo essa confiança. Por não ser uma democracia, tem pouca experiência nisso. Pequim trata a ira e as emoções públicas com extrema cautela, sem saber se deve estimulá-las ou debelá-las, por medo do caminho que possam tomar. O governo não tem idéia do que fazer com algo como a Aliança dos Patriotas, o grupo hipernacionalista baseado na internet que organizou os protestos antiamericanos depois do incidente com o avião EP-3 em 2001 e os protestos antijaponeses de 2005. Ambas as ações foram inicialmente estimuladas, mas se tornaram muito mais intensas do que o regime esperava. Esses incidentes parecem ter provocado uma reavaliação e, mais recentemente, Pequim baixou o tom de seu apoio ao nacionalismo, adotando uma abordagem diplomática e política mais discreta.

O perigo de uma crise externa acompanhada de nacionalismo interno está mais próximo de Taiwan. A velha obsessão de Pequim com a ilha tornou a China inflexível, assim como alguns políticos taiwaneses, numa combinação que se torna, às vezes, inflamável, como quando o presidente Chen Shuibian de Taiwan provocou uma lufada de indignação ao propor um referendo nacional sobre a independência da ilha em 2002. Na maior parte do tempo, Pequim tem dado andamento ao seu plano de longo prazo de "normalização" das relações com o principal partido de oposição da ilha, acenando-lhe com a conciliação. Mas nem sempre. Em março de 2005, Pequim aprovou uma lei "anti-secessão", ameaçando Taiwan com a força militar se ousasse de algum modo provocar a cólera da China. Entre outras conseqüências, a União Européia adiou seu plano de suspender o embargo de armas para os chineses.

Taiwan oferece o exemplo mais vívido e importante de como os incentivos econômicos para a integração e as necessidades políticas do nacionalismo divergem e, contudo, podem ser administradas. As decisões racionais que orientam a política econômica não se aplicam com facilidade à esfera da política, onde honra, história, orgulho e cólera desempenham um papel significativo. Em anos recentes, Pequim tem adotado um caminho mais inteligente e menos agressivo no que diz respeito a Taiwan (e também ao Japão), reconhecendo que o tempo está ao seu lado. Desse modo, tomou várias medidas inteligentes que aumentaram a dependência da ilha em relação ao continente — sobretudo a redução de tarifas sobre produtos agrícolas que vêm das regiões mais interessadas na independência de Taiwan. Enquanto isso, é claro, as forças militares chinesas cresceram rapidamente e seu principal objetivo estratégico é impor-se rapidamente em qualquer conflito relacionado a Taiwan. Em outras palavras, o crescimento econômico e a globalização fizeram Pequim planejar a integração, mas também lhe deram o poderio para o confronto militar e político.

O DRAGÃO E A ÁGUIA

A importância das relações da China com todos os países do mundo quase desaparece diante de suas relações com um deles: os Estados Unidos da América. Ou, em outros termos, nenhum dos problemas potenciais da China tem importância, exceto se provocarem o envolvimento americano. Sem esse envolvimento, uma guerra com Taiwan pode ser sangrenta e trágica, mas só teria amplas conseqüências globais se se transformasse num confronto sino-americano. O desafio chinês também tem implicações maiores para os Estados Unidos do que para outros países. Historicamente, quando a principal potência mundial é desafiada por um país em ascensão, a relação entre os dois fica difícil. E, embora nenhum dos lados admita publicamente, ambos se preocupam e fazem planos para enfrentar eventuais problemas. Durante três décadas, a política externa chinesa esteve voltada para satisfazer os americanos por uma variedade de razões práticas. Primeiro, era uma estratégia anti-soviética; depois, um desejo de mercados e reformas; mais tarde, a reabilitação do país após os incidentes da praça de Tiananmen, a entrada na Organização Mundial do Comércio; por fim, as Olimpíadas de Pequim. Mas as elites mais jovens da China acreditam cada vez mais que seu país precisa pensar-se como competidor dos Estados Unidos em vários sentidos. Em Washington, sempre existiram aqueles que vêem na China a próxima grande ameaça aos interesses e ideais nacionais americanos. Dizer isso não é supor guerra ou mesmo conflito, mas simplesmente observar que haverá possivelmente tensões. O modo como os dois países lidarem com elas determinará suas relações futuras — a paz do mundo.

Por enquanto, as forças da integração têm triunfado, tanto em Pequim como em Washington. A relação econômica sino-americana é de dependência mútua. A China precisa do mercado americano para vender suas mercadorias; os Estados Unidos precisam da China para financiar sua dívida — é o equivalente, em tempos de globalização, da Destruição Mútua Garantida da era nuclear (e, para aumentar as forças da estabilidade, os arsenais nucleares chinês e americano também funcionam como inibidores). A realidade de um mundo globalizado força os dois países a entrar numa aliança que a pura geopolítica jamais poderia tolerar. Em conseqüência, o governo Bush tem sido notavelmente conciliador com Pequim no que diz respeito a Taiwan. George W. Bush é provavelmente o presidente mais hostil do ponto de vista ideológico a tratar das relações sino-americanas. Ele passou todo o tempo em que esteve no poder elogiando a democracia, denunciando a ditadura e prometendo usar o poderio americano para promover seus objetivos. Mas, apesar de tudo isso, Bush ficou várias vezes ao lado de Pequim no conflito com Taiwan e advertiu a ilha a não tentar a secessão, a declaração mais antitaiwanesa proferida por um presidente americano. É por isso que, apesar dos discursos de Bush sobre liberdade e de seu encontro com o Dalai Lama, Pequim está amplamente satisfeita com seu governo. Na questão que lhe é mais cara, Bush foi um aliado.

Pequim e Washington são sábias ao tentar cooperar. O mundo não vê conflitos entre grandes potências desde a Guerra Fria. Se voltassem, todos os problemas que nos preocupam agora — terrorismo, Irã, Coréia do Norte — se tornariam menos candentes, em comparação. E ressuscitariam a corrida armamentista, os distúrbios fronteiriços, as rivalidades entre aliados e Estados-clientes, os conflitos locais, e talvez mais. O avanço da modernização da economia e da política mundial de ritmo, caso não parasse. Mesmo sem esses cenários nefastos, a China complicará as relações de poder existentes. Se Estados Unidos e União Européia adotassem atitudes fundamentalmente diferentes em relação à ascensão da China, por exemplo, causariam pressões permanentes na aliança ocidental, fazendo as tensões em relação ao Iraque parecer uma questiúncula mínima. Mas uma séria rivalidade sino-americana definiria uma nova era de distanciamento da integração, do comércio e da globalização.

Existe um grupo de americanos, composto principalmente por neoconservadores e alguns funcionários do Pentágono, que vem soando o alarme a propósito da ameaça chinesa, referindo-se a ela, em larga medida, em termos militares. Mas os fatos não comprovam seus argumentos. É certo que a China está expandindo suas forças militares, com um orçamento de defesa que cresce a 10% ou mais por ano. Mas isso ainda é uma fração do que os Estados Unidos gastam — cerca de 10% da conta anual do Pentágono. Os Estados Unidos possuem doze porta-aviões nucleares que podem abrigar 85 jatos de combate; os engenheiros navais chineses ainda estão trabalhando no primeiro porta-aviões desse tipo. A China tem vinte mísseis nucleares que poderiam atingir as praias americanas, de acordo com estimativas do Pentágono, mas essas armas "pequenas e de difícil manejo" são "inerentemente vulneráveis a um ataque preventivo". Em comparação, os Estados Unidos possuem em torno de 9 mil ogivas nucleares intactas e cerca de 5 mil ogivas estratégicas.[17]

Os chineses têm consciência desse desequilíbrio militar. Seu desafio, portanto, não será parecido com o da União Soviética, com Pequim tentando acompanhar o ritmo militar americano. É mais provável que permaneça como uma "superpotência assimétrica". Os chineses já estão explorando e desenvolvendo maneiras de complicar e desgastar a supremacia militar americana, por exemplo nas áreas de tecnologia espacial e informática. E, o que é mais importante, usarão sua força econômica e suas habilidades políticas para alcançar seus objetivos sem ter de apelar para a força militar. A China não quer invadir e ocupar Taiwan; é mais provável que continue a minar o movimento de independência taiwanês, acumulando lentamente vantagens e desgastando o oponente.

Em um documento intitulado "O consenso de Pequim", que se baseia largamente em entrevistas com altos funcionários e acadêmicos chineses, Joshua Cooper Ramo oferece um retrato fascinante da nova política externa da China: "Em vez de construir um poder ao estilo americano, cercando-se de armas e intolerante com a visão de mundo dos outros, o poder emergente da China baseia-se no exemplo de seu próprio modelo, na força de seu sistema econômico e na defesa intransigente da [...] soberania nacional". Ramo descreve uma elite que compreende que o poder crescente de seu país e seu estilo menos intervencionista faz dele um parceiro atraente, em especial num mundo em que os Estados Unidos são vistos como hegemônicos prepotentes. "A meta da China não é o conflito, mas evitá-lo", escreve ele. "O verdadeiro sucesso em questões estratégicas implica manipular uma situação de forma tão eficaz que o resultado favoreça inevitavelmente os interesses chineses. Essa sabedoria advém de Sun Zi, o mais antigo pensador estratégico chinês, que dizia que 'cada batalha é vencida ou perdida antes de ser travada'."[18]

Os Estados Unidos sabem como lidar com um avanço político-militar tradicional. Afinal, essa era a natureza da ameaça soviética e da ascensão nazista ao poder. Os Estados Unidos possuem uma estrutura conceitual, bem como os instrumentos — armas, pacotes de ajuda, alianças — para enfrentar um avanço desse tipo. Se a China exibisse seus músculos, irritasse seus vizinhos e assustasse o mundo, Washington seria capaz de reagir com um conjunto de medidas eficazes que aproveitariam o processo natural de equilíbrio pelo qual Japão, Índia, Austrália e Vietnã — e talvez outros — se uniriam para limitar o poder emergente da China. Mas e se os chineses se mantiverem fiéis à sua estratégia assimétrica? E se expandirem gradualmente seus laços econômicos, agirem com calma e moderação e lentamente aumentarem sua esfera de influência no mundo? E se, aos poucos, colocassem Washington de escanteio na Ásia, num esforço para desgastar a paciência e a resistência dos americanos? E se a China se posicionar sem alarde como uma alternativa à arrogância e intimidação dos Estados Unidos? Como os americanos lidarão com um quadro assim — uma espécie de Guerra Fria, mas dessa vez com uma sociedade de mercado efervescente, com a maior população do mundo, uma nação que não pretende ser a vitrine de um modelo inútil de socialismo estatal nem desperdiçar seu poder em intervenções militares sem sentido? Temos aí um desafio novo para os Estados Unidos, de um tipo que não foi enfrentado antes e para o qual estão, em ampla medida, despreparados.

Ao examinar as maneiras de abordar a China, as elites políticas americanas fixaram seu olhar em outra potência emergente, próxima da China e nos calcanhares dela: a Índia.

5. A aliada

No outono de 1982, tomei um vôo da Air India no aeroporto de Santa Cruz, em Bombaim, para ingressar na faculdade nos Estados Unidos. A década anterior havia sido tempestuosa na Índia, com protestos de massa, distúrbios sociais, movimentos separatistas, revoltas e a suspensão da democracia. Subjacente a isso tudo estava uma economia sinistra que combinava crescimento ridículo com inflação cada vez pior. O crescimento econômico mal superava o aumento populacional. O indiano médio precisaria de 57 anos para dobrar sua renda, dada a taxa de crescimento do PIB per capita na época. Muitos indivíduos com talento e ambição acreditavam que seu único futuro verdadeiro estava em deixar o país. Mais de 75% dos formados pelos Institutos de Tecnologia indianos na década de 1980 emigraram para os Estados Unidos.

A década iniciada em 1997 não poderia ter sido mais diferente. A Índia tornou-se pacífica, estável e próspera. As chamas da secessão e do nacionalismo militante se apagaram. Os governos estaduais e o nacional mudaram de mãos sem incidentes.

Houve até uma trégua nas relações eternamente tensas com o Paquistão. E, sustentando tudo isso, estava a transformação da economia indiana, que cresceu 6,9% ao longo de toda a década e 8,5% na sua segunda metade. Se esta última taxa puder ser sustentada, o indiano médio dobrará sua renda em menos de dez anos. O efeito acumulativo dessa nova economia já é aparente. Mais indianos saíram da pobreza na última década do que nos cinqüenta anos precedentes.

O mundo percebeu. Todos os anos, no Fórum Econômico Mundial de Davos, na Suíça, há uma estrela nacional — um país que se destaca na reunião dos líderes mundiais graças a um primeiro-ministro ou ministro das Finanças particularmente inteligente e desenvolto, ou uma história convincente de reformas. Nos doze anos em que freqüento Davos, nenhum país fascinou tanto a reunião ou dominou as conversas como a Índia em 2006. O fenômeno vai muito além de uma conferência. O mundo está cortejando a Índia como nunca antes. Líderes estrangeiros acorrem e imploram para estabelecer relações mais profundas e fortes com um país outrora exótico.

Contudo, a maioria dos observadores de fora ainda está insegura quanto ao que pensar sobre a ascensão da Índia. Será uma nova China? E qual o significado disso, dos pontos de vista econômico e político? Uma Índia mais rica se chocará contra a China? Verá nos Estados Unidos um aliado? Existe algo que se possa chamar visão de mundo "hindu"? Os estrangeiros perplexos talvez se sintam confortados ao saber que os próprios indianos não têm respostas seguras para essas perguntas. A Índia está exuberante demais neste momento para fazer muitas reflexões sérias.

A exuberância funcionou bem no Fórum Econômico Mundial. Ao descer do avião em Zurique, viam-se grandes outdoors exaltando a *Incrível Índia!* A própria cidade de Davos estava cheia de cartazes. "A democracia de livre mercado que mais cresce no mundo", proclamavam os ônibus locais. Um xale de *pashmina* e um iPod Shuffle carregado com canções de Bollywood, presentes da delegação indiana, esperavam os participantes em seus quartos de hotel. Quando se entrava nas salas de reunião, era provável escutar a voz de um indiano, um das dezenas de CEOs de companhias indianas de alcance mundial presentes ao evento. E lá estavam também as autoridades do governo, o "Dream Team" da Índia — todos inteligentes e articulados, e todos decididos a "vender" seu país. O principal evento social do fórum foi um grande show indiano, com um grupo de belas mulheres indianas que dançavam ao som de pulsantes melodias híndis, tendo ao fundo um Taj Mahal azul elétrico. Klaus Schwab, o presidente do fórum sempre trajado de forma impecável, usava um turbante e um xale coloridos, mordiscava *chicken tikka* e conversava sobre as perspectivas do país com Michael Dell. *Índia em toda parte*, dizia o logo. E era verdade.

O sucesso dessa estratégia de marketing fez com que fosse repetida outras vezes. No sexagésimo aniversário da independência da Índia, Nova York foi inundada por concertos glamorosos, festas, recepções regadas a champanhe e seminários que celebravam o sucesso cultural, político e econômico do país. O slogan *India@60* refletia a força motora por trás disso, as empresas de tecnologia da Índia. O evento contrastava fortemente com as comemorações do qüinquagésimo aniversário, dez anos antes, que culminaram com uma recepção tediosa no consulado indiano — apenas com sucos de frutas, devido à proibição gandhiana do álcool — e um discurso exaltando a diversidade indiana. Evidentemente, as campanhas espalhafatosas de hoje não funcionariam se não houvesse substância por trás delas. Nos últimos quinze anos, a Índia tem sido o segundo país que mais cresce no mundo, atrás somente da China, e parece estar a caminho de continuar esse crescimento acelerado na próxima década. Tal como no caso da China, seu enorme tamanho — 1 bilhão de habitantes — significa que, uma vez em movimento, o país lança uma longa sombra sobre o mundo.

Enquanto a ascensão da China já chegou e é palpável, a Índia ainda é mais uma perspectiva para o futuro. Seu PIB per capita por enquanto é de apenas 960 dólares.* Mas esse futuro está ficando muito nítido. O estudo sobre os BRICs do Goldman Sachs projeta que em 2015 a economia indiana terá o tamanho da italiana, e em 2020 alcançará o da Grã-Bretanha. Em 2040, a Índia será a terceira maior economia do planeta. Em 2050, sua renda per capita terá aumentado vinte vezes em relação ao nível atual.[1] Previsões como essa são traiçoeiras e as tendências muitas vezes se enfraquecem. Mas ainda assim vale a pena observar que a taxa de crescimento atual do país é muito maior do que aquela pressuposta pelo estudo e — outro dado fundamental — o país tem um perfil democrático promissor. Enquanto o mundo industrial envelhece, a Índia continuará a ter *muitos* jovens — em outras palavras, trabalhadores. A China enfrenta um "vazio" juvenil graças ao sucesso de sua política de "filho único"; a Índia enfrenta um "inchaço" juvenil graças, ironicamente, ao fracasso de suas políticas de planejamento familiar do passado (a lição a se tirar disso é que toda engenharia social tem conseqüências imprevisíveis). Se demografia é destino, então o futuro da Índia está garantido.

Até mesmo o presente é impressionante. A taxa de pobreza indiana é a metade do que era há vinte anos. Seu setor privado é espantosamente dinâmico, contabilizando ganhos de 15%, 20%, e 25% ano após ano. A força desse setor vai muito além das empresas terceirizadas como a Infosys, a principal associação de mui-

* Não ajustados para o poder de compra, que é de 2100 dólares. Os números comparáveis para a China são 2500 dólares (mercado) e 4100 dólares (PPC).

tos americanos com a economia indiana. O grupo Tata é um vasto conglomerado que faz de tudo, de carros e aço a software e sistemas de consultoria. Em 2006, sua receita aumentou de 17,8 bilhões de dólares para 22 bilhões de dólares, um ganho de 23%. As Indústrias Reliance a maior empresa da Índia, viram seus lucros dobrarem entre 2004 e 2006. As receitas totais do setor de autopeças, composto por centenas de pequenas empresas, cresceram de menos de 6 bilhões de dólares em 2003 para mais de 15 bilhões de dólares em 2007. Nos próximos três anos, só a General Motors vai importar 1 bilhão de dólares de autopeças de fabricação indiana.[2] E o país tem agora mais bilionários do que qualquer outro país asiático, e a maioria deles venceu pelo próprio esforço.

DE BAIXO PARA CIMA

A essa altura, aqueles que já estiveram na Índia estarão provavelmente perplexos. "A Índia?", perguntariam. "Com seus aeroportos dilapidados, estradas esburacadas, favelas imensas e aldeias miseráveis? Você está falando desta Índia?" Sim, isso também é a Índia. O país pode ter vários Vales do Silício, mas tem também três Nigérias dentro de suas fronteiras — ou seja, mais de 300 milhões de pessoas que vivem com menos de um dólar por dia. Ela é o lar de 40% dos pobres do mundo e tem a segunda maior população soropositiva do planeta. Mas, mesmo que a Índia da pobreza e da doença seja a Índia conhecida, a imagem em movimento é mais reveladora do que o instantâneo. A Índia está mudando. A pobreza em massa persiste, mas o novo vigor econômico está agitando as coisas em toda parte. Pode-se sentir isso até nas favelas.

Para muitos visitantes, o país não parece bonito. Os homens

de negócios ocidentais vão à Índia na expectativa de que ela será a nova China. Jamais. O crescimento da China é supervisionado por um governo poderoso. Pequim decide que o país precisa de aeroportos novos, rodovias de oito pistas, parques industriais reluzentes e tudo é construído em questão de meses. Os chineses cortejam as multinacionais e lhes oferecem licenças e instalações em questão de dias. Um CEO americano contou como as autoridades chinesas o levaram ao lugar que lhe propunham para suas novas (e enormes) instalações. Era central, bem localizado e satisfazia quase todos os seus critérios — exceto que estava cheio de construções e gente, compondo uma pequena localidade. O CEO disse isso para seu anfitrião. O funcionário sorriu e falou: "Ah, não se preocupe, eles não estarão mais aqui dentro de dezoito meses". E não estavam.

A Índia não tem um governo que possa ou queira remover pessoas em nome de investimentos estrangeiros. Nova Déli e Mumbai não possuem a infra-estrutura reluzente de Pequim nem de Xangai, e nenhuma cidade indiana tem a urbanização controlada das cidades chinesas. Quando perguntei a Vilasrao Deshmukh, ministro-chefe do estado mais industrializado da Índia, se o país poderia aprender alguma coisa com o modelo de planejamento urbano chinês, ele respondeu: "Sim, mas com limites. A China costumava exigir que as pessoas provassem que tinham um emprego garantido antes de permitir sua mudança para uma cidade. Desse modo, não teriam os milhões de pessoas em busca de emprego que se aglomeram em favelas ao redor da cidade. Não posso fazer isso. A Constituição da Índia garante liberdade de movimento. Se alguém quer vir para Mumbai em busca de emprego, é livre para fazer isso".

O crescimento da Índia não está acontecendo graças ao governo, mas apesar dele. Não se trata de um processo de cima para baixo, mas de baixo para cima — confuso, caótico e, em grande medida, não planejado. As principais vantagens do país são um setor privado genuíno, direitos de propriedade e contrato estabelecidos, tribunais independentes e o império da lei (ainda que muitas vezes transgredido). O setor privado indiano é a coluna mestra de seu crescimento. Na China, não existiam empresas privadas há vinte anos; na Índia, muitas datam de cem anos. E, de algum modo, elas superam obstáculos, atravessam a burocracia, driblam a infra-estrutura ruim — e ganham dinheiro. Se não podem exportar bens grandes devido ao mau estado das estradas e portos, exportam softwares e serviços, coisas que podem ser despachadas por fios, em vez de estradas. Gurcharan Das, ex-CEO da Procter & Gamble na Índia, graceja: "O governo dorme à noite e a economia cresce".

Hoje, a característica mais notável da Índia é seu capital humano, uma vasta e crescente população de empresários, administradores e indivíduos muito bem informados sobre negócios. A quantidade dessas pessoas está aumentando, de forma mais rápida do que se poderia imaginar, em parte porque elas têm acesso fácil ao idioma da modernidade, o inglês. Involuntariamente, ao legar a língua inglesa, os britânicos talvez tenham deixado sua herança mais importante. Graças a ela, a classe gerencial e empresarial indiana está muito familiarizada com as tendências dos negócios ocidentais, sem necessidade de tradutores ou guias culturais. Eles lêem sobre computadores, teoria da gestão, estratégia de marketing e as últimas inovações em ciência e tecnologia. Eles falam o idioma da globalização fluentemente.

O resultado é um país que não se parece com nenhuma outra nação em desenvolvimento. O PIB da Índia é composto por 50% de serviços, 25% de indústria e 25% de agricultura. Os únicos outros países que se encaixam nesse perfil são Portugal e Grécia, países de renda média que passaram pelas primeiras fases da industrialização em massa e estão entrando na economia pós-industrial. A Índia está atrás de economias desse tipo em manufatura e agricultura, mas à frente delas em serviços — uma combinação que ninguém poderia ter planejado. O papel do consumidor no crescimento indiano tem sido igualmente surpreendente. A maioria das histórias de sucesso asiáticas foi impulsionada por medidas estatais que forçam as pessoas a economizar, produzindo crescimento mediante a acumulação de capital e políticas favoráveis ao mercado. Na Índia, o consumidor é rei. Os jovens profissionais indianos não esperam para comprar uma casa no final de sua vida de economias. Eles assumem hipotecas. A indústria do cartão de crédito cresce 35% ao ano. O consumo pessoal responde por assombrosos 67% do PIB, muito mais do que na China (42%) ou em qualquer outro país asiático. O único país do mundo de maior consumo são os Estados Unidos: 70%.[3]

Embora a infra-estrutura indiana esteja melhorando e haja planos para mais acréscimos e renovações dos aeroportos, rodovias e portos do país, a Índia não se parecerá com a China. A democracia pode trazer certas vantagens para o desenvolvimento de longo prazo, mas os governos autocráticos são capazes de planejar e executar grandes projetos de infra-estrutura com eficácia ímpar. Isso fica claro quando se compara a China com a Índia ou com a Grã-Bretanha. O arquiteto Norman Foster disse-me que no tempo gasto para o processo de licenciamento ambiental de *um* edifício novo no Terminal Cinco do aeroporto de Heathrow ele terá construído — do começo ao fim — todo o novo aeroporto de Pequim, que é maior do que os cinco terminais de Heathrow combinados.

As grandes obras de infra-estrutura agradam aos viajantes e investidores estrangeiros, mas seu impacto econômico pode ser exagerado. No auge do crescimento da China, na década de 1980 e início da de 1990, o país tinha estradas, pontes e aeroportos terríveis, muito piores dos que a Índia tem hoje. Até mesmo no mundo desenvolvido, o país com a melhor infra-estrutura nem sempre vence. A França tem trens e estradas que brilham perto do decrépito sistema de transporte americano. Mas é a economia americana que esteve à frente nas últimas três décadas. Um setor privado dinâmico pode transportar um crescimento extraordinário mesmo quando viaja por estradas ruins.

Alguns analistas argumentam que o caminho da Índia apresenta vantagens indubitáveis. Yasheng Huang, do MIT, mostra que as empresas indianas usam seu capital de forma muito mais eficiente do que as chinesas, em parte porque não têm acesso a uma oferta quase ilimitada de recursos.[4] Elas tomam como referência padrões mundiais e são mais bem administradas do que as firmas chinesas. Apesar de ter iniciado suas reformas depois (e, portanto, estar num ponto anterior do ciclo de desenvolvimento) da China, a Índia produziu muito mais empresas de classe internacional, como Tata, Infosys, Ranbaxy e Reliance. E sua vantagem fica ainda mais clara nos níveis mais baixos. Todos os anos, o Japão atribui os cobiçados prêmios Deming para a inovação gerencial. Nos últimos cinco anos, as companhias indianas foram as mais agraciadas, superando as de todos os outros países, inclusive as do Japão. O setor financeiro indiano é, no mínimo, tão transparente e eficiente quanto o de qualquer país em desenvolvimento da Ásia (com exceção de Cingapura e Hong Kong).

"As estatísticas não captam a mudança de mentalidade", diz Vday Kotak, fundador de uma próspera empresa de serviços financeiros. "A Índia em que cresci é outro país. Os jovens com quem trabalho hoje têm muito mais confiança e entusiasmo quanto ao que podem fazer aqui." A velha idéia de que "made in Índia" significa má qualidade está desaparecendo. As empresas indianas estão comprando participações em companhias ocidentais porque acham que podem administrá-las melhor. Em 2006 e 2007, os investimentos indianos na Grã-Bretanha foram maiores do que os investimentos britânicos na Índia.

E isso não acontece apenas no mundo empresarial. A Índia urbana está explodindo de entusiasmo. Estilistas, escritores e artistas falam em estender sua influência para o resto do mundo. As estrelas de Bollywood estão aumentando sua platéia "local" de meio milhão de espectadores indianos ao conquistar novos fãs fora da Índia. Jogadores de críquete estão tentando modernizar o jogo para atrair multidões no exterior. É como se, de repente, centenas de milhões de pessoas tivessem descoberto a chave para liberar seu potencial. Como disse um indiano famoso: "Chega um momento, que é muito raro na história, em que saímos do velho para o novo, em que uma era termina e a alma de uma nação, há muito reprimida, encontra expressão".

Essas palavras, que indianos de certa geração conhecem de cor, foram ditas pelo primeiro primeiro-ministro do país, Jawaharlal Nehru, logo depois da meia-noite de 15 de agosto de 1947, quando a Grã-Bretanha transferiu o poder para a Assembléia Constituinte indiana. Nehru referia-se ao nascimento da Índia como Estado independente. O que está acontecendo hoje é o nascimento da Índia como sociedade independente — impetuosa, vívida, aberta, dinâmica e, sobretudo, disposta à mudança. A Índia está se afastando não somente de seu passado, mas também das trilhas de outros países asiáticos. Não se trata de um país quieto, controlado, quase autoritário que se abre de acordo com um plano. É uma democracia barulhenta que deu finalmente poder econômico ao seu povo.

Os jornais indianos refletem essa mudança. Durante décadas, suas páginas eram dominadas pelos negócios do Estado. Suas matérias, escritas geralmente num jargão para iniciados (PM PROPORÁ EXPANSÃO DA CWC NA REUNIÃO DA AICC), tratavam de assuntos do governo, dos principais partidos políticos e de órgãos burocráticos. Uma pequena elite os compreendia, o resto fingia que entendia. Hoje, os jornais indianos estão em grande expansão — um raro oásis de crescimento do jornalismo impresso — e transbordam matérias sobre homens de negócios, modas tecnológicas, estilistas, shopping centers e, é claro, Bollywood (que agora faz mais filmes por ano do que Hollywood). A televisão indiana explodiu, e parece que a cada mês surgem canais novos. Até mesmo no setor de notícias, o número e a variedade são espantosos: em 2006, o país já tinha mais de duas dezenas de canais exclusivamente jornalísticos.[5]

Não se trata apenas de brilho e glamour. Pensemos na reação ao tsunami de 2005. No passado, a única reação indiana que valeria a pena mencionar teria sido a do governo, ou seja, um pouco mais do que coordenar a ajuda externa. Em 2005, Nova Déli recusou ofertas de ajuda de fora (mais uma indicação do crescimento do orgulho nacional). Mas a mudança mais notável ocorreu em outro setor: em duas semanas após o desastre, as doações privadas dos indianos em prol das vítimas atingiram 80 milhões de dólares. Quatro anos antes, em 2001, a mesma quantia só foi alcançada um ano depois de um fortíssimo terremoto (7.9 na escala Richter) em Guzerate. A filantropia privada na Ásia sempre foi magra. Quando os ricos doam, fazem-no para templos e homens santos. Mas isso parece estar mudando. Azim Premji, multibilionário da área de tecnologia e um dos homens mais ricos da Índia, disse que deixará a maior parte de sua fortuna para uma fundação, na linha do que fez Bill Gates. Anil Aggarwal, outro *self-made* bilionário, anunciou planos de doar 1 bilhão de dólares para a construção de uma nova universidade particular em Orissa, uma das regiões mais pobres do país. Grupos privados e de fins não lucrativos estão se envolvendo em saúde e educação, assumindo funções que deveriam ser do Estado. De acordo com alguns critérios, mais de 25% das escolas e 80% do sistema de saúde da Índia estão agora fora do setor público.[6] A empresa de softwares Infosys Technologies criou uma fundação para prover zonas rurais de hospitais, orfanatos, salas de aula e livros escolares.

Tudo isso parece familiar. Em um aspecto essencial, a Índia, um dos países mais pobres do mundo, se parece muito com o mais rico, os Estados Unidos: nos dois, a sociedade assegurou seu predomínio sobre o Estado. Essa fórmula terá tanto sucesso na Índia como tem na América? A sociedade pode substituir o Estado?

A NECESSIDADE DE GOVERNO

O Estado indiano é freqüentemente denegrido, mas tem sido um sucesso estrondoso em uma de suas frentes: a democracia da Índia é realmente extraordinária. Apesar de sua pobreza, o país mantém o regime democrático há quase sessenta anos. Se alguém perguntar — "No aspecto político, como será a Índia dentro de trinta anos?" —, a resposta é óbvia — "Como hoje, uma democracia". A democracia favorece o populismo, a demagogia e as protelações. Mas favorece também a estabilidade de longo prazo.

O sistema político indiano deve muito às instituições criadas pelos ingleses há mais de duzentos anos. Em muitos outros lugares da Ásia e da África, a presença britânica foi relativamente temporária. Na Índia, considerada a jóia da coroa imperial, eles ficaram durante séculos, e criaram instituições duradouras de governo em todo o país — tribunais, universidades, órgãos administrativos. Mas, talvez o mais importante, a Índia teve sorte com o veículo de sua independência — o Partido do Congresso — e sua primeira geração de líderes pós-independência, que cultivaram as melhores tradições britânicas e se apoiaram em velhos costumes indianos para reforçá-las. Homens como Jawaharlal Nehru talvez não soubessem muito de economia, mas entendiam de liberdade política e de como assegurá-la.

O fato de que já existia uma estrutura política e institucional é um ponto forte importante da Índia. Evidentemente, a corrupção disseminada e o clientelismo político corroeram muitas dessas instituições, em alguns casos ao ponto de torná-las irreconhecíveis. A Índia tem uma estrutura administrativa incrivelmente moderna — em teoria. Possui tribunais, burocracias e órgãos com uma constituição, mandato e independência corretas — em teoria. Mas, apesar dos abusos de poder, essa estrutura básica trouxe vantagens enormes. O país não teve de inventar um banco central independente: já tinha um. Não precisará criar tribunais independentes: basta simplesmente sanear os existentes. E, alguns dos órgãos do país, como a Comissão Eleitoral nacional, já são honestos, eficientes e amplamente respeitados.

O Estado indiano teve sucesso em algumas dimensões, mas fracassou em muitas outras. Nas décadas de 1950 e 1960, a Índia tentou modernizar-se criando um modelo econômico "misto" entre o capitalismo e o comunismo. O resultado foi um setor privado manietado e submetido a um excesso de regulamentações e um setor público corrupto e completamente ineficaz. Os resultados foram fracos e, nos anos 70, à medida que o país guinava mais ao socialismo, tornaram-se desastrosos. Em 1960, seu PIB per capita era maior que o da China e equivalia a 70% do da Coréia do Sul; hoje, é menos de dois quintos do chinês; o da Coréia é vinte vezes maior.

Talvez o mais deprimente seja a classificação do país no Índice de Desenvolvimento Humano das Nações Unidas, que avalia os países não apenas por renda, mas por saúde, alfabetização e outros critérios desse tipo. Entre 177 países, a Índia ocupa o 128º lugar, atrás de Síria, Sri Lanka, Vietnã e República Dominicana. A porcentagem de alfabetização feminina é chocante: 48%.

Apesar de montanhas de retórica sobre ajuda aos pobres, o governo indiano se ocupou muito pouco deles, mesmo quando comparado com o governo de muitos outros países pobres. Fez pouquíssimos investimentos no seu capital humano — em saúde e em educação —, e, quando essa preocupação entrou no orçamento, o dinheiro raramente foi bem gasto. Na década de 1980, o primeiro-ministro Rajiv Gandhi estimou que, de cada dez rúpias destinadas oficialmente aos pobres, apenas uma chegava realmente às pessoas necessitadas.

Podemos culpar a democracia por esses problemas? Não totalmente. Políticas e administrações ruins produzem fracassos, sejam elas comandadas por ditadores ou democratas. Ainda assim, certos aspectos da democracia podem se revelar problemáticos, em especial num país com pobreza endêmica, feudalismo e analfabetismo. Na Índia, democracia, com muita freqüência, não significa a vontade da maioria, mas a de minorias organizadas — donos de terras, castas poderosas, fazendeiros ricos, sindicatos governamentais, bandidos locais (quase um quinto dos membros do Parlamento indiano foi acusado de crimes, entre eles desfalque, estupro e assassinato). Essas minorias organizadas são mais ricas do que a maioria de seus concidadãos e saqueiam os cofres estatais para que as coisas não mudem. O Partido Comunista da Índia, por exemplo, não faz campanha em prol do crescimento econômico para beneficiar os miseráveis, mas para manter as condições relativamente privilegiadas dos trabalhadores sindicalizados e dos apparatchiks do Partido. Na verdade, a esquerda indiana se opõe, em grande medida, às políticas que finalmente reduziram a pobreza da massa. Em todas essas posturas ideológicas e políticas, os interesses dos 800 milhões de indianos que ganham menos de dois dólares por dia são freqüentemente esquecidos.

Mas a democracia também pode corrigir os erros, como a

democracia indiana fez em uma questão crucial. Na década de 1990, um terrível nacionalismo hindu se espalhou pelo país e conquistou sua política, por meio do Partido Bharatiya Janata (BJP). Ele estimulou as animosidades contra os muçulmanos e também explorou a pura realidade política de que a população muçulmana da Índia não tem poder, quase por definição. Desde que as áreas da Índia britânica onde eles eram maioria se tornaram o Paquistão e Bangladesh, os muçulmanos constituem em quase toda a Índia uma minoria fraca. Com o passar do tempo, o incitamento do BJP ao ódio e à violência saiu pela culatra. Em 2004, um governo totalmente secular chegou ao poder, liderado por Manmohan Singh, o ex-ministro das Finanças que havia aberto a economia da Índia no verão de 1991. Num ato de sabedoria e contenção, Sonia Gandhi, que conduziu sua coalizão à vitória nas urnas, decidiu nomear Singh primeiro-ministro, em vez de assumir ela mesma o cargo. Em conseqüência, de forma bastante inesperada, o sistema democrático caótico e muitas vezes corrupto do país teve como chefe de governo um homem de imensa inteligência, integridade irrepreensível e profunda experiência. Singh, doutor pela universidade de Oxford, já havia dirigido o Banco Central, o Ministério do Planejamento e o das Finanças. Desde Nehru, nenhum primeiro-ministro indiano teve amplitude, profundidade e decência comparáveis às suas.

Mas as credenciais e o caráter de Singh não ajudaram muito. O ritmo das reformas indianas desapontou os que desejavam o bem do país. Desde o surto inicial de reformas nos anos 90, os governos, tanto de Nova Déli como dos estados, têm sido cautelosos na eliminação de subsídios e proteções. E não impulsionaram novas iniciativas pró-crescimento, como a criação de grandes zonas econômicas ou projetos de infra-estrutura. Às vezes, propuseram programas novos que se pareciam suspeitamente com projetos que tiveram pouco sucesso no passado. Mas a culpa dessa paralisia não pode ser jogada totalmente nas costas do governo. Uma mudança de partido no poder não provocará reformas ao estilo chinês. As reformas econômicas produzem crescimento, mas também deslocamentos — e aqueles prejudicados pela mudança sempre protestam mais alto do que aqueles beneficiados por ela. Acrescente-se a isso uma política confusa de coalizões — alguém, em algum lugar, sempre pode bloquear uma proposta de reforma — e temos a receita do movimento lento, um passo adiante e três quartos de passo para trás. É o preço da democracia.

Apesar da falta de novas políticas de longo alcance, há uma determinação serena tanto do setor privado como do público de continuar avançando. Por trás da cacofonia da política indiana, há realmente um amplo consenso entre os principais atores quanto à direção da marcha. O BJP, maior partido de oposição, critica o governo de Singh em duas frentes: reformas econômicas e pró-americanismo. Na verdade, quando estava no governo, adotou exatamente as mesmas posições de Singh. A flecha pode estar avançando lentamente, mas vai na direção certa. Todas as semanas, lêem-se notícias sobre regulamentações que são facilitadas ou necessidades de autorizações que são eliminadas. Essas "reformas sub-reptícias" — pequenas demais para atrair uma oposição vigorosa da esquerda não-reconstruída — fazem sentido. E a população a favor das reformas continua aumentando. A classe média já conta com 300 milhões de pessoas. A Índia urbana, não o país como um todo, mas uma fatia grande e influente dele. E o dinamismo do setor privado compensa, em certa medida, a imobilidade do setor estatal.

De qualquer modo, não há outro caminho. A democracia é o destino da Índia. Um país tão diversificado e complexo não pode ser governado de outra forma. A tarefa que cabe ao político indiano inteligente é usar a democracia a favor do país. Em certo sentido, isso já está acontecendo. O governo começou recentemente a investir em educação e saúde rural e está tratando de aumentar a produtividade agrícola. A boa economia pode, às vezes, produzir boa política — ou, ao menos, é o que a Índia espera. A partir de 1993, a democracia também se ampliou para dar mais voz às aldeias nos assuntos que lhes são pertinentes. Os conselhos locais devem reservar 33% de seus assentos para as mulheres, e agora são 1 milhão delas eleitas em aldeias de todo o país, com acesso a uma plataforma de onde podem exigir educação de mais qualidade e atendimento à saúde. A liberdade de informação também está sendo expandida, na esperança de que as pessoas venham a exigir governos melhores de seus líderes e administradores locais. É um desenvolvimento de baixo para cima, com a sociedade empurrando o Estado.

O Estado responderá? Montado durante o Raj britânico, imensamente expandido na era socialista, ele está cheio de burocratas apaixonados por seus pequenos poderes e privilégios. A eles se associam os políticos que gozam do poder clientelista. Outros ainda estão casados com idéias de socialismo e solidariedade terceiro-mundista. Essas opiniões são compartilhadas por muitos intelectuais e jornalistas, que são bem escolados nas últimas idéias radicais — de cerca de 1968, quando estavam na universidade. À medida que a Índia muda, essas velhas elites são ameaçadas e redobram seus esforços. Muitos membros da classe dirigente se sentem deslocados na sociedade moderna, aberta, comercial que vêem crescer ao seu redor.

No fim das contas, o governo importa. Até mesmo os maiores sucessos da Índia — suas empresas privadas — não poderiam florescer sem um mercado de ações bem regulamentado e um sistema financeiro que tem transparência, regulamentação e que cumpre a lei — todas funções governamentais. A indústria das telecomunicações foi criada por desregulamentação e nova regulamentação inteligentes do governo. Os Institutos de Tecnologia indianos foram criados pelo Estado. O setor privado não pode resolver a crise de Aids do país, suas deficiências de educação rural ou seus problemas ambientais. A maioria dos indianos, em particular os pobres, quase não interage com seu governo. Julgam-no ineficaz ou corrupto, ou ambos. Isso talvez seja o motivo de o sentimento contra aqueles que estão no poder ser a força mais determinante nas eleições indianas nas últimas três décadas: os indianos constantemente expurgam os vagabundos, na esperança de que o governo fique melhor. E os eleitores têm razão. Se a governança da Índia não melhorar, o país jamais realizará seu potencial.

Talvez seja esse o paradoxo central da Índia de hoje. Sua sociedade está aberta, ansiosa e confiante, pronta para enfrentar o mundo. Mas seu Estado — sua classe dirigente — é hesitante, cauteloso e desconfiado de mudar a realidade ao seu redor. Em nenhuma área essa tensão é mais óbvia do que na política externa, na tarefa cada vez maior e importante de determinar como a Índia deve se encaixar no mundo novo.

CEGO E DESDENTADO

Depois de conquistar sua independência, a Índia estava ansiosa por desempenhar um grande papel no palco mundial. Essa ambição foi herdada da Grã-Bretanha, que dirigia boa parte do império a partir de Nova Déli. Foi de lá que os ingleses administraram o Iraque nas décadas posteriores à Primeira Guerra Mundial. Foram soldados indianos que levaram a cabo as cruzadas imperiais no Oriente Médio e em outros lugares. O *India Office* era um centro fundamental de poder mundial, a extensão mais importante do Império Britânico, e os indianos observavam e aprendiam o grande jogo do poder do ponto de vista da superpotência da época.

Nehru, o primeiro premiê da Índia, estava em casa nessa tradição. Havia sido educado como um cavalheiro inglês, em Harrow e Cambridge, viajou e leu muito e escreveu extensamente sobre assuntos mundiais. Sua compreensão da história era extraordinária. Durante uma das muitas passagens pelas prisões da Índia britânica, de 1930 a 1933, ele redigiu uma série de cartas para a filha que delineavam toda a história da humanidade, de 6000 a.C. ao século XX, detalhavam a ascensão e queda de impérios, explicavam guerras e revoluções e descreviam o perfil de reis e democratas — tudo isso sem acesso a uma biblioteca. Em 1934, as cartas foram coligidas e publicadas no livro *Glimpses of world history* [Visões de relance da história mundial], que recebeu elogios internacionais. O *New York Times* saudou-o como "um dos livros mais notáveis já publicados".

Não surpreende, portanto, que Nehru tenha se tornado a figura dominante da política externa indiana. Durante toda a sua gestão como primeiro-ministro, de 1947 a 1964, ele foi seu próprio ministro das Relações Exteriores. Um dos primeiros secretários do exterior,* K. P. S. Menon, explica em sua autobiografia: "Não tínhamos precedentes a recorrer, porque a Índia não teve política externa própria até se tornar independente. Não tínhamos nem mesmo uma seção de pesquisa histórica até eu criar uma. [...] Nossa política, portanto, baseava-se necessariamente na intuição de um homem, que era o ministro do Exterior Jawaharlal Nehru". Isso significou que a primeira política externa da Índia foi comandada pelos princípios e preconceitos de Nehru, que eram peculiares. Ele era idealista, até mesmo moralista. Era

* O secretário é o funcionário (burocrata) mais graduado do Ministério de Relações Exteriores.

a favor do não-alinhamento e contra a Guerra Fria. Seu mentor, Mahatma Gandhi, era um pacifista intransigente que costumava dizer: "Olho por olho, dente por dente, e logo o mundo estará cego e desdentado". O mahatma era reverenciado na Índia quase como um deus, e sua estratégia de não-violência havia vencido um império. Tal como muitos de seus seguidores, Nehru estava decidido a traçar um novo rumo nos assuntos internacionais que estivesse à altura desses ideais.

Nehru baseou a política externa indiana em idéias abstratas, em vez de numa concepção estratégica dos interesses nacionais. Desprezava alianças, pactos e tratados, considerando-os parte das velhas regras da realpolitik, e não se interessava por assuntos militares. Pediu a seu amigo lorde Mountbatten, o último vice-rei britânico (que foi por um breve momento o primeiro chefe de Estado da Índia), que organizasse a burocracia da defesa e interveio somente para resistir a qualquer recomendação que transferisse poder demais aos militares uniformizados, algo que o fazia lembrar da estrutura imperial britânica. Quando Mountbatten sugeriu a nomeação de um poderoso chefe de estado-maior da Defesa, Nehru recusou, pois queria ter um ministro civil. Com uma semana de seu governo, foi ao Ministério da Defesa e ficou furioso ao encontrar oficiais militares trabalhando lá (como fazem em todos os ministérios de Defesa do mundo). Desde então, todo o pessoal do serviço armado que trabalhava no "Bloco Sul" de Nova Déli passou a usar trajes civis. Durante boa parte de seu governo, o ministro da Defesa foi V. K. Krishna Menon, um confidente político íntimo que estava ainda menos interessado em assuntos militares, preferindo o prolixo combate ideológico no Parlamento ao planejamento estratégico.

A política externa indiana em suas primeiras décadas tinha um caráter etéreo, cheia de retórica sobre a paz e a boa vontade. Muitos observadores ocidentais achavam que essas beatices eram uma cortina de fumaça atrás da qual o país estava astutamente perseguindo seus interesses. Mas, às vezes, o que você vê é o que há para ver. Em muitas de suas negociações, Nehru tendia a pôr a esperança acima da avaliação.* Por exemplo, quando foi avisado de que a China comunista tentaria provavelmente anexar o Tibete, ele duvidou disso, dizendo que seria uma aventura insensata e impraticável. E, mesmo depois que Pequim anexou efetivamente o Tibete, em 1951, Nehru não reavaliou os interesses chineses ao longo da fronteira setentrional da Índia. Em vez de negociar a fronteira em disputa com a China, anunciou a posição indiana unilateralmente, convencido de sua correção. E, por isso, ficou arrasado quando a China invadiu a Índia em 1962, resolvendo a disputa decisivamente a seu favor. "Estamos perdendo o contato com a realidade no mundo moderno e estamos vivendo numa atmosfera artificial de criação nossa", disse Nehru em discurso nacional. Ele nunca mais foi o mesmo. Morreu no exercício do governo, dois anos mais tarde.

Embora a retórica tenha, com freqüência, permanecido santimonial, as políticas da Índia se tornaram mais realistas ao longo do tempo. Por ironia, elas foram especialmente duras e sagazes durante o reinado da filha de Nehru, Indira Gandhi. A elite que cuidava da política externa passou por um processo silencioso de maturação. Mas, mesmo assim, Nova Déli ainda não conseguia desempenhar um papel maior no mundo. Nehru e Indira Gandhi eram figuras internacionais, mas a Índia atuava sob severos constrangimentos. Os conflitos na vizinhança — com Paquistão, China, Sri Lanka — mantinham-na amarrada e com al-

* Em um livro recente, *Nehru: The Inventor of India*, o diplomata e erudito da ONU Shashi Tharoor escreveu que, em 1952, Nehru recusou uma proposta dos Estados Unidos para que assumisse o assento permanente no Conselho de Segurança da ONU, então ocupado por Taiwan, sugerindo que o lugar fosse dado à China.

cance limitado. Na Guerra Fria, o país acabou frouxamente aliado à União Soviética e, portanto, do lado perdedor daquela longa luta. Por fim, e de modo crucial, o desempenho econômico da Índia ia de mal a pior, o que impunha limites profundos a seus recursos, atratividade, estatura e influência.

Como mostrou o analista C. Raja Mohan, ao longo da última década a maior parte dessas condições mudou.[7] A Guerra Fria não existe mais, a Índia começou a crescer rápido e as relações com seus vizinhos — da China ao Paquistão e ao minúsculo Butão — melhoraram sensivelmente. Em conseqüência, a Índia passou a desempenhar um papel muito maior no mundo e está preparada para finalmente se tornar uma grande potência. E no centro de seu novo papel está uma relação muito mais estreita com os Estados Unidos.

A ÁGUIA E A VACA

A maioria dos americanos ficaria provavelmente surpresa ao saber que a Índia é, pelo menos segundo uma pesquisa, o país mais pró-americano do mundo. A Pesquisa sobre Atitudes Globais do Centro de Pesquisas Pew, divulgada em junho de 2005, perguntou a pessoas de dezesseis países se tinham uma impressão favorável dos Estados Unidos. Num resultado espantoso, 71% dos indianos responderam "sim". Somente os próprios americanos tinham uma opinião mais favorável de seu país (83%). Os números são um pouco menores em outras pesquisas, mas o resultado básico continua válido: os indianos sentem-se extremamente confortáveis e bem-dispostos em relação aos Estados Unidos.

Uma razão para isso talvez seja o fato de que, durante décadas, o governo indiano tentou enfiar o antiamericanismo goela abaixo de seu povo. (Quando explicavam as misérias da Índia nos anos 70, os políticos falavam com tanta freqüência da "mão oculta" — referência à CIA ou à interferência americana em geral —, que o cartunista R. K. Laxman passou a desenhar como uma mão verdadeira que causava todos os tipos de desastres.) Mas mais importante é o fato de que os indianos compreendem os Estados Unidos. Trata-se de uma sociedade barulhenta, aberta, com um sistema democrático caótico, como o deles. Seu capitalismo se parece claramente com a competição encarniçada americana. Muitos indianos urbanos estão familiarizados com os Estados Unidos, falam sua língua e, na verdade, conhecem alguém que vive lá, possivelmente até um parente.

A comunidade indiano-americana estabeleceu uma ponte entre as duas culturas. A expressão usada com freqüência para descrever a saída dos indianos de seu país é "evasão de cérebros". Mas tem sido mais parecido com uma "adição de cérebros", para ambos os lados. Os indianos no exterior desempenharam um papel crucial na abertura da mãe pátria. Eles retornam à Índia com dinheiro, idéias de investimento, padrões globais e, o que é mais importante, um sentimento de que os indianos podem realizar qualquer coisa. É famosa a pergunta de um parlamentar à então primeira-ministra Indira Gandhi: "Por que os indianos parecem ter sucesso em qualquer lugar, exceto em seu próprio país?". Histórias de indianos que escalam os mais altos picos nos Estados Unidos geraram orgulho e emulação na Índia. Por sua vez, os americanos aceitaram com mais facilidade a Índia porque tiveram uma experiência positiva com os indianos em seu país.

Se os indianos compreendem os Estados Unidos, os americanos entendem a Índia. Eles ficam perplexos e perturbados com as elites dirigentes impenetráveis, como o Politburo chinês ou o Conselho dos Guardiões iraniano. Mas uma democracia briguenta que anda para a frente e para trás, e para os lados, *isso* eles compreendem. Durante as negociações sobre questões nucleares, os americanos observaram o que estava acontecendo em Nova Déli — gente contrária ao acordo vazando histórias negativas de dentro do governo, adversários políticos usando a questão para obter vantagens em assuntos não relacionados — e acharam tudo muito familiar. Coisas semelhantes ocorrem todos os dias em Washington.

A maioria dos países mantém relações que são quase exclusivamente entre governos. Pensemos nas ligações entre os Estados Unidos e a Arábia Saudita, restritas quando muito a apenas umas poucas dezenas de altos funcionários. Mas, às vezes, desenvolvem-se laços não apenas entre Estados, mas também entre sociedades. Os Estados Unidos desenvolveram relações que são muito mais do que estratégicas em dois outros casos: com a Grã-Bretanha e, depois, com Israel. Em ambos os casos, os laços eram amplos e profundos, indo muito além de funcionários dos governos e negociações diplomáticas. Os dois países se conheciam e se compreendiam mutuamente — e, em conseqüência, tornaram-se parceiros naturais e quase permanentes.

Uma relação desse tipo entre Estados Unidos e Índia é, em algum grau, um tanto inevitável. Independentemente da assinatura de novos tratados entre os dois países, as duas *sociedades* estão ficando cada vez mais entrelaçadas. Uma língua comum, uma visão de mundo familiar, um fascínio crescente mútuo, tudo isso está unindo executivos, ativistas não-governamentais e escritores. Isso não significa que os dois países concordarão em todas as questões políticas. Afinal, Roosevelt e Churchill discordaram sobre várias questões em sua estreita aliança durante a guerra, em especial sobre a independência da Índia, e os Estados Unidos romperam com os ingleses quando da crise de Suez, em 1956. Ronald Reagan, apoiador incondicional de Israel, condenou a invasão israelense do Líbano em 1978. Washington e Nova Déli são grandes potências com compromissos e preocupações externas complexas. Têm interesses diferentes e, portanto, entrarão inevitavelmente em contendas. É preciso considerar também que, ao contrário de Grã-Bretanha e Estados Unidos, eles têm diferentes perspectivas sobre o mundo. A história, a religião e a cultura indianas afastarão o país de uma visão de mundo puramente americana.

A VISÃO DE MUNDO HINDU

Apesar de um sentimento crescente de competição, a Índia está, na verdade, se aproximando da China em certo aspecto, aquele que se relaciona com a entrada dos dois países no cenário global. A Índia afastou-se do farisaísmo da era de Nehru, bem como da combatividade da época de Indira Gandhi. Agora, o desenvolvimento é sua absoluta prioridade nacional e o fator determinante em suas políticas externa e interna. O primeiro-ministro Manmohan Singh repetiu várias vezes que a meta da política externa indiana é paz e estabilidade para permitir o desenvolvimento — a mesma fórmula articulada em Pequim. Os políticos indianos estão muito mais conscientes agora do desafio imenso que representa desenvolver uma vasta sociedade — em especial, uma sociedade democrática em que as pressões internas são sentidas com rapidez e profundidade — e estão concentrados quase que totalmente em questões internas. Os assuntos externos são vistos como uma maneira de ajudar a resolver essas preocupações dominantes. Essa tensão — um país que é uma potência mundial e, ao mesmo tempo, *muito pobre* — tenderá a limitar o ativismo da Índia no exterior. Isso significa, sobretudo, que o país não desejará se ver envolvido ativamente numa estratégia de medir forças em relação à China, que está se tornando sua principal parceira comercial.

É preciso levar em conta também a cultura indiana, que tem

uma perspectiva fundamental e uma visão do mundo próprias. Os hindus, tal como os confucianistas, não acreditam em Deus. Eles crêem em *centenas de milhares* de deuses. Cada seita e subseita do hinduísmo cultua seu próprio deus, deusa ou criatura sagrada. Cada família forja sua versão distinta do hinduísmo. Pode-se dar atenção a algumas crenças e a outras não. Pode-se não acreditar em nenhuma. Pode-se ser vegetariano ou comer carne. Pode-se rezar ou não. Nenhuma dessas escolhas determina se alguém é hindu. Não há heresia ou apostasia, porque não existe um conjunto central de crenças, nenhuma doutrina e nenhum mandamento. Nada é exigido, nada é proibido.

Sir Monier Monier-Williams, professor de sânscrito da cadeira Boden da Universidade de Oxford de 1860 a 1899, foi talvez o primeiro ocidental a estudar o hinduísmo de forma abrangente. Nascido em Bombaim, ele fundou o Instituto Indiano de Oxford, que se tornou um centro de treinamento para futuros líderes do Raj britânico. Seu livro *Hinduism*, publicado pela primeira vez em 1877, baseava-se em textos antigos em sânscrito, bem como no conhecimento prático do hinduísmo contemporâneo. Ele escreveu:

> [O hinduísmo] é completamente tolerante. [...] ele tem seu aspecto espiritual e seu aspecto material, é esotérico e exotérico, é subjetivo e objetivo, é racional e irracional, é puro e impuro. Pode ser comparado a um imenso polígono. [...] Tem um lado para o prático, outro para o severamente moral, outro para o devoto e imaginativo, outro para o sensível e sensual, e outro para o filosófico e especulativo. Aqueles que se satisfazem com observâncias cerimoniais julgam-no suficiente; aqueles que negam a eficácia das obras e fazem da fé o único requisito não precisam se afastar de seu seio; aqueles que são viciados em objetos sensuais podem ter seus gostos gratificados; aqueles que se deliciam em meditar sobre a natu-

reza de Deus e do Homem, a relação entre matéria e espírito, o mistério da existência separada e a origem do mal, podem se entregar ao amor pela especulação. E essa capacidade para uma expansão quase sem fim provoca divisões sectárias quase sem fim, até mesmo entre os seguidores de uma determinada linha de doutrina.

O exemplo mais notável da capacidade de absorção do hinduísmo é o modo como incorporou o budismo. Buda era indiano e o budismo foi fundado na Índia, mas não há praticamente budistas no país hoje. Não se trata de uma conseqüência de perseguições. Na verdade, trata-se do oposto. O hinduísmo absorveu tão plenamente a mensagem do budismo que simplesmente envolveu o credo. Agora, se quisermos encontrar budistas, temos de nos afastar do local de sua fundação e viajar milhares de quilômetros, até a Coréia, a Indonésia e o Japão.

O escritor bengali Nirad Chaudhuri foi levado à exasperação pela complexidade do hinduísmo. "Quanto mais se estudam os detalhes da religião, mais desconcertante ela parece", escreveu ele. "Não é simplesmente o fato de que não conseguimos ter uma idéia intelectual bem definida de todo o complexo: não é possível nem ter uma reação emocional coerente."[8] O hinduísmo não é realmente uma "religião" no sentido abraâmico da palavra, mas uma filosofia imprecisa, que não tem respostas, mas apenas perguntas. O único princípio orientador claro é a *ambigüidade*. Se há um poema central no *Rig Veda*, o texto mais importante do hinduísmo, é o Hino da Criação. Nele lemos:

> Quem sabe realmente, e quem pode jurar,
> Como houve a criação, quando e onde!
> Até os deuses vieram depois do dia da criação,
> Quem sabe realmente, quem pode dizer de fato
> Quando e como começou a criação?

Ele a fez? Ou não a fez?
Somente Ele, lá em cima, sabe, talvez;
Ou, quem sabe, nem Ele.

Compare-se isso com as certezas do Livro do Gênesis.

Mas o que isso tudo significa para o mundo real? Os hindus são profundamente práticos. Eles são capazes de encontrar facilmente uma acomodação com a realidade externa. Os homens de negócios indianos — que ainda são, em sua maioria, hindus — podem prosperar em quase qualquer atmosfera que permita o comércio interno e externo. Seja nos Estados Unidos, na África ou no Extremo Oriente, os comerciantes indianos prosperaram em todos os países em que vivem. Desde que possam colocar um pequeno ídolo em algum lugar de sua casa para meditação e culto, seu sentimento de hinduísmo está satisfeito. Tal como o budismo, o hinduísmo promove a tolerância das diferenças, mas também a absorção delas. Na Índia, o islamismo se alterou graças ao contato com o hinduísmo, tornando-se menos abraâmico e mais espiritual. Os muçulmanos indianos cultuam santos e santuários, celebram a música e a arte e têm uma perspectiva mais prática sobre a vida do que muitos de seus correligionários de outros países. Embora a ascensão do fundamentalismo islâmico nas últimas décadas tenha atrasado o islã na Índia, tal como o fez em outros lugares, ainda existem forças sociais mais amplas que o puxam para a corrente central da sociedade indiana. Isso talvez explique a notável estatística (que pode se revelar um exagero) de que, embora existam 150 milhões de muçulmanos na Índia que viram a ascensão dos talibãs e da Al Qaeda nos vizinhos Afeganistão e Paquistão, não se descobriu nenhum muçulmano indiano afiliado a essa organização terrorista.

E o que dizer da política externa? Está claro que os indianos se sentem basicamente mais à vontade com a ambigüidade e a incerteza do que muitos ocidentais — com certeza, mais do que os anglo-americanos. É improvável que vejam a política externa como uma cruzada ou a conversão dos outros à democracia como uma aspiração nacional preeminente. A mentalidade hindu é a do "viva e deixe viver". Desse modo, os indianos também são avessos aos compromissos públicos e obrigatórios da orientação básica do país. A Índia não se sentirá confortável ao ser chamada de "principal aliada" dos Estados Unidos na Ásia, ou de parte de uma nova "relação especial". Esse desconforto com definições puras e explícitas de amigo ou inimigo talvez seja um traço asiático. A OTAN talvez tenha sido uma aliança perfeita para um grupo de países ocidentais — uma aliança formal contra o expansionismo soviético, com instituições e exercícios militares. Na Ásia, a maioria das nações resistirá a mecanismos de equilíbrio tão explícitos. Eles podem todos se precaver contra a China, mas *nenhum jamais admitirá isso.* Seja devido à cultura ou à circunstância, será a política do poder que não ousa dizer seu nome.

Contudo, tal como na China, o DNA cultural na Índia precisa ser complementado com a história mais recente. Com efeito, o país passou por uma experiência única como parte do Império Britânico: aprendeu inglês, adotou as instituições políticas e jurídicas inglesas, executou políticas imperiais. As idéias liberais permeiam agora o pensamento indiano, a tal ponto que elas se tornaram, de certo modo, locais. A visão de mundo e a política externa de Nehru se formaram sob influências que eram predominantemente ocidentais, liberais e socialistas. O debate sobre direitos humanos e democracia que se trava no Ocidente hoje encontra um lugar confortável em Nova Déli, Mumbai e Chennai. Os jornais e as ONGs indianas manifestam as mesmas preocupações e soam os mesmos alarmes de seus equivalentes ocidentais. Ecoam as mesmas críticas ao governo que se escutam em Londres, Paris e Washington. Mas é verdade que essas atitudes se encontram mais na elite que fala inglês — ainda uma minoria no país —, que, sob certos aspectos, se sente mais à vontade no mundo ocidental do que em seu próprio (perguntem a um empresário, professor, cientista ou burocrata indiano instruído qual foi o último livro que leu em outro idioma que não o inglês). Mahatma Gandhi era uma figura mais caracteristicamente indiana. Suas idéias sobre política externa eram uma mistura de não-violência hindu com radicalismo ocidental, completada por uma praticidade astuta que vinha provavelmente do fato de pertencer à classe dos comerciantes. Quando Nehru disse que era o "último" inglês a governar a Índia, ele percebia que, à medida que o país se desenvolvesse, suas raízes culturais apareceriam com mais clareza e seria dirigido por indianos mais "autênticos". Essas influências ocidentais e indianas cruzadas se desenvolvem em um mundo muito moderno que muda com muita rapidez, onde a economia e a política, às vezes, puxam em direções diferentes.

POTÊNCIA NUCLEAR

O acordo nuclear proposto entre os Estados Unidos e a Índia oferece uma ilustração fascinante da tensão entre uma visão puramente econômica da globalização, de um lado, e a política do poder, de outro. Em 2007, Washington colocou suas relações com Nova Déli num plano mais alto de cooperação, com a negociação de um acordo nuclear. Isso pode parecer uma questão para os bitolados da política, mas esse acordo é realmente importante. Se for bem-sucedido, alterará o cenário estratégico e fará da Índia, de modo firme e irrevogável, um ator importante no palco global, normalizando sua situação nuclear furtiva e cimentando sua parceria com os Estados Unidos. O acordo põe a Índia em pé de igualdade com os outros membros do clube nuclear: Estados Unidos, Grã-Bretanha, França, Rússia e China.

De acordo com o Tratado de Não-Proliferação Nuclear, o país que possuísse armas nucleares em 1968 seria considerado um Estado nuclear legítimo, e qualquer país que as desenvolvesse depois dessa data, um fora-da-lei (trata-se da mãe de todas as cláusulas de isenção). A Índia, que explodiu um artefato nuclear em 1974, é o país mais importante e a única potência global em potencial que está fora do sistema de não-proliferação. Para o governo Bush, incluí-la é crucial para a sobrevivência do sistema. Por motivos semelhantes, Mohamed ElBaradei, chefe da Agência Internacional de Energia Atômica (que está encarregada de monitorar e fazer valer a não-proliferação), tem apoiado incondicionalmente o acordo indo-americano.[9] O regime de não-proliferação nuclear sempre temperou o idealismo com uma saudável dose de realismo. Afinal, os Estados Unidos andam pelo mundo a dizer aos outros países que algumas ogivas nucleares a mais são perigosas e imorais, enquanto armazenam milhares de armas nucleares próprias.

Para a Índia, o acordo nuclear se resume a algo muito simples: o país é mais parecido com a China ou com a Coréia do Norte? Nova Déli argumenta que o mundo deveria aceitá-la como potência nuclear e, em troca, a Índia estaria disposta a tornar seu programa o mais seguro possível. Até o governo Bush, durante décadas, a política americana foi tentar reverter o programa de armas indiano, numa tentativa infrutífera. A Índia passou 33 anos submetida a sanções americanas sem arredar pé — mesmo quando era um país muito mais pobre —, e quem entende o país sabe que passaria tranqüilamente outros tantos antes de pensar em desistir de suas armas nucleares.

Do ponto de vista econômico, o acordo nuclear não é tão essencial para a Índia. Ele proporcionaria um maior acesso do país a tecnologias nucleares pacíficas, o que é importante para suas necessidades de energia. Mas isso significa uma parte pequena de sua trajetória geral de desenvolvimento. Os incentivos da globalização poderiam levar Nova Déli a parar de desperdiçar tempo com essa questão e concentrar-se no desenvolvimento, ao mesmo tempo que adiaria essas preocupações para uma data futura. Há muitas formas de energia alternativa, como mostram a Alemanha e o Japão, que alcançaram o status de grande potência sem armas nucleares.

As aspirações nucleares da Índia, no entanto, tem a ver com o orgulho nacional e a estratégia geopolítica. Muitos políticos e diplomatas indianos se ressentem do fato de que seu país ocupará sempre uma posição secundária em comparação com a China, a Rússia e as outras potências nucleares. Em todos esses países, nenhum reator está sob qualquer regime de inspeção, mas a Índia poria dois terços de seu programa sob o controle da Agência Internacional de Energia Atômica. A desigualdade com a China ofende especialmente Nova Déli. As autoridades indianas apontarão que a China tem uma longa história de favorecimento da proliferação nuclear, cujo exemplo mais claro é o Paquistão. Contudo, os Estados Unidos têm um acordo com Pequim para compartilhar tecnologia nuclear para fins pacíficos. A Índia, dizem esses altos funcionários, é um país democrático e transparente, com um passado imaculado de não-proliferação. No entanto, negaram-lhe essa cooperação nos últimos 33 anos.

Nesse quesito, a globalização e a geopolítica atuam em níveis diferentes. Muitos defensores americanos do desarmamento nuclear — a quem os indianos chamam de "aiatolás da não-proliferação" — se opõem ao acordo, ou só o aceitariam se a Índia limitasse sua produção de material físsil. Mas — diz Nova Déli — olhem para o mapa: a Índia faz fronteira com a China e o Paquistão, ambos Estados com armas nucleares, e nenhum deles concordou com uma limitação obrigatória (parece que a China parou de produzir plutônio, assim como as outras grandes potências, mas é uma decisão voluntária, tomada, em larga medida, porque já está abarrotada de materiais físseis). A Índia considera que um limite obrigatório é um congelamento nuclear unilateral. Essa realidade estratégica entra também nos cálculos americanos. Os Estados Unidos se opõem há muito tempo a um único país hegemônico dominando a Europa ou a Ásia. Se a Índia fosse forçada a limitar sua força nuclear — sem restrições correspondentes à China —, o resultado seria um desequilíbrio de poder significativo e crescente a favor da China. Robert Blackwill, ex-embaixador americano na Índia, perguntou: por que seria do interesse nacional de longo prazo dos Estados Unidos favorecer um arranjo pelo qual a China se tornaria a potência nuclear dominante e incontestada da Ásia?[10]

Estranhamente, a verdadeira pedra no caminho do acordo não veio de Washington, mas de Nova Déli. Ao receber a maior oferta de sua vida, alguns importantes políticos e intelectuais indianos recusaram-na. "Parece que não sabemos aceitar um sim como resposta", observou um comentarista do canal de notícias indiano NDTV. Enquanto o primeiro-ministro e algumas outras autoridades do governo indiano viam as imensas oportunidades que o acordo abriria para a Índia, outros estavam cegos por velhos preconceitos e panacéias. Muitos membros da elite indiana continuam a enxergar o mundo através de um prisma nehruviano — a Índia como um país pobre e virtuoso do Terceiro Mundo, cuja política externa era neutra e distanciada (e, alguém poderia acrescentar, fracassada). Eles sabem como funcionar naquele mundo, a quem implorar e com quem ser beligerante. Mas um mundo no qual a Índia é uma grande potência se movimenta com confiança no palco global, estabelece regras, em vez de simplesmente se submeter a elas, e no qual é uma parceira do país mais poderoso da história — eis uma proposição totalmente nova e perturbadora. "Por que os Estados Unidos estão sendo bonzinhos conosco agora?", perguntaram-me vários desses comentaristas. Em 2007, eles ainda procuravam a mão oculta.

A classe dos mandarins da China foi capaz de repensar com habilidade e eficácia o novo papel de seu país como potência mundial. Até agora, as elites indianas não se mostraram à altura de seus vizinhos. Qualquer que seja o rumo que o acordo nuclear tome, as dificuldades de sua aprovação em Nova Déli põem em destaque o principal constrangimento ao exercício do poder indiano no futuro próximo. A Índia é uma sociedade forte com um Estado fraco. Ela não consegue colocar o poder nacional a serviço de um objetivo nacional.

UMA EXPRESSÃO GEOGRÁFICA

Percebe-se que a Índia é uma terra estranha não pelos seus encantadores de serpentes, mas pelos resultados de suas eleições: em que outro país um crescimento econômico candente torna um político impopular? Em 2004, a coalizão governante comandada pelo BJP foi para as urnas com os ventos econômicos soprando a seu favor — o país estava crescendo 9% ao ano. Mas o BJP perdeu a eleição. Os intelectuais caseiros, muitos deles de orientação socialista, logo explicaram que a prosperidade havia sido falsa, que o crescimento não "gotejou" para baixo e que o BJP havia esquecido a Índia verdadeira. Mas essa explicação não resiste a um exame mais detalhado. A taxa de pobreza indiana havia caído rapidamente na década de 1990, em números suficientemente grandes para serem notados por todos. E, de qualquer modo, o enigma continuou após 2004. A coalizão do Partido do Congresso (atualmente no poder) sustentou o crescimento acima de

8% durante três anos e, mesmo assim, saiu-se mal em todas as eleições regionais realizadas desde que assumiu o poder. Mesmo com preocupações legítimas quanto à desigualdade e à distribuição de riqueza, há uma conexão entre crescimento robusto e popularidade do governo em quase todos os países do mundo. Por que isso não acontece na Índia?

A Índia é a terra dos sonhos de Thomas (Tip) O'Neill. "Toda a política é local", disse o ex-presidente da Câmara de Deputados, em frase que ficou famosa. Na Índia, esse princípio pode ser esculpido em pedra. As eleições indianas não são realmente nacionais. São antes eleições simultaneamente regionais e locais sem um tema em comum.

A diversidade da Índia tem 4 mil anos e está profundamente enraizada na cultura, na língua e na tradição. Trata-se de um país com dezessete idiomas e 22 mil dialetos que foi, durante séculos, uma coleção de centenas de principados, reinos e Estados separados. Em 1947, quando os britânicos estavam deixando a Índia, o novo governo teve de negociar acordos de adesão com quinhentos governantes, usando de subornos, ameaças e, em alguns casos, coerção militar, a fim de que entrassem para a união indiana. Desde o declínio do Congresso Nacional Indiano, nos anos 70, nenhum partido teve um caráter nacional. Todos os governos formados nas duas últimas décadas foram compostos por uma coalizão de partidos regionais com pouco em comum. Ruchir Sharma, responsável no Morgan Stanley pelo portfólio de 35 bilhões de dólares dos mercados emergentes, observa que a maioria dos 28 estados do país votou a favor de um partido dominante regional, à custa de um assim chamado partido nacional.

Uttar Pradesh ofereceu um exemplo perfeito em 2007. U. P., como é chamado na Índia, é o maior estado do país (se fosse independente, seria o país com a sexta maior população do mundo). Durante a campanha desse ano, os dois partidos nacionais tentaram discutir em suas plataformas o que consideravam as grandes questões nacionais. O BJP trabalhou intensamente para reviver o nacionalismo hindu; o Congresso enfatizou suas credenciais secularistas e jactou-se da taxa de crescimento do país. Os dois partidos ficaram em distantes terceiro e quarto lugares, atrás de partidos locais que enfatizaram questões puramente locais — neste caso, a atribuição de mais poder às castas mais baixas. O que funcionou em U. P. pode não dar certo no sul, ou mesmo em Mumbai. A divisão hindu-muçulmana pode ser extremamente importante em um conjunto de estados, mas ausente em outros. Líderes políticos que são fortes em Tamil Nadu não contam com nenhum partidário no norte. Punjab tem sua cultura política própria que se relaciona com o problema dos siques e com a história das relações entre siques e hindus. Políticos do Rajastão não exercem atração em Karnataka. Eles não falam a língua uns dos outros — literalmente. Seria como realizar eleições em toda a Europa e tentar falar sobre as mesmas questões a eleitores da Polônia, da Grécia, da França e da Irlanda. Winston Churchill disse certa vez que a Índia era "apenas um termo geográfico, sem mais personalidade política do que a Europa". Churchill costumava estar errado em relação à Índia, mas, nesse caso, tinha razão.

A diversidade e a divisão apresentam muitas vantagens. Aumentam a variedade e a energia social do país e evitam que ele sucumba à ditadura. Na década de 1970, quando Indira Gandhi tentou governar de forma autoritária e centralizada, sua tentativa simplesmente não funcionou, provocando revoltas violentas em seis regiões. Nas duas últimas décadas, o regionalismo indiano floresceu e o país encontrou sua ordem natural. Até mesmo o hipernacionalismo se torna difícil num país tão diversificado. Quando o BJP tenta usar o chauvinismo hindu como arma política contra a minoria muçulmana, com freqüência descobre que os hindus de castas mais baixas, bem como os indianos do sul, ficam assustados com a retórica, que lhes parece de casta alta e excludente.

Mas a diversidade e a divisão também complicam o trabalho do Estado indiano. Os problemas da década passada não são um fenômeno transitório: são expressões de uma realidade estrutural da política indiana. Eles tornam difícil para Nova Déli definir um interesse nacional, mobilizar o país em torno dele e depois executar um conjunto de políticas para alcançar suas metas, seja na reforma econômica ou na política externa. O primeiro-ministro não consegue comandar o poder nacional do modo de Nehru; com toda probabilidade, nenhum premiê jamais conseguirá fazê-lo. A direção passou do comandante-em-chefe para o presidente do conselho e o partido governante se tornou o primeiro entre os iguais de uma coalizão. Com freqüência, o governo central cede às prerrogativas e ao poder dos governos regionais, que estão cada vez mais assertivos e independentes. Em termos econômicos, isso significa um futuro de avanços atabalhoados, reformas pequenas e pouca energia e experimentação por parte do Estado. Na política externa, significa que não haverá grandes mudanças de abordagem, poucos compromissos importantes e um papel menos ativo e enérgico no palco mundial. O papel da Índia nos assuntos internacionais vai aumentar. Ela dominará a Ásia meridional. Mas pode não se transformar na potência global que alguns desejam e outros temem. Ao menos, não por algum tempo.

Se Índia e China disputaram uma corrida algum dia, a competição acabou. A economia chinesa é três vezes maior do que a indiana e ainda está crescendo com mais velocidade. A lei da composição nos diz que a Índia só superaria a China economicamente se houvesse mudanças drásticas e constantes na trajetória de ambos os países que durassem décadas. O cenário mais provável é que a China continue bem à frente da Índia. Mas a Índia ainda pode capitalizar suas vantagens — uma economia imensa e em crescimento, uma democracia política atraente, um modelo vibrante de secularismo e tolerância, um conhecimento agudo tanto do Oriente como do Ocidente e uma relação especial com os Estados Unidos. Se conseguir mobilizar essas forças e usá-las em proveito próprio, a Índia ainda pode se tornar poderosa e vir a ser tecnicamente a número dois, três ou quatro do mundo.

Uma experiência pertinente para a Índia de hoje é a dos Estados Unidos no final do século XIX. As restrições internas retardaram substancialmente a ascensão política americana ao poder mundial. Em 1890, os Estados Unidos já haviam ultrapassado a Grã-Bretanha e se tornado a principal economia mundial, mas eram uma potência de segundo escalão em termos diplomáticos e militares. Seu exército ocupava o décimo quarto lugar no mundo, atrás do búlgaro. Sua marinha tinha um oitavo do tamanho da italiana, embora sua força industrial fosse então treze vezes maior. O país participava de poucas reuniões ou congressos internacionais e seus diplomatas eram atores sem muito sucesso no palco mundial. Washington era uma cidade pequena e paroquial, seu governo tinha poderes limitados e a presidência não era, em geral, considerada um cargo essencial. É inegável que os Estados Unidos eram um Estado fraco no final do século XIX e foram necessárias décadas, grandes mudanças internas e profundas crises internacionais para que isso mudasse. Após as depressões e as guerras mundiais, o Estado americano — Washington — cresceu, centralizou-se e ganhou precedência inquestionável sobre os Estados. E os presidentes, de Theodore Roosevelt a Woodrow Wilson, começaram a definir o país como potência mundial.

Em última análise, a base do poderio americano — uma sociedade dinâmica — era sua maior fortaleza e sua fraqueza. Ela produziu a economia gigantesca e a sociedade vibrante. Mas também fez com que sua ascensão fosse hesitante, sua trajetória, errática, e seu envolvimento na cena mundial, sempre frágil. A Índia talvez venha a passar por experiência semelhante: terá uma sociedade capaz de responder esplendidamente às oportunidades de um mundo globalizado, que crescerá e prosperará na economia e na sociedade global. Mas o sistema político indiano é fraco e poroso e, portanto, mal equipado para desempenhar seu papel legítimo nesse mundo novo. Uma série de crises poderia mudar tudo isso, mas, se o sistema não entrar em choque, a sociedade indiana permanecerá à frente do Estado indiano no novo jogo global.

Essa tensão entre sociedade e Estado persiste nos Estados Unidos até hoje. Com efeito, vale a pena não esquecê-la ao nos voltarmos para o ator mais importante do século XXI, perguntando como os Estados Unidos reagirão diante de um mundo pós-americano.

6. O poder americano

Em 22 de junho de 1897, cerca de 400 milhões de pessoas em todo o mundo — um quarto da humanidade — gozaram de um feriado. Era o sexagésimo aniversário da ascensão da rainha Vitória ao trono britânico. O Jubileu de Diamante estendeu-se por cinco dias em terra e no mar, mas seu ponto alto foram o desfile e a missa de Ação de Graças em 22 de junho. Os onze premiês das colônias britânicas estavam presentes, ao lado de príncipes, duques, embaixadores e enviados do resto do mundo. O desfile militar de 50 mil soldados incluía hussardos do Canadá, cavaleiros de Nova Gales do Sul, carabineiros de Nápoles, soldados em camelos de Bikaner, gurkhas do Nepal e muitos, muitos outros. Como escreveu um historiador, foi "um momento romano".

O jubileu foi comemorado com grande ostentação em todos os cantos do império. "Em Hyderabad, um em cada dez condenados foi libertado", escreveu James Morris. "Houve um grande baile em Rangun, um jantar no palácio do sultão em Zanzibar, uma saudação de navios de guerra em Table Bay, uma 'festa monstruosa na escola dominical' em Freetown, uma apresentação do

Coro Aleluia em Happy Valley, em Hong Kong." Bangalore erigiu uma estátua da rainha e Vishakapattnam ganhou um novo prédio para a prefeitura. Em Cingapura, uma estátua de sir Stamford Raffles foi colocada no meio de Padang e uma fonte foi construída no centro dos jardins públicos de Xangai (que nem era uma colônia). Dez mil escolares marcharam pelas ruas de Ottawa acenando bandeiras britânicas. E assim por diante.[1]

Em Londres, Arnold Toynbee, então um menino de oito anos, estava empoleirado nos ombros de seu tio para assistir ao desfile. Aquele que se tornaria o historiador mais famoso de seu tempo relembrou a grandiosidade do dia, que era como se o sol "estivesse parado no meio do Céu, como outrora ficara a pedido de Josué": "Lembro da atmosfera. Era: 'Bem, eis-nos no topo do mundo, e chegamos a esse pico para aqui ficar para sempre. É claro que existe essa coisa chamada história, mas a história é uma coisa desagradável que acontece aos outros povos. Estamos confortavelmente fora de tudo isso, tenho certeza'".[2]

Mas, é claro, a história aconteceu também à Inglaterra. A questão para a superpotência de nossa época é: a história acontecerá para os Estados Unidos também? Nenhuma analogia é exata, mas a Grã-Bretanha no auge de seu poder foi a nação da idade moderna que chegou mais perto da posição ocupada pelos americanos hoje. Ao considerarmos se e como as forças da mudança afetarão os Estados Unidos, vale a pena dar atenção detalhada à experiência britânica.

Há muitos ecos contemporâneos aos dilemas da Grã-Bretanha. As recentes intervenções militares americanas na Somália, no Afeganistão e no Iraque têm paralelos com as intervenções britânicas nesses lugares décadas atrás. O dilema estratégico básico de ser o único ator realmente global é incrivelmente similar. Mas existem também diferenças fundamentais entre a Grã-Bretanha de então e os Estados Unidos de agora. Para os britânicos, o maior desafio era *econômico*, em vez de *político*. Nos Estados Unidos, ocorre o oposto.

O ALCANCE DA GRÃ-BRETANHA

No mundo de hoje, é difícil até imaginar a magnitude do Império Britânico. Em seu auge, cobria cerca de um quarto da superfície terrestre e abrangia um quarto da população do planeta. A rede de colônias, territórios, bases e portos de Londres estendia-se por todo o globo e o império era protegido pela Marinha Real, a maior força marítima da história. Durante o Jubileu de Diamante, 165 navios que transportavam 40 mil marinheiros e 3 mil canhões ficaram em exibição em Portsmouth — a maior frota já reunida.* No quarto de século precedente, o império havia sido conectado por 170 mil milhas náuticas de cabos oceânicos e mais de 1 milhão de quilômetros de cabos aéreos e subterrâneos, e os navios britânicos haviam facilitado a criação da primeira rede global de comunicações via telégrafo. Ferrovias e canais (o de Suez, sobretudo) aumentavam a conectividade do sistema. Por meio de tudo isso, o Império Britânico criou o primeiro mercado verdadeiramente global.

Os americanos falam sobre a atratividade de sua cultura e suas idéias, mas o "poder suave" começou realmente com a Inglaterra no século XIX. Graças ao império, o inglês se disseminou como língua global, sendo falado do Caribe ao Cairo e da Cida-

* Observadores de catorze marinhas estrangeiras estavam presentes, assistindo avidamente ao espetáculo. Um deles, o contra-almirante alemão príncipe Henrique da Prússia, olhava com inveja do convés de seu encouraçado de construção britânica que havia recentemente sido rebaixado a cruzador. Ele e seu irmão, o kaiser Guilherme II, queriam desesperadamente se equiparar à Inglaterra em poderio naval — uma história que acabou mal.

de do Cabo a Calcutá. A literatura inglesa tornou-se conhecida em todo o mundo: Shakespeare, Sherlock Holmes, *Alice no país das maravilhas*, *Tom Brown na escola*. As histórias e os personagens da Inglaterra se tornaram uma parte fundamental da cultura internacional, muito mais do que os de outra nação.

O mesmo aconteceu com muitos valores ingleses. O historiador Claudio Véliz observa que, no século XVII, os dois poderes imperiais da época, Inglaterra e Espanha, tentaram exportar suas idéias e práticas para suas colônias ocidentais. A Espanha queria que a contra-reforma dominasse o Novo Mundo; a Inglaterra queria que florescessem o pluralismo religioso e o capitalismo. No final, as idéias britânicas se revelaram mais universais do que as espanholas. Com efeito, os modos de trabalhar e se divertir da sociedade moderna estão impregnados com os valores da primeira nação industrial do mundo. É possível argumentar que a Grã-Bretanha foi a exportadora mais bem-sucedida de sua cultura na história da humanidade. Falamos hoje do sonho americano, mas antes dele houve um "modo de vida inglês" — que era observado, admirado e copiado em todo o mundo. Por exemplo, as idéias de *fair play*, espírito atlético e amadorismo propostas pelo famoso educador inglês Thomas Arnold, diretor da escola Rugby (cenário de *Tom Brown na escola*), influenciaram muito o francês barão de Coubertin, que, em 1896, deu início aos Jogos Olímpicos modernos. O escritor Ian Buruma descreveu apropriadamente as Olimpíadas como "uma fantasia bucólica inglesa".

Nem tudo isso era reconhecido em junho de 1897, mas boa parte sim. Os britânicos não estavam sozinhos ao fazer comparações entre seu império e o de Roma. O jornal *Le Figaro* de Paris declarou que a própria Roma havia sido "igualada, senão superada, pela Potência que rege os povos e governa seus interesses no Canadá, na Austrália, na Índia, nos mares da China, no Egito, na África central e meridional, no Atlântico e no Mediterrâneo".

O *Kreuz-Zeitung* de Berlim, que costumava refletir as opiniões da elite Junker antiinglesa, descreveu o império como "praticamente inexpugnável". Do outro lado do Atlântico, o *New York Times* entusiasmou-se: "Somos uma parte, e uma parte grande, da Grande Grã-Bretanha que parece de forma tão clara destinada a dominar este planeta".

A DESCENDÊNCIA DA GRÃ-BRETANHA

A posição exaltada da Inglaterra era mais frágil do que parecia. Apenas dois anos depois do Jubileu de Diamante, o Reino Unido entrou na Guerra dos Bôeres, um conflito que, para muitos estudiosos, marca o momento em que seu poderio global começou a declinar. Londres tinha certeza de que não teria problemas para ganhar a luta. Afinal, o exército britânico acabara de vencer uma batalha semelhante contra os dervixes no Sudão, apesar da inferioridade numérica de mais de dois para um. Na batalha de Omdurman, infligiu 48 mil baixas entre os dervixes em apenas cinco horas, perdendo somente 48 soldados.[3] Na Inglaterra, imaginava-se uma vitória ainda mais fácil contra os bôeres. Afinal, como disse um membro do Parlamento, era "o império britânico contra 30 mil fazendeiros".

A guerra foi travada aparentemente por motivos virtuosos: os direitos dos habitantes de língua inglesa da África do Sul, que eram tratados como cidadãos de segunda classe pelos migrantes holandeses dominantes, conhecidos como bôeres (*boer*, em holandês e africânder, significa "fazendeiro"). Mas não escapava à atenção de Londres que, após a descoberta de ouro na região em 1886, a África do Sul vinha produzindo um quarto de todo o suprimento mundial desse metal precioso. E, de qualquer modo, os africânderes lançaram um ataque preventivo, e a guerra começou, em 1899.

No início, as coisas andaram mal para a Grã-Bretanha. Ela contava com mais homens, armas mais potentes e mobilizou seus melhores generais (entre eles, lorde Kitchener, o herói de Omdurman). Mas os bôeres se defendiam com paixão, conheciam o terreno, tinham o apoio de boa parte da população branca e adotaram com sucesso táticas de guerrilha baseadas no sigilo e na rapidez. A enorme superioridade militar britânica pouco significava em campo, e seus comandantes apelaram para táticas brutais: incendiar aldeias, confinar os civis em campos de concentração (os primeiros a existir no mundo), deslocar mais e mais soldados. Por fim, a Inglaterra tinha 450 mil soldados no sul da África, lutando contra uma milícia de 45 mil homens.

Os bôeres não tinham condições de deter os britânicos para sempre e, em 1902, renderam-se. Mas, num sentido mais amplo, a Grã-Bretanha perdeu a guerra: sacrificou 45 mil homens, gastou meio milhão de libras esterlinas, levou seu exército ao limite das forças e descobriu uma enorme incompetência e corrupção em seu esforço de guerra. Além disso, suas táticas brutais de guerra granjearam-lhe uma má reputação aos olhos do mundo. Do ponto de vista interno, tudo isso criou — ou expôs — divisões profundas em relação ao papel global da Grã-Bretanha. No resto do mundo, todas as outras grandes potências — França, Alemanha, Estados Unidos — se opuseram a Londres. "Eles estavam sem amigos", escreveu o historiador Lawrence James sobre os britânicos em 1902.[4]

Passemos rapidamente aos dias de hoje. Outra superpotência todo-poderosa, imbatível militarmente, obtém uma vitória fácil no Afeganistão e depois parte para o que tem certeza que será outra batalha simples, dessa vez contra o regime isolado de Saddam Hussein no Iraque. O resultado: uma rápida vitória militar inicial, seguida por uma luta longa e árdua, cheia de erros crassos políticos e militares e recebida com intensa oposição internacional. A analogia é óbvia: os Estados Unidos são a Grã-Bretanha, a guerra no Iraque é a guerra dos bôeres — e, por extensão, o futuro americano parece sombrio. Qualquer que seja o resultado no Iraque, os custos foram imensos. Os Estados Unidos se excederam e perderam o foco, seu exército se estressou, sua imagem ficou manchada. Estados "fora-da-lei" como o Irã e a Venezuela e grandes potências como a Rússia e a China estão se aproveitando da falta de atenção e sorte de Washington. O tema familiar do declínio imperial está uma vez mais em jogo. A história está acontecendo novamente.

Mas, quaisquer que sejam as semelhanças, as circunstâncias não são realmente as mesmas. A Grã-Bretanha era uma superpotência estranha. Os historiadores escreveram centenas de livros para explicar como Londres poderia ter adotado certas políticas externas para mudar sua sorte. Bastava ter evitado a guerra dos bôeres, dizem alguns. Deveria ter ficado fora da África, dizem outros. Niall Ferguson sugere, em tom provocativo, que, se tivesse ficado de fora da Primeira Guerra Mundial (e talvez não houvesse guerra sem a participação britânica), a Grã-Bretanha poderia ter mantido sua posição de grande potência. Há alguma verdade nessa linha de raciocínio (a Primeira Guerra levou de fato o país à falência), mas, para pôr as coisas no seu devido contexto histórico, vale a pena examinar essa história de outro ângulo. O imenso império britânico era um produto de circunstâncias únicas. O espantoso não é o seu declínio, mas o fato de ter durado tanto.[5] Compreender como a Grã-Bretanha desenvolveu seu jogo — que foi enfraquecendo ao longo do tempo — talvez ajude a iluminar o caminho dos Estados Unidos no futuro.

A Grã-Bretanha foi um país rico por séculos (e uma grande potência durante a maior parte desse tempo), mas foi uma *superpotência* econômica por pouco mais de uma geração. Com freqüência, cometemos o erro de datar o apogeu britânico pelos grandes eventos imperiais, como o Jubileu de Diamante, que eram vistos na época como marcos de poder. Na verdade, em 1897, os melhores anos do império já estavam para trás. Seu verdadeiro ápice ocorreu uma geração antes, de 1845 a 1870. Naquela época, a Grã-Bretanha produzia mais de 30% do PIB mundial. Seu consumo de energia era cinco vezes maior que o dos Estados Unidos e o da Prússia e 155 vezes o da Rússia. Ela respondia por um quinto do comércio mundial e dois quintos do comércio de manufaturas.[6] E tudo isso com apenas 2% da população do mundo!

Em 1820, quando população e agricultura eram os principais fatores determinantes do PIB, a economia da França era maior do que a da Inglaterra. No final da década de 1870, os Estados Unidos já se igualavam a ela na maioria dos critérios industriais e acabaram por superá-la no começo da década seguinte; o mesmo faria a Alemanha quinze anos depois. Quando chegamos à Primeira Guerra Mundial, a economia americana tinha o dobro do tamanho da britânica; juntas, as de França e Rússia também eram maiores. Em 1860, a Grã-Bretanha produzia 53% do ferro mundial (então um sinal de supremo poderio industrial); em 1914, produzia menos de 10%.

Existem, evidentemente, muitas maneiras de medir o poder. Politicamente, Londres ainda era a capital do mundo na época da Primeira Guerra Mundial. Fora da Europa, o poder britânico era inigualável e, em larga medida, incontestado. A Grã-Bretanha estabelecera um império antes do início do nacionalismo e, desse modo, havia poucos obstáculos para criar e manter o controle em lugares distantes. Seu poder marítimo foi incomparável por mais de um século. Os britânicos também se revelaram altamente qualificados na arte do império. Graças a ele, continuaram a dominar bancos, transporte marítimo, seguros e investimentos. Londres ainda era o centro das finanças mundiais e a libra esterlina era a moeda de reserva do mundo. Ainda em 1914, a Grã-Bretanha investiu duas vezes mais capital no exterior do que a França, sua competidora mais próxima, e cinco vezes mais que os Estados Unidos. Os retornos econômicos desses investimentos e de outros "comércios invisíveis" mascararam, de algum modo, a declínio britânico.

A realidade, no entanto, era que a economia britânica estava decaindo. Naquela época, as manufaturas ainda respondiam pelo grosso de uma economia nacional, e os bens que a Grã-Bretanha produzia representavam o passado, não o futuro. Em 1907, ela fabricou quatro vezes mais bicicletas do que os Estados Unidos, mas os americanos fizeram doze vezes mais carros. A defasagem era visível na indústria química, na produção de instrumentos científicos e em muitas outras áreas. A tendência geral estava clara: as taxas de crescimento britânicas caíram de 2,6%, em seu auge, para 1,9% a partir de 1885, e continuaram caindo. Enquanto isso, Estados Unidos e Alemanha cresciam em torno de 5%. Depois de liderar a primeira revolução industrial, a Inglaterra foi menos competente para entrar na segunda.

Os estudiosos começaram a debater as causas do declínio britânico logo depois de seu início. Alguns se concentraram na geopolítica; outros, em fatores econômicos como pouco investimento em novas fábricas e equipamentos, más relações trabalhistas e perda de habilidades de mercado. O capitalismo britânico havia permanecido antiquado e rígido. Suas indústrias eram empresas de pequena escala com artesãos habilidosos, em vez das fábricas de grande porte racionalmente organizadas que se espalharam na Alemanha e nos Estados Unidos. Havia sinais também de problemas culturais mais amplos. Mais rico, o país estava perdendo o foco na educação prática. Ciência e geografia estavam subordinadas à literatura e à filosofia. A sociedade britânica mantinha uma casta feudal que vinha da aristocracia terra-tenente. Essa elite desprezava a manufatura e a tecnologia, de tal modo que os empresários bem-sucedidos se comportavam como falsos aristocratas, com casas de campo e cavalos, e escondiam todos os traços da origem do dinheiro. Em vez de estudar química ou engenharia elétrica, seus filhos passavam os dias em Oxford e Cambridge ingerindo história e literatura da Grécia e Roma antigas.[7]

Talvez nenhuma dessas deficiências tenha sido crucial. Paul Kennedy afirma que o domínio britânico no século XIX foi produto de uma série de circunstâncias altamente incomuns. Tendo em vista seu portfólio de poder — geografia, população, recursos —, a Grã-Bretanha poderia esperar uma fatia de 3% a 4% do PIB global, mas sua parte chegou a cerca de *dez vezes* essa porcentagem. Quando essas circunstâncias incomuns minguaram — à medida que outros países ocidentais se industrializavam, a Alemanha se unia e os Estados Unidos resolviam seu conflito norte-sul —, a Grã-Bretanha estava destinada a declinar. O estadista britânico Leo Amery enxergou isso com clareza em 1905. "Como podem essas pequenas ilhas ter sucesso a longo prazo contra impérios tão grandes e ricos, como aqueles em que os Estados Unidos e a Alemanha estão se transformando rapidamente?", perguntou ele. "Como podemos, com 40 milhões de habitantes, competir com Estados que têm quase o dobro de nosso tamanho?" Eis uma pergunta que muitos americanos se fazem agora diante da ascensão da China.

A Grã-Bretanha conseguiu manter sua posição de maior potência mundial durante décadas após perder o predomínio econômico, graças a uma combinação de visão estratégica sagaz e boa diplomacia. Muito cedo, ao perceber que a balança do poder estava mudando, Londres tomou uma decisão fundamental que estendeu sua influência por décadas: resolveu se amoldar à ascensão dos Estados Unidos, em vez de contestá-la. Nas décadas posteriores a 1880, em questão após questão, Londres cedeu a uma Washington cada vez mais assertiva. Não foi fácil para os britânicos concederem o controle à sua antiga colônia, contra a qual haviam travado duas guerras (a da revolução e a de 1812) e em cuja recente guerra civil tinham simpatizado com o lado secessionista. Mesmo assim, a Grã-Bretanha acabou cedendo o hemisfério ocidental à sua ex-colônia, apesar de ter amplos interesses nele.*

Foi um golpe de mestre estratégico. Se tivesse tentado resistir à ascensão dos Estados Unidos, além de todos os seus outros compromissos, teria sangrado até a última gota. Apesar de todos os erros cometidos no meio século seguinte, a estratégia de Londres em relação a Washington — seguida por todos os governos britânicos desde a década de 1890 — permitiu que sua atenção fosse concentrada em outras frentes críticas. Em conseqüência, a Grã-Bretanha continuou a ser a senhora dos mares, controlando seus caminhos com as "cinco chaves" que se dizia fecharem o mundo: Cingapura, o cabo da Boa Esperança, Alexandria, Gibraltar e Dover.

* Durante uma das crises em que a Inglaterra acabou cedendo — a fronteira entre a Venezuela e a Guiana Inglesa, em 1895 —, o secretário das colônias Joseph Chamberlain disse irado: "A Grã-Bretanha é uma potência americana com uma área territorial maior do que a dos Estados Unidos e com título adquirido antes da independência dos Estados Unidos" (referindo-se ao Canadá).

A Grã-Bretanha manteve o controle do império e sua influência mundial com relativamente pouca oposição por muitas décadas. No acordo posterior à Primeira Guerra Mundial, abocanhou mais de 4,5 milhões de quilômetros quadrados de território e 13 milhões de novos súditos, principalmente no Oriente Médio. Ainda assim, a defasagem entre seu papel político e sua capacidade econômica continuava aumentando. Em seus primórdios, o império havia sido lucrativo, mas no século XX já era um ralo enorme por onde se esvaía o Tesouro britânico. E não era uma época para se manter hábitos caros. A economia do império estava cambaleante. A Primeira Guerra Mundial custou mais de 40 bilhões de dólares, e a Inglaterra, outrora o maior credor do mundo, tinha dívidas que posteriormente chegaram a 136% da produção interna.[8] A decuplicação da dívida pública fez com que, em meados da década de 1920, o pagamento de juros absorvesse a metade do orçamento do governo. A Grã-Bretanha queria manter suas forças militares e, após a Primeira Guerra Mundial, comprou a frota alemã a preço de liquidação e conservou momentaneamente sua posição de maior potência naval. Mas, em 1936, os gastos com a defesa da Alemanha já eram três vezes maiores do que os seus.[9] No mesmo ano em que a Itália invadiu a Abissínia, Mussolini também pôs 50 mil soldados na Líbia — dez vezes o número de soldados britânicos que guardavam o canal de Suez.[10] Foram essas circunstâncias — além da memória recente de uma guerra mundial que matou mais de 700 mil jovens britânicos — que levaram os governos britânicos da década de 1930, diante das forças do fascismo, a preferir o excesso de otimismo e a conciliação ao confronto.

As preocupações financeiras passaram a ditar a estratégia. A decisão de transformar Cingapura numa "enorme base naval" constitui uma ilustração perfeita disso. Londres considerava essa "Gibraltar do Oriente" um gargalo entre os oceanos Índico e Pacífico que poderia deter o movimento de avanço para o ocidente do Japão (a Inglaterra tinha a opção de manter sua aliança com Tóquio, mas os Estados Unidos e a Austrália se opuseram). A estratégia era sensata. Mas, tendo em vista as finanças precárias, não havia dinheiro suficiente para financiá-la. Os estaleiros eram pequenos demais para uma frota que pudesse enfrentar os japoneses, o combustível era insuficiente, a fortificação, modesta. O ataque japonês, em 1942, derrubou Cingapura em uma semana.

A Segunda Guerra Mundial foi o prego final no caixão do poder econômico britânico (em 1945, o PIB americano já era *dez vezes* maior que o da Grã-Bretanha). Mesmo assim o país se manteve muito influente, em parte devido à energia e à ambição quase sobre-humanas de Winston Churchill. Se pensarmos que os Estados Unidos estavam pagando pela maior parte dos custos econômicos dos Aliados e que a Rússia estava suportando a maioria das baixas, foi necessária uma vontade extraordinária da Grã-Bretanha para ainda ser uma das três principais potências a decidir o destino do mundo no pós-guerra. As fotos de Roosevelt, Stálin e Churchill na Conferência de Ialta, em fevereiro de 1945, são um tanto enganadoras. Não havia "três grandes" em Ialta. Lá estavam "dois grandes" e um brilhante empreendedor político que foi capaz de manter seu país no jogo, de tal modo que a Grã-Bretanha reteve muitos elementos de grande potência por boa parte do século XX.

Evidentemente, isso teve um custo. Em troca dos empréstimos a Londres, Washington tomou dezenas de bases britânicas no Caribe, no Canadá, nos oceanos Índico e Pacífico. "O império britânico foi entregue ao penhorista americano — nossa única esperança", disse um membro do Parlamento. O economista John Maynard Keynes ficou mais irado ainda e descreveu a Lei de Empréstimo e Arrendamento como uma tentativa de "arrancar os olhos do império britânico". Observadores menos emocionais perceberam que aquilo era inevitável. Arnold Toynbee, já então um historiador famoso, consolou os britânicos, dizendo que "a mão [dos Estados Unidos] será muito mais leve do que a da Rússia, da Alemanha ou do Japão, e suponho que essas sejam as alternativas".

A questão fundamental é que a Grã-Bretanha não deixou de ser uma grande potência mundial devido à má política, mas em conseqüência da má economia. Ela gozava de grande influência global, mas sua economia era estruturalmente fraca. E tornou as coisas piores ao tentar soluções imprudentes — saindo e entrando no padrão ouro, impondo tarifas imperiais, incorrendo em grandes dívidas de guerra. Após a Segunda Guerra Mundial, adotou um programa econômico socialista — o plano Beveridge — que nacionalizou e estabeleceu regulamentos rígidos sobre várias áreas da economia. Isso pode ser compreensível como reação às condições precárias do país no pós-guerra, mas, nas décadas de 1960 e 1970, condenaram-no à estagnação — até Margaret Thatcher mudar a economia britânica, por volta dos anos 80.

Apesar de um declínio de setenta anos em seu lugar econômico relativo, Londres jogou suas cartas fracas com habilidade política impressionante. Sua história oferece algumas lições importantes para os Estados Unidos.

A PERSPECTIVA DE LONGO PRAZO DOS ESTADOS UNIDOS

Em primeiro lugar, porém, é essencial destacar que a característica principal do declínio britânico — a deterioração econômica irreversível — não se aplica aos Estados Unidos de hoje. A posição econômica sem rival da Grã-Bretanha durou algumas décadas; a dos Estados Unidos dura há mais de 130 anos. A economia americana tem sido a maior do mundo desde meados da década de 1880. Com efeito, o país detém uma fatia surpreendentemente constante do PIB mundial desde então. Com a breve exceção do final dos anos 40 e da década de 1950 — quando o resto do mundo industrializado estava destruído e esse número chegou a 50%! —, os Estados Unidos respondem por cerca de um quarto da produção mundial há mais de um século (32% em 1913, 26% em 1960, 22% em 1980, 27% em 2000 e 26% em 2007).* É provável que diminua, mas não de forma significativa, nas próximas duas décadas. Em 2025, a maioria das estimativas sugere que a economia americana ainda terá o dobro do tamanho da chinesa em termos de PIB nominal (em termos de poder de compra, porém, a defasagem será menor).[11]

Essa diferença entre Estados Unidos e Grã-Bretanha pode ser vista no peso de seus orçamentos militares. A Grã-Bretanhã dominou os mares, mas nunca a terra. O exército britânico era suficientemente pequeno para que o chanceler alemão Otto von Bismarck dissesse em tom de troça que, se ele invadisse a Alemanha, simplesmente mandaria a polícia local prendê-lo. Ao mesmo tempo, a vantagem de Londres nos mares — tinha mais tonelagem do que as duas maiores marinhas seguintes juntas — teve um custo ruinoso para seu Tesouro. Em contraste, as forças armadas americanas dominam em todas as áreas — terra, mar, ar e espaço — e gastam mais do que os catorze países seguintes juntos, respondendo por quase 50% dos gastos mundiais em defesa. Há quem afirme que até esses números subestimam a vantagem militar americana, porque não levam em conta a vantagem científica e tecnológica. Os Estados Unidos gastam mais em pesquisa e desenvolvimento

* Esses números baseiam-se em taxas de câmbio do mercado, não ajustados para padrões de vida. Os números em dólares PPC seriam 19% em 1913, 27% em 1950, 22% em 1973, 22% em 1998 e 19% em 2007. Os números em PPC mostram o mesmo padrão de poder americano relativamente estável, em torno de 20% do PIB mundial.

na área da defesa do que o resto do mundo em conjunto. E, o que é mais importante, fazem isso tudo sem quebrar o banco. Os gastos com defesa enquanto porcentagem do PIB estão agora em 4,1%, menores do que foram durante a maior parte da Guerra Fria (no governo Eisenhower, chegaram a 10% do PIB). O segredo aqui é o denominador. Como o PIB americano cresce sem parar, os gastos que corriam o risco de ser excessivos tornam-se suportáveis. A guerra no Iraque pode ser uma tragédia ou um esforço nobre, dependendo do ponto de vista. Mas não vai levar o país à falência. A guerra tem sido cara, mas o preço de Iraque e Afeganistão juntos — 125 bilhões de dólares por ano — representa menos de 1% do PIB. O Vietnã, em comparação, custou 1,6% do PIB americano em 1970 e dezenas de milhares de vidas de soldados.

O poder militar americano não é a causa de seu vigor, mas uma conseqüência. O combustível é a base econômica e tecnológica do país, que continua extremamente forte. Os Estados Unidos não têm pela frente desafios maiores, mais profundos e mais amplos do que já enfrentaram na história, e a ascensão do resto significa que vão perder alguma fatia do PIB mundial. Mas o processo não se parecerá de forma alguma com o declínio da Grã-Bretanha no século XX, quando o país perdeu a liderança em inovação, energia e capacidade empreendedora. Os Estados Unidos continuarão a ser uma economia vital e dinâmica, na linha de frente das próximas revoluções científicas, tecnológicas e industriais, desde que sejam capazes de abraçar e se ajustar aos desafios que têm pela frente.

O FUTURO JÁ CHEGOU

Quando tento explicar como os Estados Unidos vão se dar no mundo novo, digo às vezes: "Olhem em volta". O futuro já está aqui. Nos últimos vinte anos, a globalização vem ganhando amplitude e profundidade. Mais países fabricam coisas, a tecnologia da comunicação está nivelando o campo do jogo, os capitais têm liberdade para circular pelo planeta. E os Estados Unidos se beneficiaram enormemente com essas tendências. Sua economia recebeu centenas de bilhões de dólares em investimentos — uma raridade para um país com tanto capital próprio. Suas empresas entraram em novos países e setores industriais com grande sucesso e aplicaram tecnologias e processos novos, tudo para manter seus lucros em alta. Apesar de duas décadas de dólar muito caro, as exportações americanas se mantiveram estáveis.

O crescimento do PIB manteve-se, em média, pouco acima de 3% durante 25 anos, número significativamente mais alto do que na Europa (o Japão teve uma média de 2,3% no mesmo período). O aumento da produtividade, elixir da economia moderna, está acima de 2,5% há uma década, um ponto porcentual a mais do que a média européia. Os Estados Unidos são atualmente a economia mais competitiva do mundo, segundo o Fórum Econômico Mundial. Essa classificação é feita anualmente desde 1979 e a posição americana tem sido bem constante, perdendo, às vezes, em anos recentes, para países pequenos do norte da Europa, como Suécia, Dinamarca e Finlândia (cuja população conjunta é de 20 milhões, menor que a do estado do Texas). A trajetória superior do crescimento americano pode estar se esgotando e seu crescimento, nos próximos anos, talvez venha a ser mais "normal" para um país industrial avançado. Mas a consideração geral, de que os Estados Unidos são uma economia altamente dinâmica na tecnologia de ponta, apesar de seu tamanho enorme, ainda se mantém.

Vejamos as indústrias do futuro. A nanotecnologia — ciência aplicada que trata do controle da matéria em escala atômica ou molecular — provavelmente vai levar a descobertas fundamentais nos próximos cinqüenta anos. Em algum ponto do futuro, é o que me dizem, as famílias construirão produtos a partir de matérias-primas e as empresas vão simplesmente criar fórmulas que transformarão átomos em bens. Se isso é exagero ou previsão científica, o que vale a pena notar é que, por qualquer critério concebível, os Estados Unidos dominam esse campo. O país tem mais nanocentros dedicados do que as três nações seguintes (Alemanha, Reino Unido e China) combinadas, e muitos de seus novos centros estão focados em temas próximos a um alto potencial para aplicações práticas e comercializáveis, como, por exemplo, o Centro de Nanotecnologia para Oncologia Personalizada e Prognóstica Emory-Georgia Tech. A taxas de câmbio de mercado, os fundos governamentais para nanotecnologia nos Estados Unidos são quase o dobro dos de seu competidor mais próximo, o Japão. E, enquanto China, Japão e Alemanha contribuem com uma boa quantidade de artigos científicos sobre tópicos de engenharia e ciência nessa área, os Estados Unidos já emitiram mais patentes para nanotecnologia do que o resto do mundo combinado, o que revela sua capacidade incomum de transformar teoria abstrata em produtos práticos.

A firma Lux, dirigida pelo dr. Michael Holman, construiu uma matriz para avaliar a competitividade geral dos países em nanotecnologia. Sua análise não examinou somente a atividade na área, mas também a capacidade de "gerar crescimento a partir da inovação científica".[12] Sua conclusão foi que certos países que gastam muito em pesquisa não conseguem transformar ciência em negócio. Essas nações do tipo "torre de marfim" apresentam um financiamento impressionante de pesquisa, artigos científicos e até patentes, mas não conseguem traduzir isso em bens e idéias comercializáveis. China, França e até a Grã-Bretanha se encontram nessa categoria. Dos investimentos de capital de risco em tecnologia, 85% vão para empresas americanas.

A biotecnologia — uma categoria ampla que inclui o uso de sistemas biológicos para criar produtos médicos, agrícolas e industriais — já é uma indústria multibilionária. Ela também é dominada pelos Estados Unidos. Mais de 3,3 bilhões de dólares em financiamento de risco entraram nas empresas de biotecnologia americanas em 2005, enquanto as companhias européias recebiam apenas a metade disso. As ofertas *follow-on* de ações (isto é, pós-oferta pública inicial, IPO) nos Estados Unidos foram sete vezes maiores do que na Europa. E, embora as IPOs européias tenham atraído mais dinheiro em 2005, a atividade de IPO é altamente volátil — em 2004, os valores de IPO americanas foram mais de quatro vezes os da Europa. Tal como na nanotecnologia, as empresas americanas se destacam em transformar idéias em produtos comercializáveis e lucrativos. As receitas de biotecnologia dos Estados Unidos aproximaram-se dos 50 bilhões de dólares em 2005, valor cinco vezes maior dos da Europa e que representavam 76% das receitas globais.*

A manufatura, é óbvio, está deixando os Estados Unidos, mudando-se para o mundo em desenvolvimento e transformando o país em uma economia de serviços. Isso assusta muitos americanos e europeus, que se perguntam o que seus países farão se tudo for "made in China". Mas a manufatura asiática deve ser vista no contexto de uma economia global na qual países como a China se tornaram uma parte importante da cadeia de oferta, mas não mais que uma parte.

* Evidentemente, as informações das empresas abertas representam apenas uma parte do quadro, porque mais de três quartos das firmas de biotecnologia do mundo são fechadas. A Europa tem uma fatia maior das companhias fechadas de biotecnologia, representando 42% do total (em comparação com 31% das americanas). Em contraste, os Estados Unidos abrigam uma fatia maior das empresas abertas dessa área (50% *versus* 18% da Europa), o que talvez indique a maturidade maior do mercado americano.

James Fallows, da revista *Atlantic Monthly*, passou um ano na China observando aquele monstro da manufatura de perto e oferece uma explicação persuasiva — que é muito bem compreendida pelos empresários chineses — sobre como a terceirização fortaleceu a competitividade dos Estados Unidos. A maioria dos americanos, até mesmo especialistas em gestão, não ouviu falar da "curva do sorriso". Mas os fabricantes chineses a conhecem muito bem. Baseada no sorriso em U do desenho de um rosto feliz dos anos 70 — ☺ —, a curva ilustra o desenvolvimento de um produto, da concepção à venda. No alto do lado esquerdo da curva, começa-se com a idéia e o design industrial de alto nível — qual a aparência do produto e como funcionará. Mais abaixo na curva vem o plano detalhado de engenharia. No fundo do U estão a manufatura, a montagem e o transporte. Depois, subindo pelo outro lado da curva estão distribuição, marketing, vendas no varejo, contratos de serviço e vendas de peças e assessórios. Fallows observa que em quase todos os setores de manufatura a China cuida do fundo da curva e os Estados Unidos do alto — as duas pontas do U —, que é onde está o dinheiro. "A maneira simples de dizer isso — que o verdadeiro dinheiro está na marca e no varejo — pode parecer óbvio, mas suas implicações são esclarecedoras", escreve ele.[13] Um exemplo vívido disso é o iPod: ele é fabricado principalmente fora dos Estados Unidos, mas a maior parte do valor agregado é captada pela Apple, Inc., na Califórnia. A empresa teve um lucro bruto de 80 dólares em um iPod de 30 gigabytes que era vendido (em 2007) por 299 dólares. Seu lucro era 36% dos 22 dólares do preço estimado de atacado (acrescente-se a isso o lucro de varejo se fosse vendido por uma loja da Apple). O custo total das partes era de 144 dólares.[14] Os fabricantes chineses, ao contrário, têm pequenas margens sobre seus produtos.

"Está certo", dizem aqueles que estão mais assustados, "mas você está olhando para um instantâneo de hoje. As vantagens americanas estão se desfazendo rapidamente à medida que o país perde sua base científica e tecnológica." Para alguns, o declínio da ciência é sintomático de uma decadência cultural mais ampla. Um país que outrora adotava uma ética puritana de gratificação posterior passou a se deleitar com prazeres instantâneos. Estamos perdendo interesse pelas coisas básicas — matemática, manufatura, trabalho duro, poupança — e nos tornando uma sociedade pós-industrial que se especializa em consumo e lazer. "Em 2006, mais gente vai se formar nos Estados Unidos em áreas de educação física do que em engenharia elétrica", diz o CEO da General Electric Jeffrey Immelt. "Assim, se quisermos ser a capital da massagem no mundo, estamos no caminho certo."[15]

Nenhuma estatística parece captar melhor essa ansiedade do que aquelas que mostram o declínio da engenharia. Em 2005, a Academia Nacional de Ciências divulgou um relatório advertindo que os Estados Unidos poderiam perder em breve sua posição privilegiada de líder da ciência mundial. Em 2004, dizia o relatório, a China formou 600 mil engenheiros, a Índia, 350 mil e os Estados Unidos, 70 mil. Esses números foram repetidos em centenas de artigos, livros e blogs, inclusive numa matéria de capa da *Fortune*, no *Congressional Record* e em discursos de titãs da tecnologia como Bill Gates. E, com efeito, parece que o dado é digno de desespero. Que esperança os Estados Unidos podem ter se para cada engenheiro americano qualificado há onze chineses e indianos? Pelo custo de um químico ou engenheiro nos Estados Unidos, destacava o relatório, uma empresa podia contratar cinco químicos bem formados e entusiasmados na China ou onze engenheiros na Índia.

O único problema é que esses números estão totalmente equivocados. O jornalista Carl Bialik, do *Wall Street Journal*, e vários estudiosos investigaram o tema e logo perceberam que os totais asiáticos incluíam alunos formados em programas de dois e três anos, gente que obtinha diplomas em tarefas técnicas simples. Um grupo de professores da Escola de Engenharia da Universidade Duke foi à Índia e à China coletar dados de fontes governamentais e não-governamentais e entrevistou empresários e professores universitários. Eles concluíram que, se eliminassem os formados em programas de dois e três anos, os números para a China diminuíam pela metade, para cerca de 350 mil formados, e mesmo assim esse número estaria provavelmente inflado devido às diferentes definições de "engenheiro", que incluem muitas vezes mecânicos de automóveis e reparadores industriais. Bialik observa que a Fundação Nacional das Ciências, que coleta essas estatísticas nos Estados Unidos e em outras nações, reconhece que os chineses formam 200 mil engenheiros por ano. Ron Hira, professor de políticas públicas no Instituto de Tecnologia de Rochester, estabelece o número de indianos formados em 120-130 mil por ano, isso significa que, na realidade, os Estados Unidos formam mais engenheiros per capita do que a China ou a Índia.[16]

E esses números não dizem respeito à questão da qualidade. Na posição de alguém que cresceu na Índia, tenho uma boa avaliação das virtudes de suas famosas academias de engenharia, os Institutos de Tecnologia indianos (IITs). Sua maior qualidade é que eles administram um dos exames de admissão mais cruelmente competitivos do mundo: são 300 mil candidatos para 5 mil vagas — um coeficiente de aprovação de 1,7% (comparado com 9% a 10% em Harvard, Yale e Princeton). As pessoas que conseguem entrar são as melhores e mais brilhantes de 1 bilhão. Em qualquer sistema educacional, elas se dariam bem. Na realidade, muitos dos IITs são decididamente de segunda categoria, com equipamentos medíocres, professores indiferentes e aulas sem imaginação. Rajiv Sahney, que freqüentou um IIT e depois foi para o Caltech, diz que "a principal vantagem dos IITs é o exame de admissão, que é muito bem projetado para selecionar estudantes extremamente inteligentes. Em termos de ensino e instalações, eles realmente não se comparam com qualquer instituto tecnológico americano decente". E, depois que se passa pelos IITs e por outras escolas de elite — que formam menos de 10 mil alunos por ano —, a qualidade da educação superior na China e na Índia continua sendo muito ruim, motivo pelo qual tantos de seus estudantes partem para estudar no exterior.

Os dados confirmam essas impressões pessoais. Em 2005, o Instituto Global McKinsey fez um estudo sobre "o mercado de trabalho mundial emergente" e descobriu que uma amostra de 28 países de salários baixos tinha aproximadamente 33 milhões de profissionais jovens* à sua disposição, em comparação com apenas 15 milhões em uma amostra de oito países de salários altos (Estados Unidos, Reino Unido, Alemanha, Japão, Austrália, Canadá, Irlanda e Coréia do Sul).[17] Mas quantos desses profissionais jovens em países de baixo salário tinham as capacidades necessárias para competir num mercado de trabalho global? "Somente uma fração de candidatos potenciais a emprego poderia trabalhar com sucesso numa empresa estrangeira", registrou o estudo, apontando para várias explicações, mas, sobretudo, para a má qualidade do ensino. Tanto na Índia como na China, fora do pequeno número de instituições de alto nível, a qualidade e a quantidade da educação são baixas. Somente 10% dos indianos

* Os dados do Instituto McKinsey incluem formados em engenharia, finanças e contabilidade, pesquisas em ciências biológicas e "generalistas profissionais", tais como teleoperadores. Define-se profissional jovem como alguém formado com até sete anos de experiência.

passam da educação secundária. Desse modo, apesar da enorme demanda por engenheiros, há relativamente poucos bem formados. Os salários dos engenheiros treinados nos dois países estão subindo 15% ao ano, um indício sério de que a demanda supera a oferta (se você fosse um empregador e tivesse acesso a dezenas de milhares de engenheiros bem formados saindo de faculdades todos os anos, não teria de dar 15% de aumento a seus empregados ano após a ano).

A educação superior é a melhor indústria americana. Há duas classificações de universidades de todo o mundo. Em uma delas, um estudo puramente quantitativo feito por pesquisadores chineses, oito das dez melhores universidades estão nos Estados Unidos. Em outro estudo, mais qualitativo, feito pelo *Times Higher Educational Supplement* de Londres, são sete. As diferenças diminuem um pouco depois disso. Das vinte melhores, dezessete ou onze são americanas; das cinqüenta melhores, 38 ou 21. Ainda assim, a base não muda. Com 5% da população mundial, os Estados Unidos dominam absolutamente a educação superior, tendo 42% ou 68% das cinqüenta melhores universidades do mundo (dependendo do estudo). Em nenhum outro campo a vantagem americana é tão avassaladora.*

Um relatório de 2006 do Centro para a Reforma Européia, com base em Londres, intitulado "O futuro das universidades européias", destaca que os Estados Unidos investem 2,6% do PIB em educação superior, em comparação com 1,2% na Europa e 1,1% no Japão. A situação nas ciências é particularmente notável. Uma lista de onde os mil melhores cientistas da computação do mundo estudaram mostra que as dez escolas vencedoras são todas

* O ataque da direita às universidades americanas por serem torres de marfim sem relação com a realidade sempre me intrigou. Num ambiente global altamente competitivo, essas instituições dominam seu campo de atuação.

americanas. Os gastos com P&D nos Estados Unidos continuam mais altos do que na Europa, e a colaboração existente entre empresas e instituições educacionais americanas continua sem comparação no resto do mundo. Os Estados Unidos continuam a ser, de longe, o destino mais atraente para quem quer estudar, recebendo 30% do total de estudantes estrangeiros do mundo. Todas essas vantagens não serão apagadas facilmente, porque é improvável que a estrutura das universidades européias e japonesas mude — em sua maioria, burocracias estatais. E, embora China e Índia estejam abrindo novas instituições, não é tão fácil criar quase do nada uma universidade de nível mundial em poucas décadas. Eis uma estatística sobre engenheiros que você talvez não tenha ouvido: na Índia, as universidades formam entre 35 e cinqüenta doutores em ciência da computação todos os anos; nos Estados Unidos, são mil.

APRENDENDO A PENSAR

As universidades americanas são de primeira linha, mas poucos acreditam que o mesmo possa ser dito de suas escolas. Todos sabem que o sistema escolar do país está em crise e que seus alunos se saem particularmente mal em ciências e matemática, ano após ano, em classificações internacionais. Mas essas estatísticas, embora não estejam erradas, revelam algo um pouco diferente. O verdadeiro problema dos Estados Unidos não é de excelência, mas de acesso. Desde sua criação, em 1995, o Tendências no Estudo Internacional de Matemática e Ciências (TIMSS) se tornou o padrão de comparação de programas educacionais entre os países. Os resultados mais recentes, de 2003, colocam os Estados Unidos bem no centro da classificação. O país supera a nota média dos 24 países incluídos no estudo, mas muitos países classificados abaixo dele são nações em desenvolvimento como Marrocos, Tunísia e Armênia. Os alunos de oitava série se saíram melhor que os de quarta série (as duas avaliadas), mas ainda ficam atrás de seus colegas de países como Holanda, Japão e Cingapura. Os meios de comunicação deram a notícia com uma previsível inclinação ao pessimismo: "Bomba-relógio econômica: adolescentes americanos estão entre os piores em matemática", anunciou o *Wall Street Journal*.

Mas mesmo que as notas americanas em matemática e ciências fiquem bem abaixo das de líderes como Cingapura e Hong Kong, os escores agregados escondem profundas variações regionais, raciais e socioeconômicas. Estudantes pobres e pertencentes a minorias recebem notas bem abaixo da média americana enquanto, como mostrou um estudo, "os alunos de distritos escolares de subúrbios ricos americanos se saem quase tão bem quanto os de Cingapura, o líder inconteste das provas de matemática do TIMSS".[18] São aqueles que depois vão competir e ocupar as escassas vagas nas melhores universidades americanas. A diferença entre notas médias em ciências nos distritos escolares pobres e ricos *dentro* dos Estados Unidos é *quatro a cinco vezes maior* do que a diferença entre as médias nacionais americana e de Cingapura. Em outras palavras, os Estados Unidos são um país grande e diversificado com um problema real de desigualdade. Ao longo do tempo, isso se traduzirá em um problema de competitividade, porque, se não pudermos educar e treinar um terço da população trabalhadora para competir numa economia do conhecimento, isso arrastará o país para o fundo. Mas sabemos o que funciona. Grande parte dos estudantes nas cinco melhores escolas americanas está nivelada com os melhores do mundo. Eles dão duro e têm uma vida acadêmica e extracurricular altamente programada, como qualquer um que tenha visitado recentemente um campus da Ivy League pode atestar.

Freqüentei a escola elementar, primária e secundária em Mumbai, numa excelente instituição, a Cathedral and John Connon School. Seu método de ensino (há trinta anos) era aquele descrito freqüentemente como "asiático", valorizando a memorização e os testes constantes. Trata-se, na verdade, do antigo método pedagógico inglês e europeu, que agora é chamado de asiático. Lembro de decorar uma quantidade imensa de matérias, regurgitá-la nos exames e depois esquecê-la prontamente. Quando fui para a faculdade, nos Estados Unidos, encontrei um mundo diferente. Ao mesmo tempo que é frouxo demais no rigor e na memorização — seja em matemática ou poesia —, o sistema americano é muito melhor para desenvolver as faculdades críticas da mente, exatamente o que é necessário para se ter sucesso na vida. Outros sistemas educacionais ensinam a passar por exames: o sistema americano ensina a pensar.

É certamente essa qualidade que serve para explicar um pouco por que os Estados Unidos produzem tantos empreendedores, inventores e pessoas que assumem riscos. Aqui, as pessoas podem ser ousadas, desafiar a autoridade, fracassar e dar a volta por cima. São os Estados Unidos — e não o Japão — que detêm dezenas de vencedores do prêmio Nobel. Tharman Shanmugaratnam, que até recentemente foi ministro da Educação de Cingapura, explica a diferença entre o sistema de seu país e o americano:

> Temos ambos meritocracias. A sua é uma meritocracia do talento, a nossa é do exame. Sabemos como treinar pessoas para passar em exames. Você sabem como aproveitar ao máximo os talentos das pessoas. Ambas as coisas são importantes, mas existem algumas partes do intelecto que não conseguimos avaliar bem — como criatividade, curiosidade, senso de aventura, ambição. O que é mais importante, os Estados Unidos têm uma cultura de ensino que desafia a sabedoria convencional, mesmo que isso signifique contes-

tar a autoridade. São áreas em que Cingapura precisa aprender com os americanos.

Esse foi o motivo da recente visita de autoridades cingapurenses às escolas americanas para aprender a criar um sistema que estimule e recompense a engenhosidade, o raciocínio rápido e a resolução de problemas. Como noticiou o *Washington Post* em março de 2007, pesquisadores das melhores escolas de Cingapura foram à Academia de Ciências, uma escola pública especializada da Virgínia, para examinar os métodos de ensino americanos.[19] Enquanto os alunos "estudavam plantas minúsculas, geneticamente alteradas, desenhando folhas e anotando dados em diários", os visitantes cingapurenses "notaram quanto tempo o professor esperava para que os alunos respondessem a perguntas, com que freqüência os adolescentes se manifestavam e com que firmeza defendiam suas opiniões". Har Hui Peng, da Instituição Hwa Chong, ficou impressionada, como registrou o *Post*. "Basta olhar para ver que os estudantes estão mais engajados, em vez de serem mimados o dia inteiro", disse Har. O artigo do *Post* continuava: "[Em Cingapura], disse ela, os laboratórios estão plenamente equipados, mas são inóspitos, e os alunos são brilhantes, mas relutam em tomar a iniciativa de dar respostas. Para estimular a espontaneidade, Hwa Chong atribui agora 10% das notas de cada aluno à participação oral".

Enquanto os Estados Unidos se encantam com a capacidade de passar por exames da Ásia, os países asiáticos vão aos Estados Unidos para descobrir como fazer suas crianças pensarem. Colégios de primeira linha de Pequim e Xangai estão enfatizando a pesquisa independente, as competições científicas e os clubes de empreendedores. "Gosto do modo como suas crianças são capazes de se comunicar", disse Rosalind Chia, outra professora de Cingapura em viagem pelos Estados Unidos. "Talvez precise-

mos cultivar mais isso — uma conversa entre alunos e professores." Uma mudança desse tipo não acontece com facilidade. Com efeito, o Japão tentou recentemente melhorar a flexibilidade de seu sistema de educação nacional eliminando as aulas obrigatórias de sábado e aumentando o tempo dedicado aos estudos gerais, em que alunos e professores podem se dedicar a seus próprios interesses. Relata o *Post*: "Mas a mudança japonesa para a *yutori kyoiku*, ou educação descontraída, provocou uma reação para a volta ao básico dos pais temerosos de que seus filhos não estejam aprendendo o suficiente e que as notas nos exames venham a cair". Em outras palavras, a simples mudança de currículos — uma tentativa de cima para baixo — pode provocar apenas resistência. A cultura americana exalta e reforça a solução de problemas, o questionamento da autoridade e o pensamento herético. Ela permite que as pessoas fracassem e depois lhes dá uma segunda e uma terceira chances. Ela recompensa os empreendedores e os excêntricos. Trata-se de forças de baixo para cima que não podem ser produzidas por ordem do governo.

A ARMA SECRETA DOS ESTADOS UNIDOS

As vantagens americanas parecem óbvias em comparação com a Ásia, que ainda é um continente composto, em sua maioria, de países em desenvolvimento. Mas, em comparação com a Europa, a margem é menor do que muitos americanos imaginam. A área do euro vem crescendo a um ritmo respeitável, o mesmo dos Estados Unidos desde 2000, em termos per capita. Ela recebe metade dos investimentos externos do mundo, exibe uma produtividade de mão-de-obra muitas vezes tão forte quanto a americana e contabilizou um superávit comercial de 30 bilhões de dólares de janeiro a outubro de 2007. No Índice de Competitividade da WEF, os países europeus ocupam sete das dez primeiras posições. A Europa tem seus problemas — desemprego alto, mercados de trabalho rígidos —, mas apresenta também vantagens, entre elas sistemas de saúde e de previdência mais eficientes e fiscalmente sustentáveis. Tudo considerado, a Europa representa o desafio de curto prazo mais significativo para os Estados Unidos na esfera econômica.

Mas a Europa tem uma desvantagem crucial. Ou, para dizer de forma mais precisa, os Estados Unidos têm uma vantagem crucial sobre a Europa e a maior parte do mundo desenvolvido: é demograficamente dinâmico. Nicholas Eberstadt, do Instituto Empresarial Americano, estima que a população americana aumente em 65 milhões até 2030, ao passo que a européia ficará "praticamente estagnada". Segundo ele, a Europa "terá então mais do que o dobro de idosos com mais de 65 anos do que crianças com menos de quinze, com implicações drásticas para o envelhecimento futuro (menos crianças agora significa menos trabalhadores depois). Nos Estados Unidos, ao contrário, continuará a haver mais crianças do que idosos. A Divisão de População da ONU estima que a proporção entre pessoas em idade ativa e cidadãos idosos na Europa Ocidental cairá de 3,8:1 hoje para apenas 2,4:1 em 2030. Nos Estados Unidos, essa proporção cairá de 5,4:1 para 3,1:1. Alguns desses problemas demográficos poderiam melhorar se os europeus mais velhos decidissem trabalhar mais, mas até agora eles não fizeram isso e tendências como essa raramente se invertem".[20] A única maneira de a Europa evitar esse declínio demográfico é aceitar mais imigrantes. Os europeus nativos pararam de se repor em 2007, de tal modo que será preciso uma imigração modesta inclusive para manter a população atual. Seu crescimento exigirá muito mais. Mas as sociedades européias não parecem capazes de receber e assimilar pessoas de culturas estranhas e não familiares, em especial de regiões rurais e atrasadas do mundo islâmico. A questão sobre de quem é a culpa — do imigrante ou da sociedade — é irrelevante. A realidade política é que a Europa está tendendo a aceitar menos imigrantes num momento em que seu futuro econômico depende de sua capacidade de aceitá-los em maior número. Os Estados Unidos, por sua vez, estão criando a primeira nação universal, composta de todas as cores, raças e credos, vivendo e trabalhando juntos em considerável harmonia.

Surpreendentemente, muitos países asiáticos, com exceção da Índia, estão em situações demográficas semelhantes ou até piores do que a da Europa. As taxas de fertilidade no Japão, Taiwan, Coréia, Hong Kong e China* estão bem abaixo do nível de reposição de 2,1 filhos por mulher, e as estimativas indicam que importantes nações do Leste Asiático enfrentarão uma redução significativa de sua população ativa no próximo meio século. É provável que as populações ativas na China e na Coréia também atinjam seu pico na próxima década. O Goldman Sachs prevê que a idade média dos chineses subirá de 33 em 2005 para 45 em 2050, um envelhecimento notável da população. Em 2030, a China talvez tenha quase tantos cidadãos idosos de 65 anos ou mais anos quanto crianças com menos de quinze anos. E os países asiáticos têm tantos problemas com imigrantes quanto os europeus. O Japão tem diante de si uma grande escassez futura de trabalhadores porque não aceita receber imigrantes suficientes nem permitir que suas mulheres participem plenamente da força de trabalho.

Os efeitos do envelhecimento da população são consideráveis. Primeiro, temos o peso das pensões: menos trabalhadores

*A taxa de natalidade na China talvez seja subestimada, devido à política oficial de um filho por família. O consenso demográfico, porém, diz que a taxa de fertilidade total chinesa está abaixo do nível de reposição há quinze anos ou mais.

sustentando mais idosos grisalhos. Em segundo lugar, como o economista Benjamin Jones mostrou, os inventores mais inovadores — e a maioria esmagadora dos premiados com o Nobel — realizam suas obras mais importantes entre os trinta e 45 anos de idade. Em outras palavras, uma população ativa menor significa menos avanços tecnológicos, científicos e gerenciais. Em terceiro lugar, à medida que envelhecem, os trabalhadores passam de poupadores líquidos a gastadores líquidos, com conseqüências sombrias para a economia nacional e para as taxas de investimento. Para sociedades industriais avançadas — que já estão confortáveis, satisfeitas e menos inclinadas a trabalhar duro —, o mau perfil demográfico pode ser uma doença fatal.

A população americana branca nativa tem as mesmas baixas taxas de fertilidade da Europa. Sem a imigração, o crescimento do PIB americano do último quarto de século teria sido o mesmo do europeu. A vantagem em inovação dos Estados Unidos é, em imensa medida, produto da imigração. Os estudantes estrangeiros e imigrantes constituem 50% dos pesquisadores científicos do país e, em 2006, receberam 40% dos doutoramentos em ciências e engenharia e 65% dos em ciências da computação. Em 2010, os estudantes estrangeiros receberão mais de 50% de todos os doutoramentos concedidos em todas as áreas do conhecimento. Nas ciências, essa porcentagem chegará perto dos 75%. A metade de todas as empresas emergentes do Vale do Silício tem um fundador que é imigrante ou americano de primeira geração. A nova onda potencial de produtividade do país, sua vantagem em nanotecnologia, biotecnologia, sua capacidade de inventar o futuro — tudo repousa sobre sua política de imigração. Se os Estados Unidos puderem manter as pessoas que educam no país, a inovação acontecerá aqui. Se elas voltarem para casa, a inovação viajará com elas.

A imigração também dá aos Estados Unidos uma qualidade

rara para um país rico: fome e energia. À medida que as nações ficam ricas, o impulso para subir e ter sucesso enfraquece. Mas os Estados Unidos encontraram uma maneira de se manter constantemente revitalizados por correntes de pessoas que buscam uma vida nova num mundo novo. São aquelas pessoas que trabalham horas a fio catando frutas sob calor escaldante, lavando pratos, construindo casas, trabalhando à noite e limpando depósitos de lixo. Elas vêm para os Estados Unidos em condições terríveis, deixam família e a comunidade, somente porque querem trabalhar e subir na vida. Os americanos quase sempre temeram esses imigrantes, viessem da Irlanda ou da Itália, da China ou do México. Mas esses estrangeiros se transformaram na coluna vertebral da classe operária americana e seus filhos ou netos entraram na corrente principal da sociedade americana. Os Estados Unidos foram capazes de explorar essa energia, administrar a diversidade, assimilar os recém-chegados e avançar economicamente. Em última análise, é isso que distingue o país da experiência britânica e de todos os outros exemplos históricos de grandes potências econômicas que engordam, tornam-se preguiçosas e ficam para trás enquanto assistem à ascensão de nações mais magras e famintas.

O QUADRO MACRO

Muitos especialistas e analistas, e até alguns políticos, se preocupam com um conjunto de dados estatísticos que pressagiam dificuldades para os Estados Unidos. A taxa de poupança é zero, o déficit de conta-corrente, o déficit comercial e o déficit orçamentário são altos, a renda média está achatada e os compromissos com direitos adquiridos são insustentáveis. São preocupações válidas e terão de ser enfrentadas por Washington. Se o sistema econômico americano é sua força central, seu sistema político é sua fraqueza principal. Mas os números talvez não nos digam tudo o que precisamos saber. As estatísticas econômicas em que nos baseamos nos dão somente uma medida aproximada e antiquada de uma economia. Muitas delas foram desenvolvidas no final do século XIX para descrever uma economia industrial com limitada atividade internacional. Vivemos agora num mercado global interligado, com revoluções nos instrumentos financeiros, tecnologia e comércio. É possível que não estejamos mensurando as coisas de forma correta.

Costumava ser uma lei da macroeconomia, por exemplo, a existência numa economia mundial avançada de algo chamado NAIRU — taxa de desemprego que mantém estável a taxa de inflação. Isso significava basicamente que o desemprego não podia cair abaixo de certo nível, em geral estabelecido em 6%, sem empurrar a inflação para cima. Mas, nas duas últimas décadas, muitos países ocidentais, em especial os Estados Unidos, tiveram taxas de desemprego bem abaixo do nível que os economistas julgavam possível. Ou então, pensemos que o déficit de conta-corrente americano — que em 2007 atingiu 800 bilhões de dólares, ou 7% do PIB — era tido por insustentável acima de 4% do PIB. O déficit de conta-corrente está em níveis perigosos, mas não devemos esquecer também que sua magnitude pode ser explicada, em parte, pelo fato de que há um superávit mundial de poupança e que os Estados Unidos continuam a ser um lugar excepcionalmente estável e atraente para investir.

Richard Cooper, da Universidade Harvard, chega a dizer que o cálculo da taxa de poupança americana está errado e transmite uma imagem imprecisa de dívida imensa de cartões de crédito e hipotecas inexeqüíveis. Embora muitas famílias vivam acima de seus meios, o quadro parece mais saudável no nível agregado, argumenta Cooper. A poupança privada americana, que inclui a poupança familiar (o número "citado com freqüência" de cerca de 2% da renda per capita) e a poupança empresarial, alcançou 15% em 2005. Em outras palavras, a diminuição em poupança pessoal foi amplamente compensada pelo aumento da poupança empresarial. E, o que é mais importante, o conceito todo de "poupança nacional" pode estar obsoleto por não refletir a realidade dos novos modos de produção. Na nova economia, o crescimento vem de "equipes de pessoas que criam novos bens e serviços, não da acumulação de capital", que era mais importante na primeira metade do século XX. No entanto, ainda estamos preocupados em medir o capital. Segundo Cooper, as contas nacionais, que incluem o PIB e medidas tradicionais de poupança nacional, foram "formuladas na Inglaterra e nos Estados Unidos na década de 1930, no auge da era industrial".[21]

Os economistas definem poupança como a renda que, em vez de ir para o consumo, é investida para tornar possível o consumo no futuro. As medidas atuais de investimento concentramse no capital físico e na habitação. Cooper sustenta que essa medida é enganadora. Gastos com educação são considerados "consumo", mas, numa economia baseada no conhecimento, a educação funciona mais como poupança — é uma renúncia de gasto hoje a fim de aumentar o capital humano e elevar a renda e o poder de compra futuros. Enquanto isso, a P&D privada não é incluída de forma alguma nas contas nacionais, mas considerada uma despesa empresarial intermediária, embora a maioria dos estudos sugira que a P&D, em média, traz uma alta recompensa, muito maior do que investimentos em tijolos e cimento, que são considerados poupança segundo os critérios atuais. Desse modo, Cooper também consideraria poupança os gastos em bens de consumo duráveis, educação e P&D, o que daria aos Estados Unidos uma taxa de poupança bem alta. O novo critério também aumentaria essa taxa para outras nações, mas a contribuição de educação, P&D e bens de consumo duráveis para a poupança total "é maior nos Estados Unidos do que na maioria dos outros países, exceto, talvez, em alguns países nórdicos".*

Com todas essas reservas, os Estados Unidos ainda têm problemas sérios. Muitas tendências relacionadas com o quadro macroeconômico são preocupantes. Qualquer que seja a taxa de poupança, ela caiu bastante nas duas últimas décadas. Segundo todos os cálculos, o sistema de saúde para idosos Medicare ameaça explodir o orçamento federal. A mudança de superávits para déficits entre 2000 e 2008 tem implicações graves. Ademais, para a maioria das famílias, a renda está achatada ou subindo muito devagar. A desigualdade crescente é a marca da nova era movida por uma força tríplice: a economia do conhecimento, a tecnologia da informação e a globalização. E, o que talvez seja mais preocupante, os americanos estão tomando emprestado 80% da poupança mundial e usando esse dinheiro para consumir. Em outras palavras, estamos vendendo nossos ativos aos estrangeiros a fim de tomar uns cappuccinos a mais. Esses problemas se acumularam num momento ruim porque, apesar de todo o seu vigor, a economia americana enfrenta agora o desafio mais forte de sua história.

TODOS ESTÃO PARTICIPANDO DO JOGO

Permitam-me começar com uma analogia tirada de meu esporte preferido, o tênis. Os fãs americanos desse esporte notaram uma tendência recente preocupante: o declínio dos Estados Uni-

* Bens de consumo duráveis, educação e P&D equivalem a 8,6%, 7,3% e 2,8% do PIB, respectivamente. Acrescentando-se isso aos 15% poupados pelos meios mais tradicionais, temos pouco acima de 33% do PIB de poupança nacional.

dos nos torneios de tênis. Aron Pilhofer, do *New York Times*, fez os cálculos. Há trinta anos, a metade dos 128 jogadores selecionados para disputar o U. S. Open era de americanos. Em 1982, por exemplo, eram 78 dos 128 selecionados. Em 2007, apenas vinte, número que reflete com precisão a tendência ao declínio ao longo de 25 anos. Milhões de pixels foram gastos para discutir as causas dessa queda tão expressiva e rápida. A resposta está em outro conjunto de números. Na década de 1970, cerca de 25 países mandavam tenistas ao U. S. Open. Hoje, são cerca de 35, um aumento de 40%. Países como Rússia, Coréia do Sul, Sérvia e Áustria produzem jogadores de classe internacional, e Alemanha, França e Espanha treinam muito mais tenistas do que antes. Nos anos 70, três países anglo-saxões — Estados Unidos, Inglaterra e Austrália — dominavam totalmente o tênis. Em 2007, os dezesseis finalistas vinham de dez países. Em outras palavras, não é que os Estados Unidos tenham piorado nas duas últimas décadas. É que, de repente, todos estão participando do jogo.

Se o tênis parece trivial, pensemos numa competição de apostas mais altas. Em 2005, a cidade de Nova York recebeu uma chamada de despertar: 24 das 25 maiores ofertas públicas iniciais (IPOs) realizaram-se em outros países. Foi um fato espantoso. Os mercados de capitais americanos eram havia muito tempo os maiores, mais profundos e mais líquidos do mundo. Eles financiaram as mudanças na manufatura na década de 1980, a revolução tecnológica nos anos 90 e os progressos atuais em biociência. Foi a fluidez desses mercados que manteve a agilidade das empresas americanas. Se o país estava perdendo esse diferencial, a notícia era péssima. A preocupação foi suficientemente grande para que o prefeito Michael Bloomberg e o senador Chuck Schumer de Nova York encomendassem à McKinsey & Company uma avaliação da competitividade financeira do estado de Nova York. O relatório foi divulgado no final de 2006.[22]

Boa parte da discussão em torno do problema concentrou-se no excesso de regulamentação americana, em particular sobre as leis mais rígidas posteriores ao escândalo da Enron, como a Sarbanes-Oxley, e a constante ameaça de litígio que paira sobre os negócios nos Estados Unidos. A discussão fazia sentido, mas não chegava aos verdadeiros motivos da mudança para o exterior. Os negócios continuavam normalmente no país. Mas outros estavam entrando no jogo. A lei Sarbanes-Oxley e outras medidas reguladoras desse tipo não teriam o impacto que causaram se não fosse pelo fato de que *agora existem alternativas*. O que está realmente acontecendo aqui, tal como em outras áreas, é simples: a ascensão do resto. Nos Estados Unidos, a soma total de ações, títulos, depósitos, empréstimos e outros instrumentos — em outras palavras, seu estoque financeiro — ainda supera a de qualquer outra região, mas, em outras regiões, o estoque financeiro está crescendo com muito mais rapidez. Isso vale especialmente para os países em ascensão da Ásia, com crescimento de 15,5% anuais entre 2001 e 2005, mas até mesmo a área do euro está superando os Estados Unidos, que não passa de 6,5%. As receitas bancárias e comerciais totais da Europa, de 98 bilhões de dólares em 2005, chegaram muito perto das receitas americanas de 109 bilhões de dólares. Em 2001, 57% das IPOs de alto valor ocorreram nas bolsas americanas; em 2005, apenas 16%. Em 2006, os Estados Unidos sediaram não mais do que um terço do número total de IPOs feitas no país em 2001, enquanto as bolsas européias expandiram seu volume dessas ofertas em 30%, e, na Ásia (menos o Japão), o volume dobrou. As IPOs são importantes porque geram "receitas recorrentes substanciais para o mercado hospedeiro" e contribuem para percepções de dinamismo do mercado.

IPOs e registros de valores mobiliários no exterior constituem apenas uma parte da história. Derivativos novos, baseados em instrumentos financeiros subjacentes como ações ou pagamentos de juros, são cada vez mais importantes para fundos de hedge, bancos, seguradoras e para a liquidez total dos mercados internacionais. E o ator dominante no mercado internacional de derivativos (estimado em um valor hipotético de 300 trilhões de dólares) é Londres. A bolsa londrina responde por 49% do mercado de derivativos em moeda estrangeira e 34% do mercado de derivativos em juros (os Estados Unidos respondem por 16% e 14% desses mercados, respectivamente). As bolsas européias como um todo representam mais de 60% dos derivativos em juros, moeda estrangeira, participações e ligados a fundos. As entrevistas da McKinsey com líderes empresariais mundiais indicam que a Europa domina não somente em produtos derivativos existentes, mas também na criação de novos. O único mercado de derivativos em que a Europa está atrás dos Estados Unidos é aquele baseado em commodities, que responde pela receita total mais baixa entre as principais categorias de derivativos.

Houve algumas razões específicas para a queda. Muitas das grandes IPOs de 2005 e 2006 eram privatizações de empresas estatais na Europa e na China. As chinesas foram naturalmente para Hong Kong, e as russas e européias orientais, para Londres. Em 2006, as três maiores IPOs vieram de países emergentes. Mas isso tudo faz parte de uma tendência mais ampla: países e empresas têm agora mais opções do que no passado. Os mercados de capitais fora dos Estados Unidos — principalmente Hong Kong e Londres — são bem regulados e líquidos, o que possibilita que as empresas levem em conta outros fatores, como fusos horários, diversificação e política.

Os Estados Unidos não estão piores do que o usual. O país funciona como sempre funcionou, talvez supondo subconscientemente que ainda está muito à frente da turma. Os legisladores americanos raramente pensam no resto do mundo quando redigem leis, regulamentos e políticas. As autoridades americanas raramente se referem a padrões mundiais. Afinal, o país foi durante tanto tempo *o padrão* global, e, quando decidia fazer algo diferente, bastava que o mundo aceitasse sua excepcionalidade. Os Estados Unidos são o único país do mundo, além da Libéria e de Mianmar, que não adota o sistema métrico. Além da Somália, é o único a não ratificar a Convenção Internacional sobre os Direitos da Criança. Nos negócios, o país não precisava de ponto de referência: era aquele que ensinava o mundo a ser capitalista. Mas agora todos estão jogando o jogo americano, e jogando para vencer.

Nos últimos trinta anos, os impostos sobre corporações dos Estados Unidos eram os mais baixos entre os principais países industrializados. Hoje, são o segundo mais alto. Os impostos americanos não subiram: os outros é que baixaram. A Alemanha, por exemplo, que sempre acreditou num sistema de altos tributos, cortou seus impostos (a começar em 2008) em reação a medidas tomadas por seus vizinhos do leste, como Eslováquia e Áustria. Esse tipo de competição entre países industrializados está disseminado agora. Não é uma corrida em direção ao fundo — os países escandinavos têm impostos altos, serviços bons e crescimento forte —, mas uma busca pelo crescimento. As regulamentações americanas costumavam ser as mais flexíveis e favoráveis ao mercado. Isso não é mais verdade. O sistema financeiro de Londres foi reajustado em 2001, quando uma única entidade substituiu uma mistura confusa de agências reguladoras, e esse é um dos motivos porque o setor financeiro londrino bate o de Nova York em alguns critérios. O governo britânico inteiro trabalha agressivamente para fazer de Londres um centro mundial. Washington, ao contrário, gasta tempo e energia pensando em formas de tributar Nova York, a fim de poder mandar suas receitas para o resto do país. Agências reguladoras da Polônia à China e à Índia procuram todos os dias tornar seus sistemas mais atraentes para os investidores e empresários de todo o mundo. Um movimento semelhante acontece até mesmo na imigração, pois a União Européia está criando um novo "cartão azul" para atrair trabalhadores altamente especializados dos países em desenvolvimento.

O fato de ter estado no topo por tanto tempo tem seus inconvenientes. O mercado norte-americano é tão grande que os americanos sempre souberam que o resto do mundo se esforçaria para compreendê-los. Não tínhamos de retribuir aprendendo línguas e culturas estrangeiras e o funcionamento de seus mercados. Agora, isso pode deixar o país em desvantagem competitiva. Tomemos a difusão do inglês em todo o mundo como uma metáfora. Os americanos regalaram-se com esse processo porque lhes facilita muito viajar e fazer negócios no exterior. Mas, para os outros, significa entender e ter acesso a dois mercados e duas culturas. Eles podem falar inglês, mas também mandarim, híndi ou português. Podem penetrar no mercado americano, mas também no mercado interno chinês, indiano ou brasileiro (e, em todos esses países, os mercados que não falam inglês continuam a ser os maiores). Ao contrário, os americanos só podem nadar em um mar. Eles jamais desenvolveram a capacidade de entrar no mundo dos outros povos.

Não notamos a velocidade com que o resto ascendeu. O serviço de telefonia celular na maior parte do mundo industrializado — e também em uma boa parte do não-industrializado — é melhor do que o americano. A banda larga é mais rápida e mais barata em todo o mundo industrializado, do Canadá à França e ao Japão, e os Estados Unidos ocupam agora o 16º lugar mundial em penetração da banda larga per capita. Os políticos americanos dizem sempre aos seus eleitores que a única coisa que temos a aprender com os sistemas de saúde de outros países é dar graças pelo nosso. A maioria dos americanos ignora o fato de que um terço das escolas públicas do país é totalmente disfuncional (porque seus filhos freqüentam os outros dois terços). Considera-se agora que o sistema de litígio americano implica um gasto alto na hora dos negócios, mas ninguém ousa propor uma reforma. Nossa dedução de hipoteca para habitação custa assombrosos 80 bilhões de dólares anuais, e nos dizem que ela é crucial para sustentar a propriedade da moradia. Exceto que Margaret Thatcher a eliminou na Grã-Bretanha, que ainda assim tem a mesma taxa de propriedade de moradia dos Estados Unidos. Raramente olhamos em volta e notamos outras opções e alternativas, convencidos de que "somos o número um". Mas aprender com o resto não é mais uma questão de moralidade ou política. É cada vez mais uma questão de competitividade.

Vejamos o que acontece na indústria automotiva. A partir de 1894, durante um século, a maioria dos carros fabricados na América do Norte era feita em Michigan. A partir de 2004, Michigan foi substituído por Ontário, Canadá. O motivo é simples: assistência à saúde. Nos Estados Unidos, os fabricantes de automóveis gastam 6500 dólares por operário com seguro-saúde e de vida. Com a mudança da fábrica para o Canadá, que possui um sistema estatal de saúde, esse custo é de cerca de oitocentos dólares por trabalhador. Em 2006, a General Motors pagou 5,2 bilhões de dólares em contas de saúde e seguro para seus operários da ativa e aposentados. Isso acrescenta 1500 dólares ao custo de cada carro da GM vendido. Para a Toyota, que tem menos aposentados americanos e muito mais operários estrangeiros, esse custo é de 186 dólares por carro. Isso não é necessariamente um anúncio do sistema público de saúde canadense, mas deixa claro que os custos do sistema americano subiram ao ponto de se tornar uma desvantagem competitiva significativa contratar operários americanos. Os empregos não vão para países como o México, mas para lugares onde é possível encontrar trabalhadores bem treinados e instruídos: os patrões não estão procurando salários baixos, mas benefícios inteligentes. Amarrar a assistência à saúde ao emprego tem uma conseqüência negativa adicional: ao contrário dos trabalhadores do resto do mundo industrializado, os americanos perdem sua assistência à saúde se perderem o emprego, o que os deixa mais ansiosos em relação à competição estrangeira, ao comércio externo e à globalização. A pesquisa Pew encontrou um medo maior dessas forças entre os americanos do que entre alemães e franceses, talvez por esse motivo.

Durante décadas, os trabalhadores americanos, fosse na indústria automobilística, na siderurgia ou nos bancos, tiveram uma enorme vantagem sobre todos os outros trabalhadores: acesso privilegiado ao capital americano. Eles podiam usar esse acesso para comprar tecnologia e treinamento que ninguém mais tinha, e assim produzir produtos que ninguém mais podia produzir, e a preços competitivos. Esse acesso especial acabou. O mundo está nadando em capital e, de repente, os americanos precisam se perguntar: o que podemos fazer melhor do que os outros? Esse é o dilema não somente para os trabalhadores, mas também para as empresas. O fundamental agora não é se comparar com o próprio passado (estamos indo melhor do que antes?), mas com o presente em outros lugares (como estamos indo em relação aos outros?). A comparação não é mais feita numa dimensão vertical de tempo, mas numa dimensão horizontal de espaço.

Quando iam para o exterior, as empresas americanas costumavam levar com elas capital e know-how. Mas agora elas descobrem que os nativos já têm dinheiro e já têm know-how. Não existe mais um Terceiro Mundo. Então, o que as companhias americanas levam para a Índia ou o Brasil? Qual é a vantagem competitiva dos Estados Unidos? Eis uma pergunta que poucos empresários americanos acharam que teriam de responder algum dia. A resposta está em algo que o economista Martin Wolf observou. Ao descrever o mundo em mudança, ele escreveu que os economistas costumavam discutir dois conceitos básicos, *capital* e *trabalho*. Mas eles agora são commodities, amplamente disponíveis para todos. O que distingue as economias de hoje são *idéias* e *energia*. Um país precisa ser fonte de idéias ou de energia (ou seja, petróleo, gás, carvão etc.). Os Estados Unidos foram e podem ser a fonte mais importante e contínua do mundo de idéias, grandes e pequenas, técnicas e criativas, econômicas e políticas. Mas, para tanto, precisam fazer mudanças significativas.

UMA POLÍTICA DO NÃO FAZER NADA

Os Estados Unidos têm uma história de preocupações que está perdendo seu fio. Essa é, pelo menos, a quarta onda de preocupação desde 1945. A primeira aconteceu no final dos anos 50, em conseqüência do lançamento do satélite Sputnik pela União Soviética. A segunda foi no começo dos anos 70, quando a elevação dos preços do petróleo e o baixo crescimento convenceram os americanos de que a Europa Ocidental e a Arábia Saudita seriam as potências do futuro e o presidente Nixon anunciou o advento de um mundo multipolar. A mais recente ocorreu em meados dos anos 80, quando a maioria dos especialistas acreditava que o Japão seria a superpotência tecnológica e economicamente dominante do futuro. Em cada um desses casos, a preocupação tinha fundamento, as projeções eram inteligentes. Mas nenhum desses prognósticos se confirmou. O motivo é que o sistema americano se mostrou flexível, engenhoso e resistente, capaz de corrigir seus erros e mudar sua atenção. O foco no declínio econômico acabou por preveni-lo. Hoje, o problema é que o sistema político americano parece ter perdido sua capacidade de criar amplas coalizões que resolvam questões complexas.

Hoje, as disfunções econômicas no país são reais, mas, em

larga medida, não são causadas por ineficiências profundas da economia americana, nem são reflexos de decadência cultural. Elas são conseqüências de políticas governamentais específicas. Diretrizes diferentes poderiam levar os Estados Unidos com rapidez e relativa facilidade para uma posição muito mais estável. Um conjunto de reformas sensatas poderia ser implementado amanhã para cortar gastos e subsídios perdulários, aumentar a poupança, expandir a formação em ciência e tecnologia, garantir pensões, criar um processo de imigração viável e alcançar uma eficiência significativa no uso de energia.* Os especialistas em políticas públicas não divergem muito no que diz respeito à maioria dessas questões, e nenhuma das medidas propostas exigira sacrifícios semelhantes aos do tempo da guerra, apenas ajustes modestos dos arranjos existentes. No entanto, devido à política, eles parecem impossíveis. O sistema político americano perdeu a capacidade de acordos em grande escala, e perdeu a capacidade de aceitar um pouco de dor agora para ganhar mais depois.

Ao entrar no século XXI, os Estados Unidos não são fundamentalmente uma economia fraca ou uma sociedade decadente. Mas desenvolveram uma política altamente disfuncional. Para começar, têm um sistema político antiquado e excessivamente rígido — com cerca de 225 anos de idade —, que está dominado por dinheiro, interesses especiais, uma mídia sensacionalista e grupos de ataque ideológicos. O resultado é um debate incessante e virulento sobre coisas triviais — a política como teatro — e com muito pouca substância, acordo e ação. Um país do "pode-

* Eu não acrescentaria resolver o problema da assistência à saúde a esta lista porque não se trata de um problema fácil com solução fácil. A maioria dos problemas de Washington tem soluções simples, mas enfrenta a paralisia política. A assistência à saúde é uma questão complexa tanto em termos políticos como de políticas públicas. Isso não significa que não precise ser resolvida, longe disso. Mas resolvê-la teria sido difícil em qualquer circunstância, como o é hoje.

fazer" está agora dominado por um processo político do "não fazer nada", projetado para a batalha partidária, não para a solução de problemas. Segundo qualquer critério — o crescimento dos interesses especiais, lobbies, gastos clientelistas —, o processo político tornou-se muito mais partidário e ineficaz nas últimas três décadas.

É "contrarianismo" inteligente ser a favor de uma política partidária bem demarcada e contra chamados meritórios a favor do bipartidarismo. Alguns cientistas políticos gostariam que os partidos políticos americanos fossem mais parecidos com os europeus, ideologicamente puros e com disciplina rígida. Bem, isso aconteceu — há cada vez menos moderados de cada lado — e o resultado é a paralisia. Os sistemas parlamentares europeus funcionam bem com partidos ideológicos. Neles, o Poder Executivo sempre controla o Legislativo, e assim o partido no poder pode implementar sua pauta com facilidade. O primeiro-ministro britânico não precisa de apoio do partido de oposição: por definição, ele tem uma maioria governante. Ao contrário, o sistema americano é de poder compartilhado, funções sobrepostas e pesos e contrapesos. O progresso exige coalizões amplas entre os dois partidos e políticos que passarão de um lado para o outro. É por isso que James Madison desconfiava dos partidos políticos, colocava-os junto com todos os tipos de "facções" e os considerava um perigo grave para a jovem república americana.

Sei que essas queixas parecem muito pretensiosas e frouxas. E sei que sempre houve mau partidarismo nos Estados Unidos, até mesmo na época de Madison. Mas sempre houve também muito bipartidarismo, especialmente no último século. Em reação ao rancor político do final do século XXI — a última vez em que houve duas eleições apertadas em sucessão —, muitos líderes americanos tentaram criar forças dedicadas ao bom governo, solucionador de problemas. Em 1916, Robert Brookings criou a

Brookings Institution em Washington porque queria uma organização "livre de qualquer interesse partidário ou pecuniário [...] para coletar, interpretar e apresentar para o país, de forma coerente, os fatos econômicos fundamentais". O Conselho de Relações Exteriores, fundado cinco anos depois, também atravessava propositadamente as linhas partidárias. O primeiro editor de sua revista, *Foreign Affairs*, disse ao seu vice-editor que, se um deles viesse a ser identificado publicamente como democrata, o outro deveria começar imediatamente a fazer campanha para os republicanos. Compare-se isso com um *think tank* fundado muito mais recentemente, a conservadora Heritage Foundation, cujo ex-vice-presidente Burton Pines admitiu: "Nosso papel é oferecer aos formuladores de políticas conservadores argumentos para defender nosso lado".

O problema é que o avanço em qualquer questão importante — saúde, seguridade social, reforma tributária — exigirá transigência de ambos os lados. Na política externa, para elaborar uma política estratégica no Iraque, ou sobre o Irã, a Coréia do Norte ou a China, será preciso o apoio de ambos os lados. É necessária uma perspectiva de longo prazo. E isso é altamente improvável. Aqueles que defendem soluções sensatas e legislação conciliadora vêem-se marginalizados pelas lideranças partidárias, perdem financiamento dos grupos de interesses especiais e são constantemente atacados por seu "lado" na televisão e no rádio. O sistema oferece incentivos maiores para manter-se firme, voltar e contar à sua equipe que nada foi cedido ao inimigo. É ótimo para arrecadar fundos, mas é terrível para governar.

O verdadeiro teste para os Estados Unidos é, em certo sentido, o oposto daquele enfrentado pela Grã-Bretanha em 1900. O poder econômico britânico esvaiu-se enquanto o país conseguia manter sua imensa influência política no resto do mundo. A economia e a sociedade americanas, ao contrário, são capazes de reagir às pressões econômicas e à competição. Podem ajustar-se, adaptar-se e perseverar. O verdadeiro teste para os Estados Unidos é político — e recai não somente sobre o país em geral, mas, sobretudo, sobre Washington. Pode Washington se ajustar e se adaptar a um mundo em que outros avançaram? Pode responder às mudanças em poder econômico e político? Esse desafio é ainda mais difícil na política externa do que na interna. Pode Washington realmente aceitar um mundo com diversidade de vozes e pontos de vista? Os Estados Unidos podem prosperar num mundo que não podem dominar?

7. Finalidade americana

Quando os historiadores tentarem entender o mundo do início do século XXI, eles deverão levar em conta a Crise da Salsinha. Em julho de 2002, o governo do Marrocos mandou doze soldados para uma ilha minúscula chamada Leila, distante algumas centenas de metros de sua costa, no estreito de Gibraltar, e fincou sua bandeira lá. A ilha é desabitada, exceto por algumas cabras, e tudo que viceja lá é salsinha silvestre, daí seu nome em espanhol, Perejil. Mas sua soberania era disputada havia muito tempo entre Marrocos e Espanha, e o governo espanhol reagiu com vigor à "agressão" marroquina. Dentro de poucas semanas, 75 soldados espanhóis foram transportados de avião para a ilha. Eles arrancaram a bandeira do Marrocos, hastearam duas bandeiras espanholas e mandaram os marroquinos de volta para casa. O governo do Marrocos denunciou o "ato de guerra" e organizou comícios em que centenas de jovens gritaram "nossas almas e nosso sangue são sacrifícios a ti, Leila!". A Espanha manteve seus helicópteros militares pairando sobre a ilha e seus vasos de guerra ao largo da costa do Marrocos. De longe, a coisa toda parecia uma ópera cômica. Mas, por mais absurdo que pudesse parecer, alguém teria de fazer os dois países se acalmarem.

Essa função não coube à ONU, à União Européia ou a um país europeu amigo como a França, que tem boas relações com ambos os lados. Coube aos Estados Unidos. O então secretário de Estado, Colin Powell, relembra com bom humor: "Eu me perguntava: o que tenho a ver com isso? Por que nós, os Estados Unidos, estamos metidos nisso?". Depois que ficou claro que nada mais estava funcionando, ele começou uma rodada frenética de diplomacia por telefone, tendo feito mais de uma dúzia de chamadas ao rei e ao ministro do Exterior do Marrocos entre o fim da noite de sexta-feira e a manhã de sábado. "Concluí que tinha de obter um acordo rapidamente porque senão o orgulho toma conta, as posições se endurecem e as pessoas ficam inflexíveis", disse Powell. "A noite estava chegando no Mediterrâneo. E meus netos iam chegar logo para nadar!" Então, Powell redigiu um acordo no seu computador de casa, fez os dois lados aceitarem-no, depois assinou ele mesmo pelos dois e mandou por fax para a Espanha e o Marrocos. Os países concordaram em deixar a ilha desocupada e começar conversações, em Rabat, sobre sua situação futura. Os dois governos emitiram declarações agradecendo os Estados Unidos por ajudarem a resolver a crise. E Colin Powell conseguiu ir nadar com os netos.

É um pequeno exemplo, mas revelador. Os Estados Unidos não têm interesses no estreito de Gibraltar. Ao contrário da União Européia, não têm influência especial na Espanha ou no Marrocos. Ao contrário das Nações Unidas, não podem falar pela comunidade internacional. Mas foram o único país que poderia resolver a disputa, por uma razão muito simples e fundamental: num mundo unipolar, é a única superpotência.

O verão de 2002 será considerado o ponto mais alto da maré unipolar, o momento romano dos Estados Unidos. A década que levou a isso foi um período estonteante. A economia estava exuberante, o aumento da produtividade era o maior em décadas. Washington exibia superávits enormes, o dólar estava nas alturas e os CEOs americanos eram superestrelas globais. Então o mundo assistiu ao ataque brutal de setembro de 2001 ao país, que provocou sentimentos de simpatia, bem como algum regozijo em silêncio, diante do fato de que até uma superpotência podia ser humilhada. Mas, em seguida, enquanto os Estados Unidos se sentiam fracos e vulneráveis, o mundo testemunhou sua reação numa escala inimaginável para qualquer outra nação. Washington aumentou imediatamente seu orçamento de defesa em 50 bilhões de dólares, uma quantia maior do que o total dos orçamentos de defesa anuais da Grã-Bretanha e da Alemanha. Sozinha, pôs o terrorismo no topo da agenda mundial, fazendo com que todos os países reorientassem suas políticas externas. O Paquistão, aliado dos talibãs durante anos, voltou-se contra eles em uma semana. Dentro de um mês, os Estados Unidos atacaram o Afeganistão, a 11 mil quilômetros de distância, quase que totalmente do ar, e derrubaram rapidamente o regime.

Isso foi naquela ocasião. Hoje, os Estados Unidos continuam a ser a superpotência global, mas enfraquecida. Sua economia apresenta problemas, sua moeda está em queda e tem diante de si problemas de longo prazo com seus compromissos em alta e sua baixa poupança. O sentimento antiamericano está forte como nunca em todos os lugares, da Grã-Bretanha à Malásia. Mas a mudança mais notável entre a década de 1990 e agora não tem a ver com os Estados Unidos, e sim com o mundo todo. Nos anos 90, a Rússia era completamente dependente da ajuda e dos empréstimos americanos. Agora, exibe superávits anuais de dezenas de bilhões de dólares. Naquela época, as nações do Leste Asiático precisavam desesperadamente que o FMI as tirasse de suas crises. Hoje, elas possuem enormes reservas em moeda estrangeira, que estão usando para financiar a dívida americana. O crescimento econômico da China de então era impulsionado quase totalmente pela demanda americana. Em 2007, a China contribuiu mais para o crescimento mundial do que os Estados Unidos — algo inédito desde os anos 30, pelo menos — e superou-os como o maior mercado consumidor do mundo em várias categorias fundamentais.

A longo prazo, essa tendência secular — a ascensão do resto — só ganhará força, quaisquer que sejam os altos e baixos. No aspecto político-militar, os Estados Unidos ainda dominam o mundo, mas a estrutura maior da unipolaridade — econômica, financeira, cultural — está enfraquecendo. Washington ainda não tem um verdadeiro rival, e não terá por um bom tempo, mas enfrenta um número crescente de restrições. A polaridade não é uma condição binária. O mundo não permanecerá unipolar durante décadas e então, certo dia, mudará subitamente e se tornará bipolar ou multipolar. Haverá uma mudança lenta na natureza dos assuntos internacionais. Embora a unipolaridade continue a ser uma realidade definidora do sistema internacional, a cada ano ela se torna mais fraca e outros países e atores aumentam sua força.

Essa alteração no poder poderia ser benéfica num sentido amplo. É um produto de coisas boas — crescimento econômico robusto e estabilidade mundial. E é boa para os Estados Unidos, se abordada de forma adequada. O mundo está seguindo o caminho americano. Os países estão se tornando mais abertos, orientados para o mercado e democráticos. Enquanto mantivermos crescendo as forças da modernização, da interação global e do comércio, a boa governança, os direitos humanos e a democracia avançam também. Esse movimento nem sempre é veloz. Com freqüência, há recuos, mas a direção básica está clara. Vejamos o exemplo da África, que é muitas vezes considerado um continente sem esperança. Hoje, dois terços do continente africano são democráticos e estão crescendo economicamente.

Essas tendências oferecem aos Estados Unidos a oportunidade de continuar a ser um ator central num mundo mais rico, dinâmico e excitante. Mas, para aproveitar essa chance, será preciso fazer uma mudança substancial da posição do país perante o mundo. Há limites para o que os Estados Unidos podem fazer com seu poder relativo. À medida que os outros crescerem, partindo de situações iniciais baixas, seu peso relativo diminuirá. Mas há muita coisa ao alcance de Washington para redefinir a finalidade americana.

AS VIRTUDES DA COMPETIÇÃO

Como os Estados Unidos erraram? O país tinha uma mão extraordinária para jogar na política mundial, a melhor que algum país já teve na história. No entanto, por quase todos os critérios — problemas resolvidos, sucesso alcançado, instituições criadas, reputação melhorada —, Washington jogou mal. O país teve um período de influência sem paralelo. O que ele tem para mostrar a seu favor?

Além de personalidades e políticas específicas, sobre as quais muito foi escrito, a condição que tornou esses erros possíveis foi, ironicamente, o imenso poder dos Estados Unidos. Os americanos acreditam firmemente nas virtudes da competição. Cremos que indivíduos, grupos e empresas têm melhor desempenho quando estão num ambiente competitivo. Mas, no que diz respeito à arena internacional, esquecemos esse fato. Desde o colapso da União Soviética, os Estados Unidos desfilaram pelo mundo como um colosso, sem rivais e sem contestações. Isso teve seus benefícios, mas também deixou Washington arrogante, imprudente e preguiçosa. Em certos momentos, sua política externa se pareceu com a estratégia de negócios da General Motors na década de 1970 — uma abordagem comandada por fatores internos, com pouca percepção do ambiente mais amplo em que estava atuando. Isso não funcionou muito bem para a GM, e também não deu certo para os Estados Unidos.

Não começamos imprudentes. A maioria dos políticos e especialistas, americanos e estrangeiros, demorou a abraçar a unipolaridade. Em 1990, quando a União Soviética estava desmoronando, Margaret Thatcher expressou uma opinião comum então de que o mundo estava avançando para ter três grupos regionais, "um baseado no dólar, um baseado no iene, outro no marco alemão".[1] George H. W. Bush, impregnado de ordem bipolar, jamais agiu como se fosse o chefe de uma superpotência única. Ele agiu com cuidado perante as mudanças históricas no sistema mundial. Em vez de reivindicar triunfantemente uma vitória na Guerra Fria, seu governo consolidou cautelosamente os ganhos com o colapso soviético, sempre consciente de que o processo poderia sofrer um retrocesso ou descambar para a violência. Ao travar a primeira Guerra do Golfo, Bush pai preocupou-se muito em montar uma coalizão internacional, obter a aprovação das Nações Unidas e permanecer fiel ao mandato que deu legitimidade à guerra. Com os Estados Unidos assolados por uma recessão e por déficits crescentes, ele mandou seu secretário de Estado, James Baker, rodar o mundo com o chapéu na mão a fim de levantar fundos para a guerra. Sua grande realização na política exterior — a reunificação alemã — não foi obtida mediante força unilateral, mas por meio de uma diplomacia colaborativa, ainda que os Estados Unidos tivessem todos os trunfos na mão naquela época. A Alemanha foi reunificada dentro da aliança ocidental, e 340 mil russos deixaram calmamente a Alemanha Oriental, tudo com a aquiescência de Moscou.

Alguns analistas reconheceram que, com a União Soviética em frangalhos, os Estados Unidos eram o único "pólo" de pé. Mas supunham que a unipolaridade era uma fase passageira, um "momento", nas palavras de um colunista.[2] Referências à fraqueza americana dominaram a eleição presidencial de 1992. "A Guerra Fria terminou: Japão e Alemanha ganharam", disse Paul Tsongas em sua campanha para obter a indicação do Partido Democrata. Henry Kissinger, em seu livro de 1994, *Diplomacia*, previu o surgimento de um novo mundo multipolar, opinião com a qual concordava a maioria dos analistas da política internacional. Os europeus acreditavam que estavam a caminho da unidade e do poder mundial, e os asiáticos falavam confiantemente da ascensão do "Século do Pacífico".

Apesar dessas alegações, parecia que os problemas estrangeiros, por mais distantes que fossem, sempre acabavam nas costas de Washington. Quando começou a crise nos Bálcãs, em 1991, o presidente do Conselho Europeu, Jacques Poos, de Luxemburgo, declarou: "Esta é a hora da Europa. Se há um problema que pode resolvido pelos europeus, é o problema iugoslavo. Trata-se de um país europeu e não é da competência dos americanos". Não era uma opinião incomum ou antiamericana: a maioria dos líderes europeus, inclusive Thatcher e Helmut Kohl, compartilhava dela. Mas, vários anos sangrentos depois, coube aos Estados Unidos acabar com a luta. Uma década mais tarde, quando houve a erupção no Kosovo, a Europa deixou imediatamente os Estados Unidos assumirem o comando. O mesmo padrão se repetiu na crise econômica asiática, na luta de Timor Leste pela independência, nos sucessivos conflitos no Oriente Médio e nos calotes da dívida latino-americana. Muitas vezes, outros países faziam parte da solução, mas, se os americanos não interviessem, a crise persistia. E, ao mesmo tempo, a economia americana vivia seu boom mais longo desde a Segunda Guerra Mundial, aumentando sua fatia da produção mundial, enquanto Europa e Japão estagnavam.

Em 1993, quando assumiu o governo, Bill Clinton prometeu parar de se preocupar com a política externa e se concentrar, "como um raio laser", na economia. Mas a atração da unipolaridade era forte. Em seu segundo mandato, ele já se tornara um presidente da política externa, gastando a maior parte de seu tempo, sua energia e sua atenção em questões como a paz no Oriente Médio e a crise nos Bálcãs. George W. Bush reagiu ao que considerava um envolvimento excessivo em assuntos internacionais — de socorros econômicos à construção de nações — e prometeu em sua campanha que diminuiria os compromissos americanos no exterior. Então ele assumiu a presidência e veio o Onze de Setembro.

Ao longo do governo Clinton, o poder americano tornou-se mais aparente. Washington ficou mais assertiva e os governos estrangeiros ficaram mais resistentes. Alguns dos assessores econômicos de Clinton, como Mickey Cantor e Lawrence Summers, foram acusados de arrogância no tratamento de outros países. Diplomatas como Madeleine Albright e Richard Holbroke foram depreciados na Europa por dizer que os Estados Unidos, na expressão de Albright, eram a "nação indispensável". O ministro do Exterior francês Hubert Vedrine criou o termo "hiperpotência" — que não era exatamente uma expressão de apreço — durante a década de 1990.[3]

Mas todas essas queixas não eram nada perto da hostilidade provocada por George W. Bush. Durante vários anos, o governo Bush praticamente jactou-se de seu desprezo por tratados, organizações multilaterais, opinião pública internacional e qualquer coisa que sugerisse uma abordagem conciliadora da política mundial. No seu segundo mandato, quando o fracasso de sua postura de confronto estava claro, o governo começou a mudar o curso em muitas frentes, do Iraque ao processo de paz israelense-palestino e à Coréia do Norte. Mas as novas políticas foram adotadas tardiamente, com consideráveis murmúrios e resmungos e com membros do governo totalmente contrários à nova estratégia.

Para compreender a política externa do governo Bush, não é suficiente examinar os impulsos "jacksonianos" de Dick Cheney e Donald Rumsfeld, ou o passado texano de Bush, ou a nefanda conspiração neoconservadora. O fator crucial que a possibilitou foi o Onze de Setembro. Durante a década anterior aos ataques, os Estados Unidos não sofreram contestação no cenário mundial. Mas vários constrangimentos internos — dinheiro, Congresso, opinião pública — dificultaram a implementação de uma política externa unilateral e combativa. As intervenções militares e a ajuda externa eram ambas impopulares e o público queria que o país se retirasse do mundo depois dos rigores da Guerra Fria. As intervenções nos Bálcãs, a expansão da OTAN, a ajuda à Rússia, tudo isso exigiu um esforço considerável do governo Clinton, que remou muitas vezes contra a corrente, embora fossem aventuras relativamente pequenas que custaram pouco em recursos. Mas o Onze de Setembro mudou tudo isso. Ele acabou com as restrições internas à política externa americana. Após aquele ataque terrível, Bush ficou com um país unido e um mundo amplamente simpático. A guerra no Afeganistão realçou a aura de onipotência americana e incentivou os elementos mais linha-dura do governo, que usaram aquele sucesso como argumento para fazer guerra ao Iraque rapidamente e fazê-lo de uma forma particularmente unilateral. Os Estados Unidos não precisavam do resto do mundo ou dos velhos mecanismos de legitimidade e cooperação. O novo império global criaria uma realidade nova — era o que se dizia. A fórmula para explicar a política externa de Bush é simples:

unipolaridade + 11/9 + Afeganistão =
unilateralismo + Iraque.*

Não foi apenas a substância da política americana que mudou na era unipolar. O estilo também, que se tornou imperial e imperioso. Há muita comunicação com líderes estrangeiros, mas é uma via de mão única. Com freqüência, os outros governos são simplesmente informados sobre as medidas americanas. As altas autoridades do país vivem em suas bolhas e raramente têm uma interação genuína com seus equivalentes de outros países, para não falar de outros estrangeiros. "Quando nos encontramos com altos funcionários americanos, eles falam e nós escutamos. Raramente discordamos ou falamos com franqueza porque eles simplesmente não conseguem compreender. Apenas repetem a posição americana, como o turista que acha que basta falar alto e devagar para que todos entendam", contou-me um experiente ex-assessor de política externa de um importante país europeu.

* Não é um tema para este livro, mas eu fui a favor do esforço para derrubar Saddam Hussein, embora eu tenha, desde o início, defendido a utilização de uma força muito maior e uma intervenção e ocupação sancionadas pela comunidade internacional. Meu raciocínio estava relacionado principalmente ao fato de que a política ocidental para o Iraque havia fracassado — as sanções estavam vazando, incontáveis civis estavam morrendo devido ao embargo. A Al Qaeda estava furiosa com nossa base na Arábia Saudita, de onde comandávamos a zona livre de vôos, e eu achava que um Iraque mais moderno e moderado no meio do mundo árabe ajudaria a romper a dinâmica política disfuncional da região. Desde as primeiras semanas, me opus às políticas de ocupação de Washington. Em retrospecto, subestimei não somente a arrogância e incompetência do governo, mas também a dificuldade inerente à tarefa. Continuo a crer que um Iraque moderno e moderado faria uma diferença importante na política do Oriente Médio. Espero que ele venha a se tornar, no longo prazo, um país assim, mas os custos têm sido ruinosamente altos — para os americanos, para a reputação americana, mas sobretudo para os iraquianos. E política externa é uma questão de custos e benefícios, não de teologia.

Christopher Patten, que foi comissário da Europa para assuntos externos, solidamente pró-americano, relembra sua experiência:

> Até mesmo um alto funcionário estrangeiro que trata com o governo dos Estados Unidos tem consciência de seu papel como tributário: por mais corteses que sejam seus anfitriões, você chega como um subordinado trazendo boa vontade e espera partir com a bênção sobre seus esforços. [...] No interesse da liderança humilde a que o presidente Bush aspira com toda razão, seria útil para alguns de seus auxiliares que de vez em quando tentassem entrar em seus gabinetes para uma reunião com eles mesmos!

E Patten continua:

> Ao comparecer a qualquer conferência no exterior, as autoridades ministeriais americanas chegam com uma espécie de séqüito que faria o orgulho de Dario. Hotéis são requisitados; cidades são paralisadas; transeuntes inocentes são empurrados para os cantos por homens de pescoços grossos com fios de plástico pendurados em seus ouvidos. Não é um espetáculo que conquiste corações e mentes.[4]

As viagens ao exterior do presidente Bush parecem projetadas para ele ter o menor contato possível com os países que visita. Ele é normalmente acompanhado por cerca de 2 mil americanos, bem como vários aviões, helicópteros e carros. Ele vê pouco, exceto palácios e salas de conferência. Suas viagens não envolvem quase nenhum esforço para demonstrar respeito e apreciação pelo país e pela cultura que está visitando. E raramente envolvem também qualquer reunião com pessoas de fora do governo — homens de negócios, líderes da sociedade civil, ativistas. Embora uma visita presidencial precise ser altamente programada por definição, um esforço mais amplo para tocar as pessoas dessas terras estrangeiras teria um grande valor simbólico. Relembremos um episódio que envolveu Bill Clinton e a Índia. Em maio de 1998, a Índia detonou cinco artefatos nucleares subterrâneos. O governo americano condenou totalmente Nova Déli, aplicou sanções e adiou indefinidamente uma visita presidencial planejada. As sanções revelaram-se dolorosas: segundo algumas estimativas, custaram à Índia 1% de crescimento do PIB no ano seguinte. Por fim, Clinton cedeu e foi à Índia em março de 2000. Passou cinco dias no país, visitou locais famosos, vestiu roupas tradicionais e participou de danças e cerimônias. Transmitiu a mensagem de que gostava e admirava a Índia como país e como civilização. O resultado foi uma transformação. Clinton tem a fama de uma estrela do rock na Índia. E George W. Bush, apesar de ser o presidente mais pró-indiano da história americana, não goza de nenhuma atenção, afeição ou respeito. As políticas são importantes, mas o mesmo vale para o simbolismo em torno delas.

Além do ressentimento que o estilo imperial causa, as autoridades americanas não se beneficiam da experiência e expertise dos estrangeiros. Os inspetores da ONU no Iraque ficaram perplexos com o desinteresse dos funcionários americanos em falar com eles antes da guerra. Os americanos, confortavelmente refestelados em Washington, fizeram uma preleção aos inspetores — que haviam passado semanas esquadrinhando o Iraque — sobre as provas da existência de armas de destruição em massa. "Achei que eles se interessariam por nossos relatórios de primeira mão sobre como eram aquelas fábricas supostamente de uso duplo", contou-me um inspetor. "Mas não, *eles* explicaram a *mim* para quê aquelas fábricas estavam sendo usadas."

Aos estrangeiros, os funcionários americanos parecem não ter noção do mundo em que supostamente mandam. "Há dois tipos de conversa, uma quando os americanos estão na sala, outra depois que saem", diz Kishore Mahbubani, que foi secretário do Exterior e embaixador de Cingapura nos Estados Unidos. Eles vivem num "casulo" e por isso não vêem "o oceano de mudança de atitudes em relação aos Estados Unidos em todo o mundo".

DESSA VEZ É DIFERENTE

É fácil desconsiderar a hostilidade gerada pela campanha do Iraque como sendo apenas antiamericanismo invejoso (ainda que seja um pouco disso). Os conservadores americanos alegaram que houve uma grande oposição popular na Europa sempre que os Estados Unidos tomaram medidas militares fortes — por exemplo, quando instalaram mísseis nucleares Pershing na Europa, no começo da década de 1980. Na verdade, os registros históricos revelam o contrário. As manifestações de rua e protestos públicos contra os mísseis ocuparam a televisão, mas em realidade, na maioria das pesquisas, de 30% a 40% dos europeus — e com freqüência mais — apoiavam fortemente a estratégia americana. Até mesmo na Alemanha, onde o sentimento pacifista era fortíssimo, 53% da população era a favor da instalação dos mísseis Pershing, de acordo com uma pesquisa feita em 1981 pela revista *Der Spiegel*. A maioria dos franceses apoiou a política americana durante boa parte dos dois mandatos de Ronald Reagan, preferindo-o inclusive ao candidato democrata Walter Mondale na eleição de 1984. Hoje, ao contrário, a imensa maioria de grande parte dos países europeus — até 80% em alguns lugares — é contra a política externa americana e chega mesmo a dizer que os Estados Unidos constituem a maior ameaça à paz mundial.

Josef Joffe, um dos principais comentaristas de assuntos internacionais da Alemanha, observa que, durante a Guerra Fria, o antiamericanismo era um fenômeno de esquerda. "Em compensação, sempre houve uma centro-direita que era anticomunista e, portanto, pró-americana", explica ele. "Os números aumentavam e diminuíam, mas havia sempre uma base sólida de apoio aos Estados Unidos." Em suma, a Guerra Fria manteve a Europa pró-americana. O ano de 1968, por exemplo, assistiu a protestos de massa contra a política americana no Vietnã, mas foi também o ano da invasão soviética da Tchecoslováquia. Os europeus (e asiáticos) podiam se opor aos Estados Unidos, mas suas opiniões eram contrabalançadas pela cautela diante da ameaça soviética. De novo, as pesquisas mostram isso. A oposição européia, até a guerra no Vietnã, nunca se aproximou do grau de oposição à invasão do Iraque. Isso era verdade fora da Europa também. Na Austrália, a maioria da opinião pública apoiou a participação daquele país na Guerra do Vietnã até 1971, quando a Austrália retirou suas tropas.

Para a maior parte do mundo, a guerra no Iraque não dizia respeito ao Iraque. "Que importa ao México ou ao Chile quem manda em Bagdá?", perguntou-me Jorge Castañeda, ex-ministro do Exterior mexicano. "Ela dizia respeito ao modo como a superpotência mundial exerce seu poder. Isso sim nos importa muitíssimo." Mesmo que a história do Iraque acabe bem, isso resolverá somente o problema iraquiano. O problema dos Estados Unidos permanecerá. Em todo o planeta, as pessoas se preocupam com viver num mundo em que um país tem tanto poder. Mesmo que não possam contestar esse poder, podem complicá-lo. No caso do Iraque, nenhum país podia impedir os Estados Unidos de ir à guerra sem a aprovação internacional, mas o resto do mundo tornou a iniciativa mais difícil ao ficar, em grande medida, à margem dos acontecimentos posteriores. Até o momento em que este livro foi escrito, nenhum país árabe abriu uma embaixada em Bagdá. Os aliados não-árabes dos Estados Unidos não foram muito mais prestimosos do que isso.

Nicolas Sarkozy adora ser chamado de "o americano" e até de "neoconservador" na França. Ele é abertamente pró-americano e deixa claro que quer imitar os Estados Unidos em vários aspectos. Quando ele se encontrou com Condoleezza Rice após ser eleito presidente da França, em maio de 2007, ela lhe perguntou: "O que podemos fazer por você?". A resposta foi reveladora: "Melhorem sua imagem no mundo. É difícil quando o país que é o mais poderoso, o mais bem-sucedido — ou seja, necessariamente o líder do nosso lado —, é um dos mais impopulares do mundo. Isso apresenta problemas imensos para você e para seus aliados. Assim, façam tudo que puderem para melhorar a maneira como são percebidos. É isso que vocês podem fazer por mim".[5]

O escritor neoconservador Robert Kagan sustenta que as diferenças entre europeus e americanos no que diz respeito à cooperação multilateral são conseqüência de suas forças relativas. Quando eram as grandes potências mundiais, as principais nações européias aprovavam a realpolitik e pouco se importavam com a cooperação internacional. Segundo Kagan, já que é fraca agora, a Europa é a favor de regras e restrições. Por sua vez, os Estados Unidos querem liberdade completa de ação: "Agora que são poderosos, os Estados Unidos se comportam como as nações poderosas se comportam".[6] Mas esse argumento interpreta mal a história e não compreende o lugar singular que os Estados Unidos ocuparam na diplomacia do século XX. Eles eram o país mais poderoso do mundo quando propuseram a criação da Liga das Nações para gerir as relações internacionais após a Primeira Guerra Mundial. Eram a potência dominante no final da Segunda Guerra Mundial, quando fundaram a ONU, criaram o sistema de cooperação econômica mundial de Bretton Woods e lançaram as organizações internacionais fundamentais de hoje. Os Estados

Unidos tinham o mundo aos seus pés, mas Franklin Delano Roosevelt e Harry Truman escolheram não criar um império americano. Em vez disso, construíram uma ordem internacional de alianças e instituições multilaterais e ajudaram o resto do mundo a se reerguer, oferecendo vastas quantidades de ajuda e investimento privado. O Plano Marshall, eixo desse esforço, equivalia a 100 bilhões em dólares de hoje. Em outras palavras, durante boa parte do século XX, os Estados Unidos abraçaram a cooperação internacional não por medo e vulnerabilidade, mas por confiança e força.

No centro dessa política estava a atenção especial dada à diplomacia. Pensemos no que deve ter significado para Franklin Roosevelt, no pináculo do poder, atravessar a metade do mundo até Teerã e Ialta para se encontrar com Churchill e Stálin em 1943 e 1945. Roosevelt era um homem doente, paralisado da cintura para baixo, que arrastava quase cinco quilos de suportes de aço em suas pernas. Uma viagem de quarenta horas por mar e ar exauria suas forças. Ele não precisava ir. Tinha muitos auxiliares — George Marshall, Dwight Eisenhower — que poderiam ter cumprido a tarefa. Ou poderia ter convocado os outros líderes para uma reunião em outro lugar. Mas FDR compreendia que o poder americano tinha de ser acompanhado por uma generosidade de espírito. Ele insistiu para que comandantes britânicos como Montgomery ganhassem uma fatia justa de glória na guerra. Levou a China para o Conselho de Segurança da ONU, embora fosse uma sociedade camponesa pobre, porque acreditava que era importante ter o maior país asiático devidamente representado num organismo internacional.

O padrão estabelecido por Roosevelt e sua geração perdurou. Quando o secretário de Estado Marshall criou o plano que leva seu nome, insistiu para que a iniciativa e o controle ficassem com os europeus. Durante as décadas posteriores, os Estados Unidos construíram represas, financiaram revistas e ofereceram knowhow técnico para outros países. Mandaram professores e estudantes ao exterior para que as pessoas conhecessem os Estados Unidos e os americanos. Trataram com deferência seus aliados, mesmo quando não eram, em nenhum sentido, iguais. Realizaram exercícios militares conjuntos com nações pequenas, mesmo quando acrescentavam pouco à prontidão americana. Durante meio século, presidentes e secretários de Estado circularam pelo planeta e receberam seus colegas de outros países num ciclo sem fim de diplomacia.

Todos esses esforços serviam aos nossos interesses, é claro. Eles produziram um mundo pró-americano que era rico e seguro. Estabeleceram os alicerces para uma economia global florescente da qual outros podiam participar e na qual os Estados Unidos prosperaram. Mas era um interesse próprio esclarecido que levava em conta os interesses dos outros. Sobretudo, tranqüilizava os outros países — por meio de palavras e atos, estilo e substância — de que não precisavam temer o poder imenso dos americanos.

NOVAS REGRAS PARA UMA NOVA ERA

Alguns americanos acreditam que não devemos aprender com a história, mas apenas copiá-la. Se conseguíssemos achar outro governo Truman, muitos liberais e democratas parecem suspirar, ele estabeleceria um novo conjunto de instituições para uma nova era. Mas isso é nostalgia, não estratégia. Quando Truman, Acheson e Marshall construíram a ordem do pós-guerra, o resto do mundo estava em frangalhos. A humanidade havia visto os efeitos devastadores do nacionalismo, da guerra e do protecionismo econômico. Em conseqüência, havia um forte apoio em todo o mundo e, em especial, nos Estados Unidos para um grande e generoso esforço de mobilização do mundo, para tirá-lo da pobreza, criar instituições globais e garantir a cooperação internacional, de tal modo que nunca mais houvesse guerra. Os Estados Unidos tinham a estatura moral que vinha da derrota do fascismo, mas tinham também um poder sem rival. O PIB americano representava quase 50% da economia mundial. Fora da esfera soviética, o papel de liderança de Washington na criação de novas instituições nunca foi realmente questionado. Hoje, o mundo é diferente, assim como o é a posição que os Estados Unidos ocupam nele. Se Truman, Acheson e Marshall estivessem vivos, teriam de encarar toda uma série nova de desafios. A tarefa atual é construir uma nova abordagem para uma nova era, que responda a um sistema global no qual o poder é muito mais difuso do que nunca e no qual todos se sentem com poder.

Os Estados Unidos não têm as cartas que tinham em 1945, nem mesmo as de 2000. Ainda assim, têm uma mão mais forte do que todos os outros — o portfólio mais completo de poder econômico, político, militar e cultural — e não serão substituídos no futuro previsível. E, o que talvez seja mais importante, não precisamos inventar o mundo de novo. A ordem internacional estabelecida pelos Estados Unidos após a Segunda Guerra Mundial necessita urgentemente de expansão e conserto, mas não de recriação. Como observou com perspicácia o professor de Princeton John Ikenberry, o sistema de orientação ocidental criado nos anos 40 e 50 possibilita a expansão do comércio mundial, a ascensão de novas potências e a existência de mecanismos de cooperação e gestão de conflitos. Ela não pode tratar sempre e com facilidade de certos problemas, como o conflito entre grandes potências e as tragédias internas dos direitos humanos, mas esses são os limites das relações internacionais em geral, não dessas estruturas em particular. Ao mesmo tempo, a realidade das armas nucleares e da dissuasão torna extremamente custoso — suicida — que uma potência em ascensão tente se afirmar militarmente contra seus pares. "Em suma, a ordem ocidental de hoje é difícil de derrubar e fácil de aderir a ela", escreve Ikenberry.[7] É desse modo que o Japão e a Alemanha modernos viram suas escolhas e como a China e a Índia parecem ver seus futuros. Elas querem ganhar poder, status e respeito, com certeza, mas crescendo dentro do sistema internacional, não o derrubando. Enquanto acharem que há lugar para eles, esses novos países terão todos os incentivos para se tornarem "participantes responsáveis" desse sistema.

A ascensão do resto, embora real, é um processo longo e lento, no qual os Estados Unidos têm assegurado um papel vital, ainda que diferente. À medida que China, Índia, Brasil, Rússia, África do Sul e vários outros países menores avançarem nos próximos anos, surgirão pontos de tensão novos entre eles. Muitos desses países em ascensão têm animosidades históricas, disputas de fronteiras e contendas contemporâneas entre eles; na maioria dos casos, o nacionalismo crescerá junto com a estatura econômica e geopolítica. Por ser uma potência distante, os Estados Unidos são, com freqüência, um parceiro conveniente para muitas nações preocupadas com a ascensão de um poder hegemônico em suas regiões. Com efeito, como observa o professor William Wohlforth, a influência americana é reforçada com o surgimento de uma potência regional dominante.[8] Esses fatores costumam emergir em discussões sobre a Ásia, mas também são válidos em muitos outros pontos do globo. O processo não será mecânico. A ascensão de um desses países (China) não fará com que automaticamente sua vizinha (Índia) busque uma aliança formal com os Estados Unidos. O mundo de hoje é mais complicado do que isso. Mas essas rivalidades dão uma oportunidade a Washington de desempenhar um papel importante e construtivo no centro da ordem mundial. Os Estados Unidos têm o potencial de ser o que Bismarck ajudou a Alemanha a se tornar (por um breve período) no final do século XIX — o "intermediário honesto" que forjou relações mais estreitas com cada um dos principais países, laços que eram mais estreitos do que aqueles que esses países tinham entre si. A Alemanha era o centro do sistema europeu. O intermediário global de hoje seria uma função que envolve não apenas o governo americano, mas sua sociedade, com todas as fortalezas e perspectivas que levará para o desafio. É um papel que os Estados Unidos — com seus interesses e presença mundiais, portfólio completo de poder e comunidades imigrantes diversificadas — poderiam aprender a exercer com grande habilidade.

Esse novo papel é bem diferente daquele de superpotência tradicional. Ele implica consultas, cooperação e até concessões. Seu poder deriva do estabelecimento da agenda, da definição das questões e da mobilização de coalizões. Não se trata de uma hierarquia de cima para baixo em que os Estados Unidos tomam suas decisões e depois informam ao mundo agradecido (ou silencioso). Mas é um papel crucial porque, num mundo com muitos atores ativos, o estabelecimento da agenda e a organização de coalizões se tornam formas primordiais de poder. O presidente do conselho que é capaz de orientar um grupo de diretores independentes ainda é uma pessoa poderosa.

Quem descobriu como prosperar melhor num mundo pós-americano foram as grandes multinacionais americanas. Elas estão conquistando mercados novos graças à mudança de seus velhos métodos. Tomemos o exemplo da General Electric, que, no passado, não acreditava em *joint ventures* no exterior: queria ser proprietária de 100% de todos os envolvimentos externos. Nos últimos cinco anos, no entanto, ao observar a crescente capacidade e confiança de firmas locais em mercados emergentes como China, Índia, Brasil, Rússia e África do Sul, a GE percebeu que essa estratégia a deixaria de fora das partes do mundo de crescimento mais acelerado. Então mudou sua abordagem. O CEO da empresa Jeffrey Immelt resume o que aconteceu: "Claro, podíamos continuar comprando firmas pequenas e 'GEizá-las'. Mas aprendemos que é melhor ser parceiro da terceira maior empresa que quer ser a número um do que comprar uma companhia minúscula ou ficar sozinho". O *New York Times* chamou isso de abandono do "imperialismo gerencial" que se tornou um "luxo que a GE não pôde mais sustentar".[9] Washington, que não enfrenta nenhum teste de mercado, ainda não descobriu que o imperialismo diplomático é um luxo que os Estados Unidos não podem mais sustentar.

Ainda existe um bom mercado para o poder americano, por razões tanto econômicas quanto geopolíticas. Mas o mais importante é que até agora há uma forte demanda ideológica por ele. "Na Ásia, ninguém quer viver num mundo dominado pelos chineses. Não existe um sonho chinês ao qual as pessoas aspiram", explica Simon Tay, professor de Cingapura. Segundo o ex-presidente do Brasil Fernando Henrique Cardoso, o que o mundo realmente quer dos Estados Unidos não é a oferta de concessões em tal ou qual área do comércio, mas que ele afirme seus próprios ideais. Esse papel — o do país que definirá os ideais universais — continua a ser aquele que só os Estados Unidos podem desempenhar.[10] Nesse sentido, o poder suave americano está intimamente ligado a seu poder duro. Mas é a combinação dos dois que lhe dá um papel ímpar nos assuntos mundiais.

Para descrever de modo mais concreto como seria atuar nesse mundo novo, estabeleci cinco pautas simples.

1. Escolher. A onipotência americana fez com que Washington acredite que está isenta da necessidade de ter prioridades. Ela quer tudo. É fundamental que os Estados Unidos sejam mais disciplinados quanto a isso. Em relação à Coréia de Norte e ao Irã, por exemplo, o governo Bush não conseguiu decidir se queria uma mudança de regime ou de política (isto é, a desnuclearização). São coisas contraditórias. Se ameaçamos um país com uma mudança de regime, isso só torna mais urgente o desejo desse governo por armas nucleares, que constituem uma apólice de seguro no mundo da política internacional.

Imaginemos como o Irã vê o mundo. O país está cercado por potências nucleares (Rússia, China, Índia, Paquistão, Israel) e do outro lado de suas fronteiras estão dezenas de milhares de soldados americanos (no Iraque e no Afeganistão). O presidente dos Estados Unidos deixou claro várias vezes que considera o regime de Teerã ilegítimo, que quer derrubá-lo e financia vários grupos cujos objetivos são semelhantes. Se você estivesse em Teerã, estaria disposto a desistir de seu programa nuclear? Ao insistir nas duas coisas ao mesmo tempo — mudança de regime e mudança de política —, não obtivemos nenhuma delas.

Ou tomemos o exemplo da política americana em relação à Rússia. Jamais fomos capazes de definir exatamente quais são nossos interesses e nossas preocupações centrais no que diz respeito a Moscou. É o perigo que representam suas armas nucleares dispersas, que só podem ser mantidas em segurança com nossa ajuda? É a ajuda de Moscou para isolar o Irã? Ou seu comportamento na Ucrânia e na Geórgia? Ou sua oposição ao escudo de mísseis proposto para a Europa oriental? Ou são suas políticas para o petróleo e o gás? Ou as condições internas dos direitos humanos na Rússia? A política americana recente tem sido do tipo "todas as opções acima". Mas governar é optar. Se acreditamos que a proliferação nuclear e o terrorismo são as questões mais graves que enfrentamos no momento, como disse o presidente Bush, então garantir a segurança do arsenal nuclear russo e evitar que o Irã desenvolva armas nucleares são certamente as duas questões em relação às quais deveríamos buscar a cooperação russa, prioritariamente.

Os Estados Unidos precisarão especialmente fazer escolhas quanto à China, que está passando por um processo de ascensão ao poder mundial maior e mais rápido do que qualquer outro país na história — superior em tamanho e velocidade ao dos Estados Unidos no passado. Ela terá de receber algum espaço substancial político e até militar proporcional a esse poder. Ao mesmo tempo, sua ascensão não deve servir de cobertura para o expansionismo, a agressão ou disrupção. Como estabelecer esse equilíbrio — desencorajar, de um lado, e aceitar seu crescimento legítimo, de outro — é o desafio estratégico central da diplomacia americana. Os Estados Unidos podem e devem traçar linhas com a China. Mas devem reconhecer também que não podem traçar linhas em todos os lugares. Infelizmente, o obstáculo mais significativo que Washington enfrenta para desenvolver essa prática é o clima político interno que tende a ver qualquer concessão ou acomodação como uma contemporização.

Se há alguma coisa que os Estados Unidos podem aprender com a experiência da Grã-Bretanha é a necessidade de fazer grandes escolhas estratégicas quanto a onde concentrar sua energia e atenção. Os britânicos fizeram isso com sabedoria quando se defrontaram com a ascensão americana. Foram menos sábios no que dizia respeito ao seu próprio império. No início do século XX, Londres enfrentou um dilema muito parecido com o de Washington hoje. Quando irrompia uma crise em algum lugar, por mais distante que fosse, o mundo olhava para Londres e perguntava: "O que vocês farão em relação a isso?". O erro estratégico britânico foi gastar décadas — tempo e dinheiro, energia e atenção — com tentativas vãs de estabilizar lugares periféricos no mapa. Por exemplo, deveriam ter empreendido menos esforços para organizar os arranjos constitucionais dos fazendeiros holandeses no Transvaal — e assim, não entrar na guerra dos bôeres que quebrou a espinha do império — e prestado mais atenção à sua queda de produtividade e à ascensão da Alemanha no centro da Europa.

As elites britânicas estudavam minuciosamente a história romana, em parte devido ao fascínio que sentiam por um grande império do passado, mas também porque procuravam lições de administração de grandes extensões de terra em diferentes continentes. Havia uma demanda, por assim dizer, por gente capacitada em língua, história e administração imperial. Mas isso acabou por deixar em segundo plano a necessidade de formar engenheiros para o futuro. O poder e o alcance da Grã-Bretanha também fizeram com que o país se embriagasse com um sentimento de destino histórico, tendência alimentada por uma revivescência do protestantismo. O historiador Correlli Barnett escreveu (na década de 1970) que uma "revolução moral" tomou conta da Inglaterra em meados do século XIX e a sociedade racional e prática que havia feito a Revolução Industrial passou a ser dominada pelo evangelismo religioso, moralismo excessivo e romantismo.[11]

Os Estados Unidos poderiam cair facilmente numa armadilha imperial semelhante. Cada crise em algum lugar do mundo exige sua atenção e ação. Os tentáculos e interesses americanos estão tão disseminados hoje quanto os britânicos no auge de seu império. Para aqueles que acreditam que o lugar dos Estados Unidos no mundo é completamente diferente daquele ocupado pelo império britânico, é instrutivo ler o "Base Structure Report" para o ano fiscal de 2006. Nele, o Departamento de Defesa jacta-se de ser "um dos maiores 'proprietários' do mundo, com uma planta física composta por mais de 571 200 instalações (prédios, estruturas e utilidades públicas) localizadas em mais de 3700 lugares, em quase 12 milhões de hectares". O relatório lista uma rede esparramada de 766 bases em quarenta países estrangeiros, de Antígua ao Reino Unido. Essas bases no exterior valiam pelo menos 127 bilhões de dólares em 2005, abrigavam 197 mil homens uniformizados e um número igual de dependentes e funcionários civis, e empregavam outras 81 mil pessoas dos países onde estavam instaladas. Ocupavam quase 280 mil hectares de terra estrangeira e custavam aos contribuintes 13 bilhões de dólares só de manutenção.

Os Estados Unidos podem ser mais poderosos do que a Grã-Bretanha no passado, mas mesmo assim não devem esquecer a lição de que precisam fazer escolhas. Não podemos nos envolver em tudo. As tensões no Oriente Médio são importantes, mas elas sugaram todos os recursos, a energia e a atenção das outras questões da política externa americana nos últimos sete anos. Washington precisa sair do século VIII e deixar de julgar disputas entre sunitas e xiitas em Bagdá, para entrar no século XXI e voltar sua atenção para China, Índia, Brasil, onde o futuro está sendo construído. Cada opção por engajar-se em alguma causa, por mais valiosa que seja, é uma distração das grandes questões estratégicas com que se defrontam os Estados Unidos. Ao concentrar a atenção no que parece ser urgente, esquecemos o que é realmente importante.

2. Promover normas amplas, não interesses estreitos. Há uma tensão fundamental na política externa americana. O país quer promover seus interesses particulares no exterior, ou quer criar uma estrutura de normas, práticas e valores à qual o mundo deverá obedecer? Numa época de novas potências em ascensão, o objetivo primordial dos Estados Unidos deveria ser o segundo, de tal modo que, mesmo que esses países se tornem mais poderosos, eles continuarão a viver dentro da estrutura do sistema internacional atual. Essa é a principal restrição que podemos promover para assegurar que a ascensão do resto não se transforme numa espiral competitiva descendente, com as grandes potências defendendo por conta própria seus interesses e vantagens de uma maneira que desestabilizaria todo o sistema. Para que esse sistema funcione, *nós* também teríamos de aderir a essas regras. Se os Estados Unidos agirem apenas em função de seus objetivos, por que a China não faria o mesmo em relação a Taiwan? Ou a Índia em relação ao Paquistão? Se não estamos limitados por regras, por que os outros deveriam estar?

Em primeiro lugar, isso significa refazer os compromissos com as instituições e os mecanismos de solução de problemas e julgamento que os Estados Unidos (em larga medida) criaram ao longo das últimas cinco décadas. Mas isso significa mais do que simplesmente comparecer a mais reuniões da ONU e assinar tratados. Quando os Estados Unidos proclamam valores universais, devem expressar suas posições com muito cuidado. George Bush declarou em seu segundo discurso de posse que "é política dos Estados Unidos buscar e apoiar o crescimento de movimentos e instituições democráticos em todas as nações e culturas, com o objetivo último de acabar com a tirania em nosso mundo". No entanto, quando democratas foram silenciados em Taiwan, no Paquistão e na Arábia Saudita, os Estados Unidos ficaram quietos, com o argumento, talvez persuasivo, de que se trata de casos especiais. Ainda assim, Washington critica a China e repreende a Índia por não serem mais duros com a Coréia do Norte e a Birmânia. Diplomatas dos dois países dirão que esses são casos especiais para eles. A instabilidade na Birmânia é um problema remoto para os Estados Unidos. Mas aquele país possui longas fronteiras com a China e a Índia. Para elas, a instabilidade significa milhões de refugiados. Washington deveria reconhecer que, ao fazer suas exceções, os outros países podem imitá-lo. Ou então deveria parar de fazê-las. Mas não se importar com nada disso e pregar uma coisa e praticar outra é hipocrisia, que, além de ineficaz, solapa a credibilidade americana.

No que diz respeito ao terrorismo, a posição americana tem

sido tacanha. A melhor proteção sistêmica contra a ameaça do terrorismo seria um conjunto global de controles de alfândega e imigração que fosse dirigido a pessoas e cargas em todo o mundo, usando os mesmos padrões e compartilhando bases de dados. Tal como é agora, a abordagem unilateral dos Estados Unidos força os países e as empresas aéreas a obedecer, mas somente nas fronteiras americanas, criando engarrafamentos que têm conseqüências negativas para a economia e para a imagem americana no mundo. É por isso que, em meio a um boom do turismo mundial, o fluxo para os Estados Unidos tem sido apático desde o Onze de Setembro.

O exemplo atual mais significativo dessa tensão tem a ver com a proliferação nuclear. Os Estados Unidos pedem ao resto do mundo adesão rigorosa ao Tratado de Não-Proliferação Nuclear. Esse tratado criou um sistema de dois escalões: as nações que desenvolveram armas nucleares antes de 1968 têm permissão para tê-las; aquelas que não cumprem esse requisito não podem tê-las (e, por conseguinte, devem seguir certas orientações para desenvolver energia nuclear). Mas, ao mesmo tempo que insistem na obediência dos outros países, os Estados Unidos e outras potências nucleares não tomaram nenhuma medida para obedecer à outra injunção do tratado: "promover negociações de boa-fé sobre medidas efetivas relacionadas com a cessação da corrida armamentista nuclear [...] e com o desarmamento nuclear". Desse modo, quando os Estados Unidos dizem a outros países que construir uma única arma nuclear é uma abominação moral, política e estratégica, ao mesmo tempo que mantêm um arsenal de milhares de mísseis e fabricam e testam artefatos novos, a condenação soa falsa. Motivado por essas preocupações, Henry Kissinger, George Schultz, William Perry e Sam Nunn propuseram que os Estados Unidos liderem um esforço ambicioso junto às potências nucleares — e, em particular, junto à Rússia, que ao lado dos Estados Unidos detém 85% de todas as armas nucleares — para reduzir o número dessas armas, tirá-las da posição de alerta e, por fim, trabalhar no sentido de um mundo não-nuclear. Cheguemos ou não até esse ponto — e seja ou não uma boa idéia um mundo sem dissuasão nuclear —, os Estados Unidos ganhariam muita credibilidade se empreendessem esforços sérios nessa direção. Ou então mais uma vez teremos a impressão de que eles estão dizendo para o resto do mundo: "Façam o que eu digo, não o que eu faço".

3. Ser Bismarck, não a Grã-Bretanha. Josef Joffe sustentou que há duas analogias históricas para as quais os Estados Unidos podem olhar a fim de construir sua grande estratégia: Grã-Bretanha e Bismarck.[12] Londres tentou contrabalançar a ascensão e a ameaça de potências ascendentes e ameaçadoras, mas, por outro lado, manteve uma posição discreta no continente europeu. Bismarck, ao contrário, optou por se envolver com todas as grandes potências. Seu objetivo era manter com elas relações melhores do que elas mantinham entre si — ou seja, ser o eixo do sistema internacional da Europa.

Para os Estados Unidos, a opção britânica não é a correta. O país desempenhou esse papel no passado — contra a Alemanha nazista e a Rússia soviética —, mas as circunstâncias de hoje desaconselham essa estratégia. O mundo não está dividido em campos e é muito mais interconectado e interdependente do que antes. "Contrabalançar" em face de uma potência em ascensão seria uma política perigosa, desestabilizadora e potencialmente auto-satisfatória. Se resolvesse contrabalançar a China antes que Pequim mostrasse qualquer inclinação séria para romper a ordem internacional, Washington se veria isolada, e pagaria um preço caro econômico e político por ser a força desestabilizadora. Tendo em vista o imenso poderio americano, não exagerar na dose precisa ser um componente crucial de qualquer estratégia ampla. Senão, outros tentarão — de várias maneiras — contrabalançar seu poder.

Washington, no entanto, encontra-se na situação ideal para desempenhar um papel bismarckiano no atual sistema mundial, pois as relações que mantém com quase todas as principais potências são melhores do que as que elas mantêm entre si. Na Ásia, o governo Bush fez um excelente trabalho de fortalecimento dos laços com Japão, Austrália e Índia. Deveria tentar fazer o mesmo com Rússia e China. Embora Washington tenha muitas diferenças com Moscou e Pequim, não há vantagem em transformá-las em adversários permanentes. A virtude do posicionamento bismarckiano é dar aos Estados Unidos a maior vantagem junto a todas as partes, maximizando sua capacidade de moldar um mundo pacífico e estável. E, se as coisas não funcionarem, também lhe dá legitimidade e liberdade de ação para adotar medidas de contrabalanceamento.

4. Ordem à la carte. Entre os estudiosos e aqueles que atuam em relações internacionais, há uma teoria predominante sobre como e por que a paz internacional perdura. Ela sustenta que o sistema mais estável é aquele em que uma única potência prevalente mantém a ordem. A Grã-Bretanha e os Estados Unidos desempenharam esse papel por duzentos anos. Em cada caso, a nação hegemônica era o ator dominante do ponto de vista econômico e militar, tornando-se o mercado e o emprestador em última instância, sede do centro financeiro do mundo e detentor da moeda de reserva. Em termos político-militares, ambos os países tomaram conta das rotas marítimas, precaveram-se contra ameaças emergentes e intervieram quando julgaram necessário para evitar a desordem. Embora ambos tenham cometido erros, a estabilidade do sistema, o sucesso da economia mundial e as sociedades abertas que criaram são um legado extraordinário da hegemonia anglo-americana.

E se essa hegemonia estiver se desfazendo? Os Estados Unidos não têm mais o único grande mercado do mundo. É improvável que o dólar mantenha para sempre sua posição totêmica de moeda de reserva, cedendo o lugar para uma cesta que é composta, em ampla medida, por euros e dólares, mas que inclui também outras moedas. Em certas áreas — o Mar da China Meridional, por exemplo —, a força militar americana será provavelmente menos relevante do que a chinesa. Nas negociações internacionais, os Estados Unidos terão de barganhar e fazer concessões aos outros. Isso tudo pode aumentar a instabilidade e a desordem?

Não necessariamente. Duzentos anos de hegemonia anglo-americana criaram, na verdade, um sistema que não é tão frágil quanto pode ter sido nas décadas de 1920 e 1930 (quando o poder britânico decresceu, os Estados Unidos não estavam dispostos a assumir seu lugar e a Europa não foi adiante). A concepção básica do sistema atual — uma economia mundial aberta, negociações multilaterais — tem ampla aceitação. E novas formas de cooperação estão crescendo. Anne-Marie Slaughter escreveu sobre como os sistemas jurídicos estão construindo um conjunto de padrões transnacionais sem que ninguém os force a fazê-lo, criando assim uma ordem de baixo para cima.[13] Nem todas as questões se prestarão a essa estabilização, mas muitas sim. Em outras palavras, a busca por uma solução de superpotência para cada problema pode ser inútil e desnecessária. Soluções substitutas menores podem ser igualmente eficazes.

Os Estados Unidos deveriam adotar esse tipo de ordem *ad hoc*. Richard Haass, ex-diretor de Planejamento do Departamento de Estado, usou uma fórmula criativa ao defender um "multilateralismo *à la carte*".[14] Nenhuma instituição ou organização está sempre certa, nenhuma estrutura é ideal. A ONU poderia funcionar para um problema, a OTAN para outro, a OEA para um terceiro. E, para uma questão nova como a mudança climática, talvez uma nova coalizão que envolva o setor privado e grupos não-governamentais fizesse mais sentido. A vida internacional tende a ficar mais confusa. Ser conciliador, flexível e adaptável vai provavelmente produzir resultados melhores na prática do que insistir numa posição purista baseada na noção de que a única maneira de resolver os problemas internacionais é aquela que usamos no passado, em décadas nas quais os Estado era excepcionalmente forte. Um sistema internacional mais orgânico, em que os problemas são tratados mediante uma variedade de estruturas e soluções diferentes, pode criar seu próprio tipo de estabilidade em camadas. Não é tão atraente quanto uma estrutura mais formal de paz, centrada e dirigida por uma ou duas organizações em Nova York e Genebra. Mas talvez seja uma ordem mais realista e duradoura.

A busca de ordem não é simplesmente um problema americano. Se a ascensão do resto provocar um crescimento do orgulho, do interesse e da assertividade nacionais, ela terá o potencial de produzir desordem em toda parte. Ao mesmo tempo, essa ascensão está acontecendo num mundo em que paz e estabilidade rendem grandes recompensas, o que dá à China, Índia e até à Rússia grandes incentivos para manter a estabilidade do sistema. O problema é que essas potências em ascensão não têm um incentivo óbvio e imediato para resolver os problemas comuns gerados por esse novo sistema. Atritos nacionais, mudança climática, disputas comerciais, degradação ambiental e doenças infecciosas podem se agravar, culminando numa crise — e então pode ser tarde demais. A resolução desses problemas e o aprovisionamento de bens públicos globais requerem um moderador, organizador ou líder.

5. *Pensar assimetricamente.* Os Estados Unidos possuem as forças militares mais poderosas da história da humanidade. No entanto, encontraram dificuldades para impor-se no Iraque. As

forças militares israelenses são imensamente superiores às do Hezbollah. Mas não foram capazes de obter uma vitória decisiva em seu conflito com esse adversário. Por quê? Porque na época atual, as reações assimétricas se tornaram fáceis de executar e difíceis de derrotar. Isso não é válido apenas para a guerra. Pensemos no crescimento dos cartéis da droga, dos esquemas de lavagem de dinheiro, nos trabalhadores migrantes e nos terroristas, todos muito menores e mais pobres do que os governos que se opõem a eles. Numa era de atividade constante através e dentro das fronteiras, grupos pequenos com engenhosidade, paixão e determinação levam vantagens importantes.

Para trabalhar nesse contexto, a primeira e mais importante lição é não ser atraído para armadilhas. Numa mensagem em vídeo de 2004, Osama bin Laden explicou sua estratégia com franqueza assombrosa. Ele chamou-a de "provocação e isca": "Tudo o que temos a fazer é mandar dois mujahedin [... e] erguer um pedaço de pano onde está escrito 'Al Qaeda' para que os generais corram até lá, para fazer os Estados Unidos sofrerem perdas humanas, econômicas e políticas". Seu argumento foi bem compreendido pela gentalha terrorista em todo o mundo. Sem aparente comunicação, colaboração ou mais orientação de Bin Laden, pequenos grupos do Sudeste Asiático, do norte da África e da Europa anunciam agora que fazem parte da Al Qaeda e assim inflam sua importância, trazendo a atenção mundial para sua causa — e, obviamente, fazendo com que os Estados Unidos venham correndo combatê-los. Esse tipo de reação exagerada também coloca a presença das forças militares americanas e seus métodos — seus bombardeios, seus danos colaterais — como questão principal. O debate local deixa de ser sobre terrorismo e passa a ser sobre o imperialismo americano.

Vejamos a maneira como os Estados Unidos estão pensando expandir sua presença na África. A retórica que o governo

Bush utilizou é elogiável. "Queremos prevenir que os problemas se tornem crises e que as crises se transformem em catástrofes", explicou Theresa Whelan, assistente-adjunta do secretário da Defesa para assuntos africanos, numa entrevista em 2007. "É do nosso interesse nacional que a África seja um continente estável." Sua solução, porém, foi a criação de um novo comando militar para o continente — AFRICOM — com comandante e equipe próprios. Mas como pergunta com perspicácia o colunista do *Washington Post* David Ignatius: "As forças militares americanas são o instrumento certo para o esforço de construção nacional que o AFRICOM aparentemente prevê? Uma presença militar maior dos Estados Unidos vai impedir o terrorismo e a instabilidade no continente, ou, ao contrário, se tornará um novo ímã para o antiamericanismo?". Os Estados Unidos têm muitos interesses na África, de manter a estabilidade dos países a deter a influência da China e evitar tragédias humanitárias. Mas será um comando militar a maneira de tratar disso? Ou se trata simplesmente da reação gerada, porque esse é o modo como o governo americano sabe reagir — com um comando militar. O perigo aqui é o de desperdiçar recursos, uma reação à percepção de imperialismo americano. Mas o problema mais profundo é conceitual. Trata-se de um diagnóstico errado do problema. "Para o homem que tem um martelo, todos os problemas se parecem com pregos", escreveu Mark Twain.

Os Estados Unidos deveriam pensar de forma criativa e assimétrica. Isso possibilitaria a capitalização de uma de suas vantagens fundamentais. O país possui uma variedade de instrumentos muito mais ampla e profunda do que apenas os militares. Uma política americana para a África, por exemplo, centrada no aumento de nossos corpos diplomáticos, das capacidades de construção nacional e de equipes de assistência técnica seria um pouco mais sem graça do que o AFRICOM, mas talvez fosse mais eficaz a longo prazo. Isso é válido também para outras regiões. O que falta aos Estados Unidos num lugar como o Paquistão é um esforço mais amplo para ajudar o país na sua modernização, um esforço que deixe claro que os americanos querem se aliar com o povo paquistanês e não apenas com seus militares. Quando eu estava na Índia, os Serviços de Informação dos Estados Unidos costumavam funcionar como embaixadores da cultura, das idéias e dos ideais americanos. Esse enfoque diplomático foi abandonado após a Guerra Fria e, mesmo depois do Onze de Setembro, continua moribundo. O esforço militar americano contra o extremismo islâmico recebeu fundos perto de 1 trilhão de dólares. Uma estimativa generosa dos recursos destinados a atividades civis e diplomáticas ficaria abaixo de 10 bilhões.

Mas os Estados Unidos são muito mais do que seu governo. E aqui encontramos atividades mais promissoras. Fundações, universidades, entidades de caridade e indivíduos estão trabalhando de maneira mais embasada e eficaz no exterior. Washington deveria aprender mais com esses grupos, trabalhar mais com eles e fazer com que outros americanos se envolvam nisso. Os muçulmanos americanos, em vez de ser interrogados, hostilizados e detidos, deveriam ser alistados no esforço de compreender a atração do fundamentalismo islâmico. Um dos aspectos mais fortes da sociedade americana — sua sociedade civil — deixou, em larga medida, de ser utilizado na guerra ao terror.

6. *Legitimidade é poder.* Nos dias atuais, Estados Unidos têm amplo suprimento de todos os tipos de poder, exceto um: legitimidade. No mundo de hoje, trata-se de uma deficiência grave. A legitimidade permite o estabelecimento de uma agenda, a definição de uma crise e a mobilização de apoio a medidas políticas tanto de países como de forças não-governamentais, como empresas privadas e organizações de base. Foi a legitimidade que possibilitou ao roqueiro Bono, por exemplo, mudar a política governamental na questão crítica do alívio da dívida. Seu poder re-

side em sua capacidade de conquistar autoridade intelectual e moral.

A legitimidade vem em várias formas. O governo Clinton usou a força em três ocasiões importantes: na Bósnia, no Haiti e no Kosovo. Em nenhuma delas levou a questão ao Conselho de Segurança da ONU, mas houve poucas sugestões de que deveria fazer isso. Com efeito, o secretário-geral Kofi Annan chegou a fazer declarações que pareciam justificar a ação em Kosovo, explicando que a soberania de Estado não deveria ser usada como cobertura para abusos humanitários. O governo Clinton conseguiu sair ileso disso graças, em parte, a um sentimento de confiança. Embora o governo Clinton — ou o de George Bush pai — tenha sido agressivo de muitas maneiras, o resto do mundo não precisava de garantias quanto às suas intenções. O governo Bush atual não tem toda a culpa pela mudança enorme que ocorreu a esse respeito. Em conseqüência do Onze de Setembro, não lhe restou outra alternativa senão afirmar o poder americano e agir energicamente no palco mundial. Mas isso deveria ter reforçado mais ainda a adoção de uma postura de consultas e cooperação, ao mesmo tempo que fazia o que era preciso ser feito. Uma coisa é assustar seus inimigos, outra é aterrorizar o resto do mundo.

Os Estados Unidos conservam uma capacidade considerável de estabelecer a agenda e, desse modo, conferir legitimidade no que diz respeito ao que constitui um problema, uma crise ou um abuso. As idéias e os ideais americanos ainda dominam os debates sobre Darfur, as armas nucleares iranianas e a Birmânia. Mas Washington precisa entender que a geração de apoio público internacional à sua visão do mundo é um elemento essencial do poder, e não um simples exercício de relações públicas. Outros países, povos e grupos têm acesso agora a suas próprias narrativas e redes. Eles não aceitarão em silêncio uma versão dos eventos imposta a eles. Washington terá de defender sua posição, e de modo persuasivo. Essa tarefa ficou mais difícil, mas também se tornou mais vital. Num mundo cada vez mais democrático e com poder, a longo prazo, a batalha das idéias está perto de *tudo*.

O governo Bush aparentemente nunca compreendeu o valor prático da legitimidade na corrida para a guerra no Iraque. As autoridades americanas contestavam a opinião de que estavam isoladas apontando para seus aliados na "nova Europa", na Ásia e na África — muitos dos quais foram subornados ou induzidos com agrados a entrar na coalizão. E, embora os *governos* da Europa Central tenham apoiado Washington, seus povos se opuseram quase na mesma proporção que na velha Europa. Sem perceber essa distinção, os Estados Unidos não entenderam a Turquia, um aliado antigo e fiel que se tornara mais democrático durante a década de 1990. O governo queria apoiar os americanos, mas mais de 90% dos turcos eram contra. O resultado, depois de uma votação parlamentar apertada, foi que a Turquia não pôde apoiar os Estados Unidos, o que fez com que as duas frentes da guerra contra Saddam se transformassem em uma só, com sérios inconvenientes. No início do conflito, os americanos contavam com o apoio da maioria da população em apenas um país do mundo — Israel. E, embora se possa louvar Tony Blair por sua lealdade, não se pode esperar que os políticos democráticos ignorem os desejos da vasta maioria de seus povos.

Com freqüência, o nacionalismo num mundo unipolar pode se tornar antiamericano. Como você demonstra ser um brasileiro, chinês ou russo firmemente patriota? Fazendo frente ao poderoso Tio Sam. Na década de 1970, muitas das medidas internas de Indira Gandhi eram impopulares. Na hora da campanha eleitoral, porém, as críticas aos Estados Unidos eram sempre recebidas com aplauso. Por quê? Naquela época, assim como agora, a Índia era fascinada pelos Estados Unidos e pelo sonho americano. Mas era um sinal de força e coragem da sra. Gandhi afirmarse contra a potência hegemônica. Os americanos reclamam que essa postura é irracional e que o país é transformado injustamente num saco de pancadas. Eles têm razão. Mas isso é algo que precisa ser superado. Existem muitíssimas vantagens em ser uma superpotência — o que também tem alguns custos. Esses custos podem ser facilmente baixados com uma diplomacia atenciosa.

"É melhor ser temido do que amado", escreveu Maquiavel. É um lema que Dick Cheney leva muito a sério. Em um discurso de 2007, ele citou Bernard Lewis, no sentido de que, durante a Guerra Fria, os ditadores do Oriente Médio aprenderam a temer a União Soviética, mas não os Estados Unidos. Maquiavel e Cheney estão errados. Sim, a União Soviética era temida por seus aliados, enquanto os Estados Unidos eram amados, ou pelo menos eram considerados simpáticos. Vejam quem continua vivo. É estranho e inquietante que o vice-presidente Cheney cite com inveja as estratégias violentas, totalitárias e fracassadas de uma ditadura. Os Estados Unidos transformaram o mundo com seu poder, mas também com seus ideais. Quando se reuniram na praça Tiananmen, os manifestantes chineses a favor da democracia fizeram uma figura improvisada que sugeria a Estátua da Liberdade, não um F-16. A imagem dos Estados Unidos talvez não seja tão boa quanto os americanos pensam, mas é, no fim das contas, melhor do que as outras alternativas. É isso que tornou seu imenso poder tolerável para o mundo durante tanto tempo.

MEDO E ÓDIO

Antes que possa implementar qualquer dessas estratégias específicas, no entanto, os Estados Unidos devem fazer um ajuste muito mais amplo. O país precisa parar de se encolher de medo. É o medo que criou um clima de paranóia e pânico e é o medo que possibilitou nossos maus passos estratégicos. Ao ficarmos apavorados e acreditarmos que não temos outra opção senão agir com rapidez e sozinhos, de modo preventivo e unilateral, conseguimos destruir décadas de boa vontade internacional, afastar aliados e encorajar os inimigos, ao mesmo tempo que resolvíamos poucos dos grandes problemas internacionais com que nos defrontamos. Para recuperar seu lugar no mundo, os Estados Unidos precisam primeiro recuperar sua confiança.

Por quase todos os critérios objetivos, o país se encontra numa posição abençoada. Tem diante de si problemas, crises e resistências, mas, em comparação com quaisquer das imensas ameaças do passado — a Alemanha nazista, a agressão stalinista, a guerra nuclear —, as circunstâncias são favoráveis e o mundo está andando à nossa maneira. Em 1933, Franklin Delano Roosevelt diagnosticou o verdadeiro perigo para os Estados Unidos: "A única coisa que temos a temer é o próprio medo. O terror sem nome, irracional, injustificado". E ele disse isso no momento em que o sistema econômico e político americano estava perto do colapso, quando um quarto da força de trabalho estava desempregada e o fascismo estava em marcha pelo mundo. De algum modo, conseguimos nos amedrontar numa época de paz e prosperidade mundial. Ter consciência disso é fundamental para que não façamos cálculos errados, julguemos incorretamente e compreendamos mal.

Os Estados Unidos se transformaram numa nação consumida pela ansiedade, preocupada com terroristas e países delinqüentes, muçulmanos e mexicanos, empresas estrangeiras e livre-comércio, imigrantes e organizações internacionais. A nação mais poderosa da história mundial se considera agora assediada por forças fora de seu controle. Embora o governo Bush tenha contribuído muito para esse estado de coisas, trata-se de um fenômeno que vai além do presidente. Um número demasiado de americanos foi dominado pela retórica do medo.

A campanha presidencial de 2008 poderia propiciar a oportunidade para uma discussão nacional sobre o mundo novo em que vivemos. Do lado republicano, ela foi, em larga medida, um exercício de mea-culpa histérico. Os pré-candidatos podem ter saído de cena, mas suas palavras refletem e moldam ao mesmo tempo a consciência nacional. "Eles odeiam vocês!", gritou repetidamente Rudy Giuliani durante sua campanha, lembrando suas platéias das pessoas maldosas que estão lá fora. "Eles não querem você nesta faculdade!", ele advertiu uma platéia da universidade Oglethorpe, em Atlanta. "Ou você, você ou você", acrescentou, apontando o dedo para os estudantes. Giuliani não queria somente que os Estados Unidos ficassem na ofensiva, mas que assumissem a ofensiva em outras frentes.

Em seu livro *Courage matters*, o senador John McCain assumiu uma posição muito mais sensata e disse: "Entre na droga do elevador! Embarque na droga do avião! Calcule as probabilidades de ser ferido por um terrorista. É tão provável quanto ser levado por um tsunami". Escrevendo no final de 2003, ele acrescentou o que parecia ser uma regra simples: "Observe o alerta de terrorismo e, quando ele estiver abaixo do nível amarelo, saia de novo". Infelizmente, desde o Onze de Setembro, o alerta nunca baixou do amarelo (o que significa um grau "elevado" de risco de ataque terrorista). Nos aeroportos, tem estado quase permanentemente no laranja — "alto risco", o segundo mais alto grau de alerta. Contudo, o Departamento de Segurança do Território Nacional admite que "continua a não haver informação digna de crédito que anuncie uma ameaça iminente ao território nacional". Desde o Onze de Setembro, somente dois ou três complôs terroristas *extremamente* pequenos foram descobertos em todo o país, e não há notícia de alguma célula da Al Qaeda nos Estados Unidos.

Ainda assim, o inimigo — como muitos políticos americanos o descrevem — é enorme, global e implacável. Giuliani juntou despreocupadamente Irã e Al Qaeda. Mitt Romney foi mais longe e juntou no mesmo saco todos os supostos indivíduos maus. "Isso tem a ver com xiitas e sunitas. Com Hezbollah, Hamas, Al Qaeda e Irmandade Muçulmana", declarou recentemente. Na verdade, o Irã é um país xiita que *ajudou* os Estados Unidos a derrubar o regime talibã apoiado pela Al Qaeda no Afeganistão. Os sunitas radicais filiados à Al Qaeda massacraram xiitas no Iraque e milícias xiitas apoiadas pelo Irã reagiram executando sunitas iraquianos. Estamos agora repetindo um dos erros centrais da Guerra Fria — reunimos todos os nossos adversários, em vez de dividi-los. Mao e Stálin eram ambos terríveis. Mas não gostavam um do outro, um fato que pôde ser explorado para grande benefício do mundo livre. Não aproveitar isso não é ter força. É ser estúpido.

A competição para ser o sujeito durão produziu novas idéias políticas, que vão do ruim ao insano. Romney, que se apresenta como um gerente esperto e com experiência mundial, explicou recentemente que, embora "algumas pessoas tenham dito que devemos fechar Guantánamo, minha opinião é que devemos dobrar [o tamanho de] Guantánamo". Ele perguntou em 2005: "Estamos monitorando [mesquitas]? Estamos grampeando?". Evidentemente, essa proposta é moderada em comparação com o que o deputado Tom Tancredo, outro candidato a candidato republicano, sugeriu no mesmo ano. Quando lhe perguntaram sobre um possível ataque nuclear de radicais islâmicos aos Estados Unidos, ele sugeriu que as forças militares americanas ameaçassem "destruir" Meca.

Alguns elogiam o posicionamento agressivo do governo Bush

para prevenir outro ataque terrorista ao solo americano depois do Onze de Setembro. O governo merece certamente crédito por desmantelar a infra-estrutura da Al Qaeda no Afeganistão e em outros países que antes abrigavam células ou simpatizantes do movimento, embora esse sucesso tenha sido mais limitado do que muitos reconhecem. Mas, desde o Onze de Setembro, ocorreram ataques terroristas em países como Inglaterra, Espanha, Marrocos, Turquia, Indonésia e Arábia Saudita, a maioria dos quais também é muito dura com o terrorismo. O aspecto comum desses ataques é que foram lançados por grupos locais. É mais fácil detectar e deter agentes estrangeiros e muito mais difícil descobrir um grupo de gente do lugar.

Sob esse aspecto, os Estados Unidos contam com a vantagem crucial de não ter uma população interna radicalizada. Os muçulmanos americanos são, em geral, de classe média, moderados e bem assimilados. Eles acreditam nos Estados Unidos e no sonho americano. A primeira pesquisa abrangente dos muçulmanos no país, realizada em 2007 pelo Centro de Pesquisas Pew, concluiu que mais de 70% acreditam que se você trabalhar duro nos Estados Unidos, consegue progredir (essa porcentagem, para a população em geral, é de apenas 64%). Suas respostas a quase todas as questões estavam dentro da média americana — e eram muito diferentes das respostas das populações muçulmanas do resto do mundo. Cerca de 13% dos muçulmanos americanos acreditam que os ataques suicidas podem ser justificados. Número muito alto, com certeza, mas não se comparado com os 42% de muçulmanos franceses e 88% de jordanianos.

Essa nítida vantagem americana — testemunho da capacidade do país de assimilar novos imigrantes — está cada vez mais em risco. Se os líderes americanos começarem a insinuar que toda a população muçulmana é suspeita, isso mudará a relação dessa comunidade com o país. As propostas de candidatos à presidência de grampear mesquitas e bombardear Meca não são, com certeza, passos na direção certa.

Embora os democratas sejam mais sensatos na maioria dessas questões, o partido continua consumido pelo medo de não parecer tão durão. Seus candidatos presidenciais competem uns contra os outros para provar que serão tão valentes e enérgicos quanto o republicano mais feroz. No debate realizado na Carolina do Sul em 2007, quando lhes perguntaram como reagiam a outro ataque do terror, eles imediatamente juraram atacar, retaliar e acabar com a raça de... bem, de alguém. Barack Obama, o único a dar uma resposta diferente, percebeu imediatamente sua vulnerabilidade política e também ameaçou com a devida retaliação. Após o debate, seus oponentes sugeriram que sua resposta original provava que ele não tinha firmeza para ser presidente. (Na verdade, a resposta inicial de Obama estava certa. Ele disse que a primeira coisa que faria seria ter certeza de que a resposta de emergência seria eficaz, depois se assegurar de que tínhamos as melhores informações possíveis para descobrir quem causara o ataque e depois agir junto com os aliados para desmantelar a rede responsável.)

Jamais seremos capazes de evitar que um pequeno grupo de desajustados planeje algum ato de terror horrível. Por mais previdentes e competentes que sejam nossas autoridades de inteligência e polícia, haverá gente capaz de escapar pelas frestas de um país grande, aberto e diversificado. O verdadeiro teste para a liderança americana não é se somos capazes de evitar um ataque com total certeza, mas como reagir a ele. Stephen Flynn, especialista em segurança interna do Conselho de Relações Exteriores, sustenta que nosso objetivo deve ser a resiliência: com que rapidez podemos nos recobrar de uma ruptura? Na física, resiliência é a capacidade de um material de recuperar sua forma original depois de uma deformação. Se um dia explodirem bombas, devemos nos assegurar de que elas causem o menor transtorno — econômico, social, político — possível. Isso evitaria que os terroristas alcançassem seu principal objetivo. Se não ficamos aterrorizados, então, num sentido fundamental, derrotamos o terrorismo.[15]

A atmosfera de medo e pânico que estamos atualmente criando produzirá provavelmente o efeito oposto. Se houver um novo ataque, duas coisas podem ser preditas com quase certeza. Os efeitos reais do ataque seriam limitados, permitindo que o país volte à normalidade rapidamente. E Washington ficaria furiosa. Os políticos se acotovelariam para jurar pulverizar, aniquilar e destruir... alguém. Um ataque retaliativo seria apropriado e importante — se fosse possível atingir os alvos certos. Mas, e se os culpados estivessem em Hamburgo ou Madri, ou em Trenton, a capital de Nova Jersey? É muito mais provável que um ataque futuro venha de países que abrigam involuntariamente terroristas e desconhecem o fato. Vamos bombardear a Grã-Bretanha e a Espanha porque abrigam uma célula terrorista?

O outro efeito provável de um ataque terrorista seria o aumento das restrições de ir e vir, privacidade e liberdades civis que já impuseram enormes custos econômicos, políticos e morais aos Estados Unidos. O processo de escrutínio dos passageiros em aeroportos, que custa quase 5 bilhões de dólares anuais, fica mais complicado a cada ano que passa, à medida que novos "riscos" potenciais são descobertos. O sistema de concessão de vistos, que se tornou restritivo e intimidativo, ficará pior cada vez que um bandido conseguir entrar. Nenhum desses procedimentos foi projetado levando em conta estabelecer um equilíbrio entre a necessidade de segurança e a de receptividade e hospitalidade. A qualquer momento, em qualquer lugar em que um funcionário sinta uma preocupação, os incentivos são no sentido de que ele detenha, questione, prenda e deporte.

Nossos temores se espalharam para muito além do terrorismo. Lou Dobbs, da CNN, tornou-se o porta-voz de um segmento paranóico e irado do país e vitupera contra as forças sinistras que estão nos dominando. Para muitos partidários da direita, os imigrantes ilegais se tornaram uma obsessão. O partido do livre empreendedorismo dedicou-se a uma enorme acumulação dos poderes policiais do Estado *para impedir as pessoas de trabalhar.* Os democratas estão preocupados com os salários dos empregados americanos, mas esses temores concentram-se agora no livre-comércio. Embora proteger as firmas americanas contra a competição seja um caminho certo para diminuir a produtividade, as políticas econômicas abertas estão perdendo rapidamente apoio dentro do partido. O histórico realinhamento feito por Bill Clinton em seu partido — no sentido do futuro, dos mercados, do comércio global e da eficiência — está sendo deixado de lado em nome da busca de uma popularidade momentânea. Seja em relação ao terrorismo, ao comércio, à imigração ou ao internacionalismo de qualquer tipo, a dinâmica política nos Estados Unidos de hoje é de fechamento em si mesmo.

Uma parte da política externa é o que fazemos, mas um pouco dela é também o que somos. Consta que Hubert Humphrey disse que a Lei dos Direitos Civis de 1964 era uma das políticas externas mais importantes daquela década. O *lugar* Estados Unidos foi com freqüência o grande antídoto da política externa americana. Enquanto suas ações no resto do mundo pareciam ríspidas, mal orientadas ou injustas, o país sempre foi aberto, receptivo e tolerante. Lembro de visitar os Estados Unidos quando criança, na década de 1970, numa época em que a Índia era oficialmente antiamericana. A realidade que experimentei constituiu uma refutação poderosa da propaganda e das caricaturas feitas por seus inimigos. Mas hoje, graças à desatenção, ao medo e à covardia burocrática, a caricatura ameaça se tornar realidade.

No fim das contas, a receptividade é a maior força americana. Muitos nerds da política têm idéias inteligentes que eles acreditam que vão melhorar a produtividade, a poupança e a assistência à saúde do país. Mais poder para eles todos. Historicamente, porém, o sucesso dos Estados Unidos não se deve à engenhosidade de seus programas governamentais, mas ao vigor de sua sociedade. O país prosperou porque se manteve aberto ao mundo — aos bens e serviços, às idéias e invenções e, sobretudo, às pessoas e culturas. Essa receptividade permitiu que respondêssemos com rapidez e flexibilidade aos novos tempos econômicos, geríssemos a mudança e a diversidade com notável facilidade e ampliássemos as fronteiras da liberdade e da autonomia individual. Ela possibilitou que os Estados Unidos criassem a primeira nação universal, um lugar onde as pessoas de todo o mundo podem trabalhar, circular, misturar-se e compartilhar um sonho e um destino comuns.

No outono de 1982, cheguei aqui como um estudante de dezoito anos vindo da Índia, país que fica a quase 13 mil quilômetros de distância. Os Estados Unidos estavam em má forma. Em dezembro daquele ano, o desemprego atingiu 10,8%, mais alto do que em qualquer momento após a Segunda Guerra Mundial. As taxas de juros estavam em torno de 15%. O Vietnã, Watergate, a crise energética e a crise iraniana dos reféns tinham abalado a confiança americana. As imagens dos helicópteros no teto da embaixada americana em Saigon, da renúncia de Nixon, das longas filas nos postos de gasolina e dos reféns vendados estavam frescas na memória das pessoas. A União Soviética ia muito bem e expandia sua influência para muito longe de suas fronteiras, do Afeganistão a Angola e a América Central. Naquele junho, Israel invadiu o Líbano, tornando a volátil situação do Oriente Médio ainda mais tensa.

No entanto, os Estados Unidos eram um país incrivelmente aberto e comunicativo. Reagan encarnava isso. Apesar dos índices de aprovação baixíssimos da época, ele exsudava otimismo no centro da tormenta. Diante do poder crescente de Moscou, ele falava confiantemente de uma crise mortal do sistema soviético e previa que ele acabaria no "monte de cinzas da história". Do outro lado do espectro político estava Thomas (Tip) O'Neill, o vigoroso presidente irlandês-americano da Câmara de Deputados, que personificava a generosidade e a tolerância da velha escola do liberalismo. Aonde quer que eu fosse, a atmosfera era cálida e receptiva. Era um sentimento que eu jamais tivera antes, um país aberto ao mundo, ao futuro, a qualquer um que o amasse. Para um jovem visitante, parecia oferecer generosidade e promessas sem limites.

Para que prosperem nesta nova e desafiadora era, para que tenham sucesso em meio à ascensão do resto, os Estados Unidos precisam apenas superar um teste. Eles devem ser um lugar tão convidativo e excitante para o jovem estudante que entra no país hoje quanto o eram para este desajeitado de dezoito anos uma geração atrás.

Notas

2. A TAÇA TRANSBORDOU [pp. 16-59]

1. Ted Robert Gurr e Monty G. Marshall, *Peace and conflict 2005: A global survey of armed conflicts, self-determination movements, and democracy*, Center for International Development and Conflict Management, University of Maryland, College Park (junho 2005).

2. Steven Pinker, "A brief history of violence" (palestra na Conferência sobre Tecnologia, Entretenimento e Design, Monterey, Califórnia, março 2007).

3. Kevin H. O'Rourke, "The European grain invasion, 1870-1913", *Journal of Economic History* 57, nº 4 (dez. 1997): 775-801.

4. Para uma boa e acessível discussão sobre o "choque de oferta positiva" do final do século XIX, ver Gary Saxonhouse, "The integration of giants into the global economy", *AEI: Asian outlook*, nº 1 (31/1/2006).

5. Ver uma pesquisa da *Economist* sobre "The new titans" na edição de 14/09/2006.

6. Michael Specter, "The last drop", *New Yorker*, 23/10/2006.

7. Larry O'Hanlon, "Arctic ice melt gets stark reassessment", *Discovery News*, 6/09/2007, disponível em <http://dsc.discovery.com/news/2007/09/06/arcticice_pla.html?category=earth>.

8. Zbigniew Brzezinski, "The dilemma of the last sovereign", *American Interest* 1, nº 1 (outono 2005).

9. Benjamin Schwarz, resenha de Stephen E. Ambrose, "The good fight", em *Atlantic Monthly*, junho 2001, p. 103.

10. Naazneen Barma et al., "The world without the West", *National Interest*, nº 90 (jul.-ago. 2007): 23-30.

11. Thomas L. Friedman, *The world is flat: A brief history of the twenty-first century* (Nova York: Farrar, Straus and Giroux, 2006), 226 [*O mundo é plano*. Rio de Janeiro: Objetiva, 2007. Trad. de Cristiana Serra, Sergio Duarte, Bruno Cassoti]. A declaração de Andy Grove está citada em Clyde Prestowitz, *Three billion new capitalists: The great shift of wealth and power to the East* (Nova York: Basic Books, 2005), 8.

12. Gabor Steingart, *The war for wealth: Why globalization is bleeding the West of its prosperity* (Nova York: McGraw-Hill, 2008).

3. UM MUNDO NÃO-OCIDENTAL? [pp. 60-98]

1. Os dados sobre as viagens de Zheng He vêm de várias fontes, entre elas Gavin Menzies, *1421: The year China discovered America* (Nova York: Harper Perennial, 2004); David Landes, *The wealth and poverty of nations* (Nova York: W. W. Norton, 1999); e Kuei-Sheng Chang, "The maritime scene in China at the dawn of great European discoveries", *Journal of the American Oriental Society* 94, nº 3 (jul.-set., 1974): 347-59.

2. Kenneth Pomeranz, *The great divergence: China, Europe, and the making of the modern world economy* (Princeton: Princeton University Press, 2000). Pomeranz discorda da opinião de que a China era tão atrasada quanto eu descrevo. Mas Angus Maddison, William McNeil e David Landes são guias melhores sobre esse tópico geral, e Philip Huang (ver abaixo) refuta efetivamente Pomeranz nos menores detalhes.

3. Citado em Bernard Lewis, "The West and the Middle East", *Foreign Affairs* 76, nº 1 (jan.-fev. 1997): 114.

4. Daniel J. Boorstin, *The discoverers* (Nova York: Vintage Books, 1985), 64. A obra de David S. Landes, em especial *Revolution in time: Clocks and the making of the modern world* (Cambridge: Harvard University Press, 1983), também utiliza o desenvolvimento do relógio para contrastar as atitudes em relação à inovação e mudança tecnológica nas sociedades orientais e ocidentais.

5. David S. Landes, "Why Europe and the West? Why not China?", *Journal of Economic Perspectives* 20, nº 2 (primavera 2006): 18.

6. Philip C. C. Huang, "Development or involution in eighteenth-century Britain and China: A review of Kenneth Pomeranz's *The great divergence: Chi-*

na, Europe, and the making of the modern world economy", *Journal of Asian Studies* 61, nº 2 (maio 2002): 501-38.

7. Landes, "Why Europe and the West?", 18.

8. Paul Kennedy, *The rise and fall of the great powers: Economic change and military conflict from 1500 to 2000* (Nova York: Random House, 1987), 13.

9. J. M. Roberts, *History of the world* (Oxford: Oxford University Press, 1993).

10. Essa linha de raciocínio será familiar para qualquer leitor de Jared Diamond, *Guns, germs, and steel: The fates of human societies* (Nova York: W. W. Norton, 2005) [*Armas, germes e aço. Os destinos das sociedades humanas.* Rio de Janeiro: Record, 2001. Trad. de Silvia de Souza Costa e outros]. David Landes, *The wealth and poverty of nations,* e Eric Jones, *The European miracle: Environments, economies, and geopolitics in the history of Europe and Asia,* 3ª ed. (Cambridge: Cambridge University Press, 2003), também consideram a geografia um fator determinante crucial do desenvolvimento social.

11. Niall Ferguson, *Empire: The Rise and Demise of the British World Order and the Lessons for Global Power* (Nova York: Basic Books, 2004).

12. Citado em Braj B. Kachru, *The indianizatian of English: The English language in India* (Oxford: Oxford University Press, 1983), 59-60.

13. Max Boot, *War made new: Technology, warfare, and the course of history, 1500 to today* (Nova York: Gotham Books, 2006). Em "The West and the Middle East", Bernard Lewis descreve como os efeitos da modernização militar se espalharam pela sociedade otomana. Montar um corpo de oficiais mais inteligente significava reformar o sistema educacional e criar uma força militar móvel significava investir muito em estradas e numa infra-estrutura moderna. Assim, a necessidade de vencer batalhas levou também a mudanças culturais e econômicas.

14. Samuel P. Huntington, "The West: Unique, not universal", *Foreign Affairs* 75, nº 6 (nov.-dez. 1996): 28-46.

15. Kishore Mahbubani, "Will India emerge as an Eastern or Western power?" (Center for the Advanced Study of India, Penn Club, Nova York, 9/11/2006); lndrajit Basu, "Western wear rivals the Indian sari", *Asia Times Online,* 10/5/2007.

16. Fabrizio Gilardi, Jacint Jordana e David Levi-Faur, "Regulation in the age of globalization: The diffusion of regulatory agencies across Europe and Latin America", IBEI Working Paper, 2006: 1.

17. Jason Overdorf, "Bigger than Bollywood", *Newsweek International,* 10/9/2007.

18. Christian Caryl, "Turning Un-Japanese", *Newsweek International,* 13/2/2006.

19. Diana Crane, "Culture and globalization: Theoretical models and emer-

ging trends", em *Global culture: Media, arts, policy, and globalization*, orgs. Diana Crane, Nobuko Kawashima e Kenichi Kawasaki (Londres: Routledge, 2002).

4. A DESAFIANTE [pp. 99-141]

1. Robyn Meredith, *The elephant and the dragon: The rise of India and China and what it means for all of us* (Nova York: W. W. Norton & Company, 2007), 16.

2. Melinda Liu, "Beijing Reborn", *Newsweek International*, 13/8/2007.

3. Jun Ma e John Norregaard, *China's fiscal decentralization* (Fundo Monetário Internacional, out. 1998).

4. Minxin Pei, *China's trapped transition: The limits of developmental autocracy* (Cambridge: Harvard University Press, 2006).

5. Ibid.

6. Pan Yue, vice-diretor da Agência Estatal de Proteção Ambiental da China, citado em Jamil Aderlini e Mure Dickie, "Taking the waters", *Financial Times*, 24/7/2007.

7. Joseph Kahn e Jim Yardley, "As China roars, pollution reaches deadly extremes", *New York Times*, 26/8/2007.

8. John Thornton, "Long time coming: The prospects for democracy in China", *Foreign Affairs* 87, nº 1 (jan.-fev. 2008): 2-22.

9. Sou grato ao sr. Lee Kuan Yew por me falar sobre essa série e depois conseguir que ela fosse enviada para mim. Uma das emissoras de televisão de Cingapura apresentou-a integralmente, com legendas em inglês, e pude assistir a tudo.

10. Joseph Needham, *Within the four seas: The dialogue of East and West* (Londres: Allen & Unwin, 1969), 63.

11. Ibid., 90.

12. Thomas Fuchs, "The European China: Receptions from Leibniz to Kant", *Journal of Chinese Philosophy* 33, nº 1 (2006): 43.

13. E-mail ao autor.

14. Robert Gilpin, *War and change in world politics* (Cambridge: Cambridge University Press, 1981), 94-95.

15. Ernest Harsch, "Big leap in China-Africa ties", *Africa Renewal* 20, nº 4 (jan. 2007): 3.

16. Carlos H. Conde, "Asean and China sign trade and services accord", *International Herald Tribune*, 14/1/2007.

17. "Out of their silos; China and America", *Economist*, 10/6/2006.

18. Joshua Cooper Ramo, "The Beijing consensus" (Foreign Policy Centre, Londres, 2004).

5. A ALIADA [pp. 142-180]

1. Dominic Wilson e Roopa Purushothaman, *Dreaming with BRICs: The path to 2050* (Goldman Sachs, Global Economics Paper nº 99, 1/10/2003).

2. "GM to triple parts sourcing from India", *Times of India*, 20/11/2007.

3. Jahangir Aziz e Steven Dunaway, "China's rebalancing act", *Finance & Development* 44, nº 3 (set. 2007).

4. Yasheng Huang, "Will India overtake China?", *Foreign Policy*, jul.-ago. 2003, pp. 71-81.

5. Manjeet Kripalani, "Read all about it: India's media wars", *Business Week*, 16/5/2005.

6. Da Organização Mundial da Saúde, disponível em <http://www.who.int/countries/ind/en/>.

7. Ver, por ex., seu artigo, "India and the balance of power", *Foreign Affairs* 85, nº 4 (jul.-ago. 2006): 17-32.

8. Chaudhuri explica essas idéias com mais detalhes em *Hinduism: A religion to live by* (Oxford: Oxford University Press, 1979).

9. Mohamed ElBaradei, "Rethinking nuclear safeguards", *Washington Post*, 14/6/2006.

10. Robert D. Blackwill, "Journalist roundtable on India" (transcrição), apresentada por David B. Ensor, 23/2/2006.

6. O PODER AMERICANO [pp. 181-228]

1. James Morris, *Pax Britannica: Climax of an empire* (Nova York: Harcourt Brace, 1980).

2. Citado em Karl Meyer, "An edwardian warning: The unraveling of a colossus", *World Policy Journal* 17, nº 4 (inverno 2000/2001): 47-57.

3. Niall Ferguson, *Empire: The rise and demise of the British world order and the lessons for global power* (Nova York: Basic Books, 2002), 268.

4. Lawrence James, *The rise and fall of the British empire* (Nova York: St. Martin's Press, 1996), 212.

5. Paul Kennedy, "Why did the British empire last so long?", em *Strategy and diplomacy, 1870-1945: Eight studies* (Londres: Allen & Unwin, 1984), 197-218.

6. Os dados sobre a situação econômica britânica vêm, em larga medida,

de Paul Kennedy, *The rise and fall of great powers* (Nova York: Random House, 1987), 151-200. Maddison e Barnett (ver abaixo) também são fontes úteis.

7. Essa teoria sobre o declínio britânico está elaborada em Correlli Bamett, *The collapse of British power* (Gloucestershire: Sutton Publishing, 1997).

8. Niall Ferguson, *The pity of war* (Nova York: Penguin Books, 1998).

9. Kennedy, *Rise and fall of great powers*, 317.

10. James, *Rise and fall of the British empire*, 464.

11. Dominic Wilson e Roopa Purushothaman, *Dreaming with BRICs: The path to 2050* (Goldman Sachs, Global Economics Paper nº 99, 1/10/2003). Embora esse estudo amplamente citado seja a melhor fonte para projeções desse tipo, vale a pena notar que, desde sua publicação, os BRICs têm crescido num ritmo mais rápido do que os economistas do Goldman previram.

12. Michael W Holman, *Profiting from international nanotechnology* (Lux Research, dez. 2006).

13. James Fallows, "China makes, the world takes", *Atlantic Monthly*, jul.-ago. 2007.

14. Greg Linden, Kenneth Kraemer e Jason Dedrick, *Who captures value in a global innovation system? The case of Apple"s iPod* (Personal Computing Industry Center, junho 2007).

15. A citação de Immelt apareceu originalmente numa entrevista para a revista *Globalist*, "A CEO's responsibilities in the age of globalization", 17/3/2006.

16. Bialik escreveu duas colunas sobre esse tema no *Wall Street Journal:* "Outsourcing fears help inflate some numbers", 26/8/2005, e "Sounding the alarm with a fuzzy stat", 27/10/2005. O estudo de Duke, chamado "Framing the engineering Outsourcing debate: Placing the United States on a level playing field with China and India", foi dirigido pelo dr. Gary Gereffi e Vivek Wadhwa.

17. *The emerging global labor market: Part II - The supply of offshore talent in services* (McKinsey Global Institute, junho 2005).

18. Alan S. Brown e Linda LaVine Brown, "What are science & math test scores really telling U. S.?", *Bent of Tau Beta* P., inverno 2007, pp. 13-17.

19. Michael Alison Chandler, "Asian educators looking to loudoun for an edge", *Washington Post*, 19/3/2007.

20. Os artigos recentes de Eberstadt oferecem uma boa base sobre as tendências demográficas em várias regiões e seu impacto nas respectivas economias: "Born in the USA", *American Interest*, maio-jun. 2007; "Critical cross-cutting issues facing Northeast Asia: Regional demographic trends and prospects", *Asia Policy* (jan. 2007); e "Healthy old Europe", *Foreign Affairs* 86, nº 3 (maio-jun. 2007): 55-68.

21. Richard N. Cooper, "Living with global imbalances: A contrarian view",

Policy briefs in international economics (Institute for International Economics, nov. 2005).

22. *Sustaining New York's and the U.S.'s global financial services leadership*, disponível em <http://www.senate.gov/~schumer/SchumerWebsite/pressroom/special_ reports/2007/NY_REPORT%20_FINAL.pdf>.

7. FINALIDADE AMERICANA [pp. 229-274]

1. Discurso na Cúpula Econômica do G8, Houston, Texas, 11/7/1990.

2. Charles Krauthammer, "The unipolar moment", *Foreign Affairs* 70, nº 1 (1990/1991): 23-33.

3. Discurso na Association France-Amériques, Paris, França, 1/2/1999.

4. Chris Patten, *Not quite the diplomat: Home truths about world affairs* (Londres: Allen Lane, 2005), 229.

5. Tal como relatado pelo assessor para segurança nacional de Sarkozy, Jean-David Levitte, em Adam Gopnik, "The human bomb", *New Yorker*, 27/8/2007.

6. Robert Kagan, *Of paradise and power: America and Europe in the new world order* (Nova York: Alfred Knopf, 2003).

7. John Ikenberry, "The rise of China and the future of the West", *Foreign Affairs* 87, nº 1 (jan.-fev. 2008).

8. William C. Wohlforth, "The stability of a unipolar world", *International Security* 21, nº 1 (verão 1999), 5-41.

9. Claudia Deutsch, "The venturesome giant", *New York Times*, 5/10/2007.

10. Fernando Henrique Cardoso, "A collaborative contract", *Newsweek:* Questões 2008, Edição Especial, dez. 2007.

11. Correlli Barnett, *The collapse of British power*, publicado pela primeira vez em 1972.

12. Josef Joffe, "How America does it", *Foreign Affairs* 76, nº 5 (set.-out. 1997): 13-27.

13. Anne-Marie Slaughter, "The real new world order", *Foreign Affairs* 76, nº 5 (set.-out. 1997): 183-97.

14. Richard N. Haass, "Paradigm lost", *Foreign Affairs* 74, nº 1 (jan.-fev. 1995): 43-58.

15. Stephen Flynn, *The edge of disaster: Rebuilding a resilient nation* (Nova York: Random House, 2007).

Agradecimentos

Este livro é o resultado de muitas viagens, leituras e reflexões dos últimos anos, mas é também produto de uma paixão. Vim para os Estados Unidos quando jovem, apaixonei-me pelo país e construí minha vida e minha família aqui. Quero o melhor para este país e acredito firmemente que o poder e a determinação americanos, devidamente administrados, beneficiam tanto os Estados Unidos como o mundo.

Este livro foi também o meu primeiro, a primeira vez que tentei escrever um livro com dois filhos demandando ativamente minha atenção. Tenho obrigações profissionais que, com freqüência, exigem muito de mim, mas a parte mais difícil do trabalho neste projeto — sem sombra de dúvida — foi recolher-me em meu escritório quando as crianças queriam minha presença. Espero ter conseguido um equilíbrio decente entre família, emprego e o livro.

Escrever um livro ao mesmo tempo que se faz malabarismo com outros compromissos dá trabalho, mas também precisa da ajuda, da paciência e da indulgência de outros. Acima de tudo, quero agradecer todas as pessoas brilhantes e generosas da *Newsweek* com quem trabalho, em particular Rick Smith, Mark Whitaker (agora na NBC News), Jon Meacham, Nisid Hajari e Tony Emerson. Antes de trabalhar na revista, sempre ouvi dizer que Donald Graham era um patrão extraordinário e fico feliz por confirmar, por experiência própria, que é verdade. Há três anos, iniciei um programa de televisão na PBS, *Foreign Exchange*, que apresentei até novembro de 2007. Agradeço a Bruce Blair, Mark Sugg e especialmente a Sujata Thomas por serem colegas maravilhosos naquela aventura.

Sharon Sullivan e Patricia Huie administraram as acrobacias de minha vida com grande habilidade e dedicação e tornaram o trabalho cotidiano uma experiência muito agradável, pelo que sou muito grato.

Nas pesquisas para este livro, contei com a ajuda de quatro jovens talentosos que já partiram para coisas maiores: Robert Wiesenberger, Rukhmini Punoose, Alan Isenberg e Barrett Sheridan. Barrett trabalhou no livro pelo período mais longo e durante sua fase mais intensa, e o produto final deve muito ao seu trabalho dedicado, sua inteligência aguda e bom discernimento.

Pedi a alguns amigos — Andrew Moravscik, Gideon Rose, Zachary Karabell e Allison Stanger — que lessem partes do manuscrito e devo a eles comentários extremamente úteis. Daniel Kurtz-Phelan leu a coisa toda e aplainou a prosa.

Minha agente Tina Bennett foi tão entusiástica em cada estágio deste projeto que eu não acreditava muito nela, mas isso me fazia continuar. Drake McFeely, meu editor, é uma grande pessoa. Seus comentários foram bem escolhidos e pertinentes. Seu assistente Kyle Frisina teve de transformar um manuscrito em livro um pouco mais rápido do que é a norma e o fez sem nunca reclamar. Cullen Stanley foi maravilhoso ao cuidar dos direitos do livro no exterior. Quando as pessoas falam dos velhos tempos em que agentes e editores se interessavam profundamente por qualidade e substância, sinto que elas não tiveram a sorte de conhecer as pessoas que trabalham na Janklow and Nesbit e na W. W. Norton.

Dediquei este livro a meu irmão Arshad, que veio para os Estados Unidos um ano antes de mim. Suponho que, se ele não tivesse gostado de seu primeiro ano no país, eu não estaria aqui. Desde então, somos amigos e companheiros, nos bons e nos maus momentos. Ele e eu discutimos muitas das idéias deste livro e ganhei muito com seus *insights*. Beneficiei-me de uma vida inteira de sabedoria, encorajamento, apoio e amor de minha mãe, Fatma Zakaria. Meu pai, Rafiq Zakaria, morreu há três anos. Sinto não ter tido a chance de conversar sobre os temas deste livro com ele.

Em algum momento do outono passado, dei à minha esposa, Paula, um rascunho de alguns capítulos e pedi seus comentários. Ela leu um pouco, fez comentários e depois me disse: "Acho que minha melhor contribuição para este livro pode ser manter a vida da família andando e as crianças longe de seu pescoço". Na verdade, ela sempre foi uma excelente editora — porque é uma escritora de talento —, mas, nas circunstâncias, tinha razão. Sem sua ajuda, eu não teria a paz de espírito e a estamina mental para escrever este livro. Agradeço-lhe por seu amor e amizade.

Minha filha Lila, que completou cinco anos quando o livro estava indo para o prelo, informou-me que estava contente por eu tê-lo terminado, porque agora ela poderia usar meu computador para entrar no YouTube e ouvir as canções de *High School Musical*. Meu filho, que tem oito anos, estava mais preocupado com o próprio projeto. Quando lhe expliquei pela primeira vez do que se tratava, ele disse num tom um tanto aflito: "Por que você quer escrever um livro sobre o futuro? Se estiver errado, as pessoas não vão comprar mais o livro". Ele espera que eu não o faça passar vergonha.

Índice remissivo

ESTA OBRA FOI COMPOSTA PELO ESTÚDIO O.L.M. EM MINION E IMPRESSA PELA GEOGRÁFICA EM OFSETE SOBRE PAPEL PÓLEN SOFT DA SUZANO PAPEL E CELULOSE PARA A EDITORA SCHWARCZ EM NOVEMBRO DE 2008.